Anton Friedrich Busching

Geschichte der evangelisch-lutherischen Gemeinden im Russischen Reich

Anton Friedrich Busching

Geschichte der evangelisch-lutherischen Gemeinden im Russischen Reich

ISBN/EAN: 9783743682511

Hergestellt in Europa, USA, Kanada, Australien, Japan

Cover: Foto ©ninafisch / pixelio.de

Weitere Bücher finden Sie auf **www.hansebooks.com**

D. Anton Friedrich Büschings

Geschichte
der
evangelisch-lutherischen
Gemeinen
im
Rußischen Reich.

―――――――――――――――――――
Erster Theil.
―――――――――――――――――――

Altona,
verlegt von David Iversen. 1766.

Ihro Excellenz
der Hochgebohrnen
des heil. Röm. Reichs Gräfin
Maria Aurora
von L'Estocq
gebohrnen
Baronin von Mengden,
Gemahlin
des Hochgebohrnen Reichsgrafen
Hermann von L'Estocq,
Rußisch-Kayserl. wirklichen Geheimenraths,

einer
verehrungswürdigen Dame
von ausnehmend grosser Leutseligkeit,
und
Meiner gnädigen Frau Gräfin,
und grossen Wohlthäterin,

widme
ich diesen ersten Theil der Geschichte
der evangelischen Gemeinen im
Rußischen Reich,
zum öffentlichen Beweise
meiner ehrerbietigsten Hochachtung und
Dankbarkeit
für die vielen Gnadenbezeigungen
und grossen Wohlthaten,
welche
Ihro Hochgräfliche Excellenz
mir und der Meinigen
zu St. Petersburg auf die leutseligste
und freundschaftlichste Art
erwiesen haben,
unter
inbrünstigen Wünschen
für
Hochderoselben
und Dero
Hochgräflichen Herrn Gemahls
zeitliche und ewige Glückseligkeit.

Vorrede.

Ich habe schon im ersten Stück meiner gelehrten Abhandlungen und Nachrichten aus und von Rußland, S. 81. die Anmerkung gemacht, daß die Geschichte der evangelisch-lutherischen Gemeinen im rußischen Reich, kein unerheblicher Theil der Geschichte der evangelisch-lutherischen Kirche überhaupt sey. Denn zu dieser gehöret insonderheit ihre Ausbreitung und ihr Zustand in entfernten, und vornemlich solchen Ländern,

Vorrede.

in denen entweder eine andere Religion, oder doch eine andere christliche Kirche herrschet. Die evangelisch = lutherischen Gemeinen werden nicht nur im rußischen Reich geduldet; sondern sie geniessen auch durch die preiswürdige Gnade der rußischen Monarchen, einer so grossen und vollkommenen Freyheit in ihren öffentlichen gottesdienstlichen Einrichtungen, Verfassungen und Uebungen, daß sie sich weiter nichts, als derselben ewige Fortdauer zu wünschen, und nur nach derselben gewissenhaften Anwendung zu ihrer wahren Erbauung und ewigen Seligkeit zu trachten haben, so wie sie bey keinem öffentlichen Gottesdienst versäumen, GOtt dafür zu danken, und ihn um Segen für das rußische Reich und desselben Monarchen demüthigst anzuflehen. Eben diese erwünschten gottesdienstlichen Freyheiten der evangelisch = lutherischen Gemeinen, gereichen auch zum Ruhm der in Rußland herrschenden griechischen Kirche, als die von dem Verfolgungsgeist, welcher der römisch = katholischen Kirche eigen ist, sich

Vorrede.

sich, so weit entfernt, daß der grosse Vorzug, den sie darinn vor derselben hat, der ganzen christlichen Welt ausnehmend in die Augen fällt, ja auch allen christlichen Kirchen oder Partheyen ein erbauliches Beyspiel und Muster zur Nachfolge ist.

Es ist aber die Geschichte der evangelischen Gemeinen im rußischen Reich bisher noch nicht untersucht und beschrieben, und mir also diese Arbeit durch GOttes Regierung zugefallen. So unvermuthet ich aber 1761. nach St. Petersburg als Pastor der dasigen ältesten und vornehmsten evangelisch=lutherischen Gemeine, welche zugleich die ansehnlichste im ganzen rußischen Reich ist, gekommen bin: eben so unvermuthet bin ich auch an diese Arbeit gerathen. Die erste Veranlassung dazu, gaben theils meine vorhin genannten Abhandlungen und Nachrichten aus und von Rußland, welche ich auch der Kirchengeschichte widmete, theils Herrn Pastor Neubauers zu Astrachan Geschichte sei-

Vorrede.

ner Gemeine, welche er mir in der Handschrift mittheilte. Aus der letztern hatte ich kaum für meine periodische Schrift einen Auszug gemacht, und zum Druck abgeschicket, als das Verfahren des Kayserl. Justizcollegiums der lief- esth- und finnländischen Sachen zu St. Petersburg, in den ersten Monaten des 1764sten Jahrs, welches ich in der nächstfolgenden allgemeinen Nachricht von den evangelischen Gemeinen im rußischen Reich, kürzlich beschrieben habe, weil es mir sehr bedenklich vorkam, mich aufs stärkste zu der Untersuchung retzete, was vor Freyheiten denen evangelischen Gemeinen von den rußischen Monarchen allergnädigst bewilliget und ertheilet worden wären? Ich erkundigte mich, was vor Kirchenacten bey meiner Gemeine vorhanden wären, und ließ mir die vorräthigen verworrenen Papiere geben, welche ich bey dieser Gelegenheit aussuchte und in Ordnung brachte. Ich ermunterte auch die evangelischen Herren Pastoren zu St. Petersburg, und in andern Städten des

rußi=

Vorrede.

rußischen Reichs, die bey ihren Kirchen befindlichen Papiere zusammen zu suchen, und zum Behuf kurzer Geschichten von ihren Gemeinen, und zu gründlichen Ausführungen ihrer Gerechtsame, anzuwenden. Ich suchte auch in einigen gedruckten Büchern das wenige auf, was in denselben zur Geschichte der im rußischen Reich vorhandenen und gewesenen evangelischen Gemeinen, vorkam. Durch unermüdetes Nachsuchen brachte ich das wenige, aber zum damaligen Zweck hinlängliche, zusammen, was meine schon erwähnte **allgemeine Nachricht** enthält, die ich 1764. zu Königsberg als den ersten Artickel des 2ten Stücks meiner gelehrten Abhandlungen und Nachrichten aus und von Rußland, drucken, auch zum Nutzen der Lutheraner im rußischen Reich einige hundert besondere Abdrücke davon machen ließ, welche ich verschenkte. Weil ich aber wegen damals nützlicher und nöthiger Eile meine nur einfach vorhandene Handschrift frühzeitig abgeschickt hatte, und nachher noch

Vorrede.

noch einige erhebliche Nachrichten fand, die ich derselben einzuverleiben wünschte: so mußte ich solche Einrückung fremden Personen überlassen, welche sie nicht alle an den rechten Ort gesetzt, auch sonst einige Fehler und Irrthümer verursacht haben, die ich in den gedruckten Exemplarien, so gut es möglich gewesen, mit der Feder verbessert habe. Einen solchen Abdruck hat Herr Bibliothekár **Bartholomäi** dem 40sten Theil seiner novorum actorum historico-ecclesiasticorum einverleibet.

In kurzer Zeit habe ich so viele Nachrichten zusammengebracht, daß ich den Anfang machen kann, eine Geschichte aller jetzt im rußischen Reich vorhandenen evangelischen Gemeinen ans Licht zu stellen. Ich dehne aber diese Geschichte nicht auf die lutherischen esthnischen, lettischen, finnischen, schwedischen und deutschen Gemeinen in Esthland, Liefland, Ingermanland und Finland aus, welche zugleich mit diesen Landschaften unter Rußlands Bothmäßigkeit

Vorrede.

keit gekommen sind, sondern ich schränke sie vielmehr auf diejenigen, insonderheit deutschen Gemeinen ein, welche im jetzigen Jahrhundert zu St. Petersburg, Cronstadt und Oranienbaum, und in entlegenern Oertern und Gegenden des rußischen Reichs gesammlet und errichtet worden, auch schon vorher in dem eigentlichen Rußland vorhanden gewesen sind. Zu den letztern gehören insonderheit die 2. Gemeinen zu Moscau, die aber, (welches sehr zu bedauren ist,) laut des Briefes ihrer jetzigen würdigen Herren Pastoren, die wenigsten Nachrichten von ihrem Ursprung, Veränderungen und andern Schicksalen besitzen, wovon man theils den Feuersbrünsten, welche die vorhanden gewesenen Nachrichten verzehret haben, theils der Nachläßigkeit einiger Personen die Schuld beymessen muß. Unterdessen zweifle ich nicht, daß wenn die gegenwärtigen geschickten Herren Pastoren dieser Gemeinen Zeit und Lust haben werden, anhaltende und genaue Nachforschungen anzustellen, sie

weit

Vorrede.

weit mehr Nachrichten zusammen bringen werden, als sie bisher gehabt und vermuthet haben.

Ich bin zwar gewillet gewesen, die Geschichte der evangelischen Gemeinen im rußischen Reich, stückweise in meinen angeführten gelehrten Abhandlungen und Nachrichten aus und von Rußland, abzuhandeln, ich habe aber diesen Vorsatz wieder fahren gelassen, indem ich für nützlicher und angenehmer gehalten, dazu ein paar besondere mäßige Bände zu widmen.

Der erste Theil, welchen ich jetzt liefere, enthält

1) Einen verbesserten und vermehrten Abdruck meiner schon gedruckten und oben erwähnten allgemeinen Nachricht von den evangelisch-lutherischen Gemeinen und Kirchen in Rußland. Ich habe diesen kleinen Rest von Nachrichten mühsam zusammen gesucht, und wäre es jetzt

Vorrede.

jetzt nicht geschehen, so würde man über wenige Jahre vermuthlich gar nichts mehr wissen, weil es entweder bisher in Rußland an geschickten und fleißigen Männern gefehlt hat, welche die Geschichte der evangelischen Kirche in Rußland untersucht und abgehandelt haben, oder weil dergleichen etwa vorhanden gewesene Nachrichten annoch versteckt, oder gar verloren gegangen sind.

2) Eine Geschichte der St. Peterskirche und Gemeine zu St. Petersburg, deren Prediger ich gewesen bin. Sie ist unter allen die ausführlichste, und ich habe die Hülfsmittel, deren ich mich dazu bedienet, im ersten Paragraphen angegeben. Um sie, und zugleich dieses ganze Werk, für vielerley Leser erheblich und angenehm zu machen, habe ich die Gelegenheit ergriffen, und in derselben viele andere Nachrichten mitgetheilet, welche theils die gelehrte, theils und vornemlich die politische Geschichte angehen. Unter den-

Vorrede.

denselben wird die neue Lebensgeschichte des Herrn Generalfeldmarschalls Reichsgrafen von Münnich, vorzüglich geachtet werden, sie ist aber nur ein Grundriß, den ich in einem besondern Werk vollständiger ausführen, und zugleich das Bildniß dieses weltberühmten Feldherrn in einem guten Kupferstich beyfügen will.

3) **Eine Geschichte der St. Annen-Kirche und Gemeine auf dem Stückhofe zu St. Petersburg**, welche aus der Feder ihres gegenwärtigen geschickten Predigers, meines sehr werthgeschätzten Freundes, geflossen ist, der ich aber einige mit meinem Namen bezeichnete Zusätze beygefügt habe.

4) **Eine Geschichte der Kirche und Gemeine zu Oranienbaum**, welche ich aus Aufsätzen ihres jetzigen würdigen Predigers, die er mir gütigst mitgetheilet hat, gezogen habe. Da diese Kirche und Gemeine ganz neu und klein ist, so kann auch die

Vorrede.

die Nachricht von derselben nicht groß seyn. Sie ist aber dennoch merkwürdig, weil in Ansehung dieser Kirche, vom Kayser Petern III. viel unnützes und falsches geschwatzet und gedruckt worden.

Die Verzeichnisse der Gebohrnen, Gestorbenen und Copulirten, welche ich in der Geschichte der St. Peters und St. Annen Gemeine liefere, dienen zur Bestätigung der in andern europäischen, auch einigen asiatischen Ländern, entdeckten feststehenden göttlichen Ordnung in den Veränderungen des menschlichen Geschlechts. Sie sind die ersten, die man aus Rußland bekommt, (diejenigen, welche ich im ersten Stücke meiner oben genannten periodischen Schrift schon mitgetheilet habe, ausgenommen,) und die Liste von der St. Peters Gemeine ist desto erheblicher, da sie eine Reihe von 60. Jahren betrift.

GOtt lasse die jetzt in Rußland vorhandenen evangelischen Gemeinen bis an
der

Vorrede.

der Welt Ende bestehen, ihre Mitglieder sich aber auch durch aufrichtige und würdige Liebe und Verehrung GOttes und JEsu Christi, und einen dem herrlichen Evangelio des seligen GOttes gemässen Wandel also unterscheiden, daß sie auch des Schutzes und Segens GOttes vorzüglich fähig seyn und theilhaftig werden mögen. Geschrieben zu Altona an der Elbe, am 5ten September 1765.

Allgemeine Nachricht

von den

evangelisch-lutherischen Gemeinen und Kirchen

in Rußland

aufgesetzt

von

D. Anton Friedrich Büsching.

Grammatisch-kritisches

Wörterbuch

der Hochdeutschen Mundart

verfaßt

von

D. Johann Christoph Adelung.

§. 1.

Der Anfang der evangelischen Gemeinen in Rußland, fällt in die Regierung des Zaren **Iwan Wasiliewitsch** II. und also in die 2te Helfte des 16ten Jahrhunderts. Dieser **Monarch**, welchem Rußland seine erste Aufnahme zu verdanken hat, und der so viele Deutsche und andere Ausländer in sein Reich gezogen, hat besonders den evangelischen Lutheranern grosse Gnade erwiesen. Er hörte nicht nur des liefländischen Königes Magni Prediger Christian Boccorn, evangelischen Predigten zu, den er auch mit einem schönen Kleide und goldnen Kette beschenkt, sondern er unterredete sich auch 1570. in einer ansehnlichen Versammlung der Edelleute und Priester, mit Johanne Rokyta, welcher als Prediger mit der Gesandschaft des pollnischen

Kö:

Königs Sigismund Augusts nach Moscau gekommen war, ausführlich von der evangelisch-lutherischen Lehre, ließ auch den Inhalt solcher Unterredung aufschreiben.

Oderbornii vita Ioannis Basilidis l. I. in Auctoribus variis rerum Moscoviticarum, pag. 255-267. *Rokyta* war eigentlich kein Lutheraner, sondern Prediger der Böheimischen Brüder in Großpolen, der Zar aber hielt ihn für einen Lutheraner, und unterredete sich mit ihm von den Lutheranern. Diese ganze Unterredung nach allen Fragen und Antworten hat *Joh. Lasitzky* ins Lateinische übersetzt, nebst der Antwort des Zaren, auch das ihm von *Rokyta* überreichte Glaubensbekänntniß in einem Buche drucken lassen, welches die Aufschrift hat: de Russorum Moscovitarum & Tartarorum religione, sacrificiis, nuptiarum, funerum ritu. — — Spiræ 1582. in 4. Ich habe es aus des Herrn Collegienrath Müllers Bibliothek vor Augen gehabt, man kann auch davon nachlesen, Baumgartens Nachrichten von merkwürdigen Büchern. B. 6. S. 115-118

§. 2. Unter eben dieses Monarchen Regierung und durch seine gnädige Bewilligung, ist auch die erste lutherische Kirche vor der Stadt Moscau erbauet worden, sie war nur von Holz und Lein, hatte aber ihren eigenen Prediger.

Petri Petreji Historien und Bericht von dem Großfürstenthum Muschkow. S. 151. 152.

§. 3. Dieser war Joachim Scultetus, gewesener Hofprediger des liefländischen Königes Magni, welcher von 1570. bis 1587. nicht nur auf der Insul Dago, woselbst er zuerst gewohnet, und in Esthland; sondern auch an unterschiedenen Oertern in Rußland, insonderheit zu Nowgorod und Casan, den dasigen Ausländern die evangelische Lehre, nach Inhalt der heiligen Schrift, und dem Augspurgischen Glaubensbekänntniß verkündiget hat, und als der erste Pastor der eben erwähnten evangelischen Kirche zu Moscau, 1587. gestorben ist.

> S. die Vorrede zu dem 1717. zu Reval gedruckten revidirten Kirchen- und Schulreglement *Bartholdi Vagetii* Lic. Theol. und Superintendentens aller evangelisch-lutherischen Kirchen in Rußland. S. 8. 9. Was daselbst nicht stehet, hat mir Herr Michael Richter, Pastor bey der ältern lutherischen Kirche zu Moscau, aus den dortigen Kirchenbüchern bekannt gemacht.

§. 4. Unter des Zaren **Fedor Iwanowitsch** Regierung, dauerte nicht nur die Religions- und Kirchenfreyheit der Lutheraner fort, sondern es entstand auch 1594. zu Nischnei Nowgorod eine neue evangelische Gemeine. Ihr erster Prediger war Matthias Grabau, von der Insel Oesel gebürtig, und sie war noch 1636. als Adam Olearius auf seiner Reise nach Persien diese Stadt berührte, vorhanden, bestund ungefehr aus 100. Personen, und hatte ihre eigene öffentliche Kirche.

<blockquote>Vorrede zu dem revidirten Kirchen- und Schulreglement S. 9. Ad. *Olearii* Moscovitische und Persianische Reisebeschreibung. S. 176.</blockquote>

§. 5. Zar **Boris Godunow**, welcher von 1598. bis 1605. regieret hat, erlaubte nicht nur auf des Schwedischen Prinzen **Gustavs** Vorbitte, daß die alte kleine lutherische Kirche vor Moscau (§. 2.) abgebrochen, und an derselben Stelle eine neue und grössere erbauet werden durfte; sondern er ließ auch selbst neben derselben, einen Thurm setzen, und 3. Glocken darinn aufhängen.

<blockquote>*Petrejus* S. 253. *Conr. Busso* in Mscpt. und aus demselben *Treuer* in diff. de perpetua amicitia germanicum inter & russicum imperium. p. 54. seq aus diesen aber Herr Collegienrath Müller in seiner Sammlung rußischer Geschichte. B. 5. S. 91.</blockquote>

§. 6. In den ersten Jahren der Regierung des Zaren **Michaila Fedrowitsch**, hatten sowol die Lutheraner als Reformirten selbst in der Stadt Moscau, und zwar in dem Theil derselben, welcher Belgorod oder die Zarenstadt genennet wird, eine Kirche: allein die lutherische Kirche ward ums Jahr 1616. und hernach auch die reformirte abgebrochen, und jene mit Zarischer
gnä-

gnädiger Erlaubniß ausserhalb der weissen Mauer von neuem erbauet, sie stund aber auch an diesem Orte nicht lange, sondern ward aus der Stadt hinaus auf das freye Feld, an den Fluß Jausa, in die Nowo-Inosemska Sloboda (die neue ausländische Vorstadt,) oder das deutsche Quartier versetzet, woselbst schon die ältere oben (§. 2.) erwehnte lutherische Kirche stand, und auch die reformirte erbauet ward.

Olearius S. 166.167.

§. 7. Von den lutherischen Gemeinen und Kirchen, welche im 17ten Jahrhundert zu Tula, Casan (§. 3.) in Belgorod, und an den beyden letztern Orten noch in den ersten Jahren des 18ten Jahrhunderts gewesen sind, fehlt es mir an Nachrichten. Die evangelisch-lutherische Gemeine zu Archangel hat gegen das Ende des 17ten Jahrhunderts ihren Anfang genommen, und dauret noch fort, ob sie gleich nicht mehr so zahlreich ist, als sie zu der Zeit war, da der Handel in dieser Stadt blühete.

Herrn Pastor Raupachs Nachrichten von dem gegenwärtigen Zustand der evangelisch-lutherischen Kirche in Archangel, in den Actis Historico-ecclesiast. B.16. S. 709. u.f.

§. 8. Wenn man die noch vorhandenen alten evangelischen Gemeinen zu Moscau (§. 6.)

8 Nachricht von den evangelischen

und die ausgegangenen zu Nischnei-Nowgorod, Tula und Cassan ausnimmt, so sind die meisten übrigen, die sowol jetzt noch zu Archangel, Astrachan, St. Petersburg und Cronstadt blühen, als diejenigen, welche zu Bielgorod (§. 7.) Nowo-Pawlowsk, Petrowska bey Olonetz, und Tobolsk gewesen, aber wieder eingegangen sind, unter der glorwürdigen Regierung Peters des Grossen entstanden, und mit herrlichen Religions- und Kirchenfreyheiten begnadiget worden. Denn da dieser grosse Monarch aufs eifrigste darauf bedacht war, den Kriegsstaat, den Handel und die Künste in seinen weitläuftigen Staaten aufs möglichste in Aufnahme zu bringen, und sich dazu der Dienste der Ausländer zu bedienen; so lud er dieselben in einem Manifest, welches zu Moscau 1702. am 16ten April A. St. unterschrieben worden, in seine Staaten gnädigst ein, und ließ das Manifest durch seinen damaligen Generalcommissär in Deutschland, den Geheimenrath von Patkul, unter den Ausländern kund machen.

 Es stehet in unterschiedenen Büchern gedruckt, z. E. in J. H. v. L. Leben Petri I. T. 2. S. 242. im Theatro Europæo, Th. 16. S. 1013. in der 1706. zu Frankfurt gedruckten Relation von dem gegenwärtigen Zustande des Moscovitischen Reichs. S. 108. f.

§. 9.

§. 9. Aus diesem Manifest führe ich nur den 2ten §. an, welcher die Religionsfreyheiten der Ausländer betrift und also lautet:

„Und wie auch bereits allhier (zu Moscau)
„an unserer Residenz, das freye Exercitium re-
„ligionis aller anderen, obwol mit unserer
„Kirche nicht übereinstimmenden christlichen
„Sekten eingeführet ist, so soll solches auch hier,
„mit von neuem bestätigt seyn, solchergestalt,
„daß wir, bey der uns von dem Allerhöchsten
„verliehenen Gewalt, uns keines Zwanges über
„die Gewissen der Menschen anmassen, und
„gerne zulassen, daß ein jeder Christ, auf seine
„eigene Verantwortung, sich die Sorge seiner
„Seligkeit lasse angelegen seyn. Also wollen
„wir auch kräftiglich darob halten, daß dem
„bisherigen Gebrauch nach, niemand in obge-
„meldeter seiner so öffentlichen als Privat-Re-
„ligions-Uebung soll beeinträchtiget, sondern
„bey solchem Exercitio, vor aller männiglicher
„Turbation geschützet und gehandhabet wer-
„den. Und da sichs zutrüge, daß etwa an ein
„oder andern Ort unsers Reichs, oder bey un-
„sern Armees und Guarnisons kein ordentli-
„ches Ministerium Ecclesiasticum, Prediger,
„oder Kirche vorhanden wäre: so soll doch ein
„jeder befugt seyn, nicht allein in seinem Hau-
„se, und vor sich und die Seinigen GOtt dem
„HErrn

"HErrn zu dienen, sondern auch diejenigen, die
"sich daselbst versammlen wollen, um, nach An-
"weisung der allgemeinen Ordnung christlicher
"Kirchen GOtt aus reinem Munde zu loben ent-
"gegen zu nehmen, und also den Gottesdienst
"zu verrichten. Und wenn sich auch bey un-
"sern Armees einzele Officiers oder ganze
"Corps von Regimentern und Compagnien be-
"finden, welche mit Predigern versehen sind, so
"sollen sie allerdings aller derselben Immuni-
"täten, Privilegien und Freyheiten geniessen, wie
"wir allhier in unserer Residenz, auch in Archan-
"gel und andern Orten sothaner Kirchen ver-
"stattet haben, und wie solches nicht allein bey
"Verwaltung des ordentlichen Predigtamts, son-
"dern auch bey Austheilung der heiligen Sa-
"cramente, und anderen Actibus parochiali-
"bus, allhier gebräuchlich ist; allermassen wir
"auch sonsten, auf sothaner Religionsverwand-
"ten Gesuch ihnen vergönnen, auch anderswo
"aufs neue Kirchen zu bauen."

§. 10. In Kraft dieses gnädigsten Mani-
festes, sammlete sich schon in eben demselben
1702ten Jahr zu Astrachan eine evangelisch-
lutherische Gemeine, die seit der Zeit bis auf
diesen Tag fortdauret. Die Stadt St. Petersburg war 1703. kaum angelegt worden, als sich
daselbst schon eine kleine Gemeine von Lutheranern

nern befand, die einen Prediger zu haben wünschte. Sie erhielt denselben durch die Vorsorge des berühmten Cornelii Cruys, Viceadmirals von ganz Rußland, welcher 1704. aus Amsterdam einen frommen und geschickten Mann, Namens Wilhelm Tolle, der aus Göttingen gebürtig war, zum ersten Prediger der hieselbst befindlichen Lutheraner hieher brachte. Solchergestalt nahm die älteste hiesige ausländische Gemeine, nämlich die auf der Admiralitätsinsul, welche seit 1730. die St. Petersgemeine genennet wird, ihren ersten Anfang, deren erste Kirche von dem Herrn Viceadmiral auf seinem Hofe 1708. von Holz erbauet ward, und den gedachten Tolle zum Prediger hatte. Eben derselbige aber stund auch anfänglich der lutherischen Gemeine vor, die sich zu Cronstadt gesammlet hatte, und deren öffentlicher Gottesdienst 1705. in dem dasigen Hause des Viceadmirals Cruys anfieng; ja der unermüdete Pastor Tolle erlernete auch die Finnische Sprache, und predigte in derselben denen Finnischen Landgemeinen in der Nachbarschaft von St. Petersburg, die während der Kriegesunruhen ohne ordentliche Prediger waren. Selbst in der Festung St. Petersburg ward 1704. und 1705. auf Befehl Peters des grossen eine kleine hölzerne lutherische Kirche für die unter der Besatzung be-

12 Nachricht von den evangelischen

ständlichen Lutheraner erbauet, welche ihren besondern Prediger hatte, nachmals aber als der Monarch befahl, daß gar keine Wohnhäuser mehr in der Festung stehen sollten, abgebrochen, und ausserhalb der Festung wieder aufgebauet ward, woselbst sie aber nur wenige Jahre stund.

> Etwas von diesen Nachrichten stehet in der exacten Relation von der neu erbauten Festung und Stadt St. Petersburg, von H. G. Leipzig 1713. in 8 S. 20. 21. 54. und in des Herrn Pastors Friedrich Wilhelm Bogemell Nachricht von der deutschen evangelischen Gemeine in Cronstadt, S. 18. 19. 20.

§. 11. Die christliche Gnade dieses unsterblichen Monarchen war so groß, daß er weder selbst, und unmittelbar, noch durch seine Collegia denen evangelischen Gemeinen ihre kirchliche Verfassung und Regierung vorschreiben wollte, sondern er überließ ihnen solche selbst dahin, daß er aus dem Mittel der evangelischen Pastoren einen zum Superintendenten der gesammten damaligen Gemeinen erwählete, der die kirchliche Verfassung und Regierung der Gemeinen einrichten und handhaben, und die in, und unter den Kirchen und Gemeinen eingeschlichene Mißhelligkeiten und Unordnungen beylegen mußte. Er erschien zu solchem Ende 1711. in seiner Reichs- und Gesandten-Canzeley, und befahl sei-

Gemeinen in Rußland.

seinem Großcanzler Grafen Golofkin, und seinem Vicecanzler Baron Schafirow, daß sie in Gegenwart der evangelisch-lutherischen, engländischen, reformirten, und römisch-catholischen Geistlichen, Aeltesten, und Vorstehern solcher Kirchen, in rußischer und hochdeutscher Sprache am 18ten Febr. den Licentiaten der heil. Schrift und Pastor bey der ältesten evangelisch-lutherischen Gemeine vor Moscau Barthold Vagetium zum Superintendenten aller evangelisch-lutherischen Kirchen in Rußland (deren damals 11. waren) ernennen und erklären sollten, dieser aber ein Reglement für alle evangelisch-lutherische Kirchen und Schulen aufsetzen solle.

> Es ist geschehen, und 1717. zu Reval auf 28. Octavseiten unter folgendem Titel gedruckt worden: Revidirtes Instrumentum pacis ecclesiasticum, oder evangelisch-lutherisches geistliches Krieges-recht und Friedensartickel, oder Kirchen- und Schulreglement und Ordnung, wie es darinnen auf Ihro Großzarischen Majestät allergnädigsten Commißion und Vollmacht, in allem regulirt, und gehalten werden soll. In demselben stehen die oben angeführte Umstände. S. 12. f.

§. 12. Solche anfangs in der Stille gemachte Verfügung des grossen Monarchens, wurde 1715. durch einen öffentlichen Befehl Desselben bekannt gemacht, welcher also lautet:

„Von

„Von GOttes Gnaden wir Peter I, Zar
„und Selbsthalter von ganz Rußland 2c. 2c. 2c.
„Nachdem wir aus erheblichen Ursachen zu
„Stiftung und Erhaltung des Friedens und gu-
„ter Ordnung, auch Verhütung und Abschaffung
„aller Desordres und Irrungen bey denen in
„unserm Reiche befindlichen evangelisch-luthe-
„rischen Kirchen vor gut befunden, selbigen ih-
„res Glaubens und Mittels einen Superinten-
„denten zu verordnen und vorzustellen: Als ha-
„ben wir den ehrwürdigen und hochgelahrten
„Bartholdum Vagetium, der heil. Schrift
„Licentiaten, bisherigen Pastorem bey der alten
„evangelisch-lutherischen Gemeine vor Moscau,
„vor andern in Consideration gezogen, und
„selbigen in Ansehung der ihm beywohnenden
„guten Qualitäten und Erudition und Treue ge-
„gen uns, zum Superintendenten aller in Ruß-
„land befindlichen lutherischen Kirchen und Ge-
„meinen bereits 1711. den 18. Febr. verord-
„net und angestellet: gleichwie wir ihn hiemit
„darinnen confirmiren: Wollen auch befehlen,
„daß er von gedachten Gemeinen nach der bey
„den evangelisch-lutherischen Kirchen üblichen
„Gewohnheit dafür gebührlich erkannt, respecti-
„ret, und gehalten werde. Ihm aber dem Su-
„perintendenten Vagetio, befehlen wir aller-
„gnädigst, daß er aufs fleißigste dahin sehe, da-
„mit

„mit bey gedachten Kirchen und Gemeinen, alles
„ordentlich zugehe, die bey selbigen verordnete
„Prediger ihre Gemeinen, absonderlich zur
„Gottseligkeit und Treue gegen uns und unser
„Kayserl. Haus anführen, sich absonderlich in
„ihren Predigten aller verdächtigen Zank und
„Zerrüttung erweckenden Reden und Ausdrücke,
„insonderheit aber derer, so etwa unserem oder
„unserer hohen alliirten hohen Respect und In-
„teresse präjudicirlich seyn, enthalten, und in
„allem sich also aufführen, als es Christen und
„getreuen Unterthanen gebühret, und zukommt,
„damit wir veranlasset werden mögen, ihnen
„sämmtlich mit unserer Kayserlichen Gnade wei-
„ter zugethan zu verbleiben. Zu mehrerer Be-
„festigung ist dieses unser Patent unter unserm
„Reichs Insiegel ausgefertiget worden. Ge-
„geben zu St. Petersburg den 7ten Octobr.
„1715.„

(L. S.) Graf Goloftin.

Dieser Befehl stehet in dem vorhin §. 12. gedruckten
Kirchen- und Schulteglement, S. 1-6.

§. 13. Im Jahr 1723. gieng ein aber-
maliger Befehl des Kaysers aus, in welchem den
Lutheranern und Reformirten die völlige Religionsfreyheit nochmals ertheilet, und zugleich
vorgeschrieben ward, wie sie ihren öffentlichen
Gottes-

Gottesdienst halten sollten, ohne daß sie deßfalls von den Rußen auf einige Weise beunruhiget würden, zugleich ward erkläret, daß den Lutheranern und Reformirten an allen Orten des rußischen Reichs Kirchen und Schulen zu erbauen erlaubt seyn, ihnen auch zu Bestreitung der Unkosten ein Beytrag geschehen solle. Ja kurz vor seinem Ende ließ der Monarch noch folgendes öffentlich bekannt machen:

„Weilen die, wider die Stadt Thoren, we„gen des von den Jesuiten daselbst erregten „Tumults, vorgenommenen Proceduren, welt„kündig sind: Als haben Seiner Rußisch Kay„serl. Majestät beschlossen, um dergleichen Unru„hen vorzubeugen, allen Dero Unterthanen im „ganzen Reich ein freyes Religionsexercitium al„lergnädigst zuzugestehen, wobey einem jeden „ernstlich verboten seyn soll, keinen von besagten „Unterthanen der Religion wegen, unter wel„chem Vorwand es auch immer geschehen möge, „zu beeinträchtigen, oder sonst ihm einigen Ver„druß zu erwecken; besonders wird den Predi„gern untersagt, mit Heftigkeit gegen andere „Religionen zu predigen, oder auf solche zu „schimpfen, und das bey Lebensstrafe. Hinge„gen wird ihnen anbefohlen, einzig und allein „das Wort GOttes so zu predigen, wie es in „der heiligen Schrift enthalten ist.„

Sal-

Salmons gegenwärtiger Staat von Rußland, herausgegeben von E. C. Reichard, S. 731. 732. Leben Peters des grossen Th. 2. S. 747. 748.

Sonsten ist noch während der Regierung Kayser Peters I. der Bau der ersten deutschen evangelisch-lutherischen Kirche, auf dem Stückhofe hieselbst, zum Stande gekommen, denn am 11ten Septembr. 1720. ward er angefangen, und am 18ten März 1722. ward zum erstenmal Gottesdienst darinn gehalten.

§. 14. Die Religions- und Kirchenfreyheiten der ausländischen und besonders der evangelisch-lutherischen Gemeinen, dauerten unter der Regierung sowol der Kayserin Catharina I. als des Kaysers Peters II. ungekränkt fort, ja unter der Regierung des letztern Monarchen wurde nicht nur 1728. die deutsche evangelische Gemeine auf Wasili-Ostrow zu St. Petersburg eingerichtet, und mit einem besonderen Prediger versehen, sondern der Monarch bewilligte auch zur Erbauung der neuen steinernen St. Peterskirche, und ihren zugehörigen Gebäuden einen bequemen und ansehnlichen Platz, an dem zu dem Kloster des heiligen Alexander Newsky führenden Perspectiv, und machte der Gemeine 1730. zu solchem ihrem Bau ein allergnädigstes Geschenk von tausend Rubeln.

B §. 15.

§. 15. Die Kirchenfreyheiten, welche die evangelischen Gemeinen durch Kayserl. Gnade genossen, waren so groß, als man sie wünschen konnte. Sie richteten nicht nur ihren öffentlichen Gottesdienst nach eigenem Gefallen ein, beriefen und bestellten ihre Pastoren und Schullehrer, und besorgten ihre Kirchenökonomie nach Gutfinden, (welche Freyheiten sie auch noch bis auf den heutigen Tag ungehindert besitzen und ausüben) sondern sie übeten auch in ihren Kirchenconventen, welche unter dem Vorsitz eines erwählten ansehnlichen Kayserl. Generals, oder Admirals als geziemend erbeteuen Patroni, aus den Pastoren, Aeltesten und Vorstehern der Gemeinen bestunden, alle Consistorialgerichtsbarkeit aus. Denn sie nahmen Klagen und Verantwortungen gegen dieselben an, sie stelleten Verhöre an, entschieden Ehestreitigkeiten, stifteten Vergleiche, untersuchten öffentliche Aergernisse, und legten nicht nur Kirchen- sondern auch Geldbussen auf, vollzogen auch solche ihre Urtheile unter dem Ansehen ihrer Patronen. Um solches zu beweisen, will ich einige Protocolle des Kirchenconvents der evangelischen Gemeine zu Cronstadt, mittheilen, von welchen ich die beyden ersten aus der Holländischen Sprache, in welcher sie abgefasset worden, in die Hochdeutsche übersetzt habe.

„1729.

„1729. am 11ten Febr. hat der Kirchenrath
eine Versammlung angestellt."

„Erstlich hat er die Sache vorgehabt, wel„che des Schiffers Anton Perlement Gottes„lästerung betrift, die er in der Kirche am 3ten
„Febr. ausgestossen hat, und beschlossen, daß er
„Kirchenbusse thun solle.

„Zweytens, in Ansehung des Lieutenants
„Rasmus — und des Kindes, welches er mit
„der Frauensperson Cathrine erzeuget hat, ist
„beschlossen worden, daß er sowol vermöge sei„nes eigenen Angebens, als gewisser Nachrech„nung, der wahre Vater des Kindes sey, und
„der Kirchenrath hat ihm auferlegt, daß er sich
„mit ihr vergleichen, das Kind von einer auf
„einmal zu erlegenden Summe Geldes unter„halten, und Kirchenbusse thun solle."

„1729. am 11ten April hat der Kirchenrath
„und der Herr Pastor eine Versammlung
„angestellt."

„Erstlich hat man die Sache, welche den
„Lieutenant Rasmus — und Cathrine Chri„stens Tochter angehet, vorgehabt, und jenen
„gefragt, ob er bekenne, daß er mit genannter
„Frauensperson auf fleischliche Weise zu thun
„gehabt, und ob er beweisen könne, daß sie mit
„mehrern andern Mannspersonen zu thun ge„habt

„habt habe? ob er auch mit guten Gewissen be=
„schweren könne, daß er nicht Vater des Kindes
„sey?

„Zweytens, da der Lieutenant über obige
„Puncte befragt worden, und nicht leugnen noch
„beschweren kann, daß er nicht Vater des Kin=
„des sey, so haben die Herren Kirchenräthe be=
„schlossen, daß er ausser den 12 Rubeln, die sie
„vorhin von ihm bekommen, noch 40. Rubel
„zum Unterhalt des Kindes geben solle, die auf
„viermal zu bezahlen, nemlich alle Vierteljahr
„10. Rubel.

„Drittens, der Herr Lieutenant hat sich mit
„der Frauensperson vertragen, und zugesagt,
„daß er ihr die obigen 40 Rubel geben wolle.
„Er hat solches eigenhändig unterschrieben;
„und hiernach soll die Frauensperson keine
„weitere Ansprüche an ihn machen.„

„Auszug der Klagesachen zwischen Johann
„Heinrich K. und seiner Ehefrau Maria
„B. wegen ihres übel geführten
„Ehestandes.„

„Die Zeugen von beyden Partheyen sind auf
„einen Tag in die Kirche citirt worden, und ist
„ihnen sämmtlich vorgehalten, ob sie ihre Aus=
„sage mit einem Eyde bekräftigen könnten?
„Da denn die meisten nicht allein bey ihrer
„Aus=

Gemeinen in Rußland.

„Aussage geblieben, sondern auch um der Ge-
„wißheit willen ihre Namen unterzeichnet. Weil
„aber die meisten Zeugen sehr verdächtig und
„partheyisch scheinen, indem ihre Zeugnisse mit
„einander nicht übereinstimmen, sondern pro
„und contra fallen, folglich die eine Parthey
„durch einen Eyd ihre Seligkeit verschwüre, so
„hat man, um ihre Seelen zu bewahren, es
„noch zu keinem Eyde kommen, sondern sich
„vors erste mit ihren unterschriebenen Namen
„begnügen lassen. Uebrigens ist aus denen von
„beyderseits angeführten Klagen, Verantwor-
„tungen und Zeugen so viel zu ersehen, daß
„beyde Eheleute in gleicher Schuld und Strafe
„sind. Cronstadt am 10. Dec. 1729.„

„Verlaut der von dem sämmtlichen Kirchenrath
„geschlossenen Sentenz über die Wittwe Jo-
„hanna F. wegen ihres lüderlich geführ-
„ten Lebens.„

„Demnach die Wittwe Johanna F. wegen
„ihres bösen Lebens, so ärger als heydnisch ist,
„ein rechter Schandfleck unsrer evangelischen
„Kirche ist, und bey Fortsetzung ihrer schändli-
„chen Hurerey, das heilige Sacrament, für
„welches billig ein jeder Christ, von was Reli-
„gion er auch seyn mag, eine demüthige Hoch-
„achtung hegen soll, vermessentlich geschändet

B 3 „hat,

„hat, als hat der sämmtliche Kirchenrath auf
„hohe Confirmation unsers Kirchenpatrons des
„Herrn Admirals Sievers Excellenz, besagter
„Wittwe folgende Strafe von Rechtswegen zu
„erkannt:

„Daß die Wittwe Johanna F. als eine
„ehebrecherische Hure und Sacramentsschän-
„derin, 3 Tage auf dem Kirchhofe an den
„Pfahl geschlossen stehen, und hernach durch
„den Büttel aus Cronstadt verwiesen werden
„solle, mit der Bedrohung, wo sie sich wie-
„der einfindet, eine viel härtere Strafe zu
„gewarten haben soll.

„Jedoch weilen Johanna F. Wittwe, ihre be-
„gangene Missethaten gutwillig gestanden, und
„vor GOtt und sämmtlichen Kirchenrath Bes-
„serung des Lebens angelobet, so soll sie aus
„Consideration ihres Versprechens, vor dieses
„mal mit dem Pfahl verschonet bleiben. Im-
„mittelst da sie sich vor GOtt und der ganzen
„Gemeine durch gegebenes Aergerniß gröblich
„versündiget hat; soll sie sich zur öffentlichen Kir-
„chenbuße bequemen, und vor dem Altar ihre
„begangene schwere Sünden mit herzlicher Reue
„GOtt und der Gemeine demüthig abbitten,
„und Besserung ihres Lebens angeloben. Cron-
„stadt am 1 April 1730."

Diese

Diese Consistorialgerichtsbarkeit der einzeln Gemeinen beweiset Herr Pastor Bogemell in seiner oben angeführten Schrift in Ansehung der Gemeine zu Cronstadt aus Protocollen von 1728. 29. 30. S. 37. 38.

§. 16. Insonderheit hatte der Kirchenrath oder Kirchenconvent bey der auf der Admiralitäts-Insel zu St. Petersburg befindlichen oder heutigen St. Petersgemeine von 1727. an, unter dem Vorsitz Sr. Erlauchten des damaligen Herrn Generals, und nachmaligen Herrn Generalfeldmarschalls Reichsgrafen von Münnich Patronat und Vorsitz, ein solches Ansehen, daß er von den andern beyden damaligen deutschen evangelischen Gemeinen auf dem Stückhofe, und auf Wasilj-Ostrow respectiret, und in wichtigen gemeinen Angelegenheiten mit beschicket ward, und in den Conferenzen desselben wurden viele erhebliche Consistorialsachen entschieden; ja der damalige Vicepräsident des Kayserl. Justizcollegii der lief- und esthländischen Sachen, Herr von Wolf, war selbst einige Jahre lang ein Mitglied dieses Kirchenraths oder Convents. Es baten auch die hiesigen Gemeinen der Schweden und Finnen, den Kirchenrath, ihre damalige Streitigkeiten unter einander und mit ihren Predigern zu entscheiden, auch ihre Predigerwahlen zu reguliren und zu confirmiren.

ren. Solches Ansehen des Kirchenraths der St. Petersgemeine beweisen die noch vorhandene Protocolle in den gehaltenen Conferenzen, von denen ich zur Probe eins mittheilen will.

St. Petersburg, den 21. May 1729.

„In der, bey des Herrn Generals Grafen
„von Münnich Excellenz gehaltenen Kirchen-
„conferenz, erschien Herr Postsecretár Häll, eine
„Supplique im Namen der finnischen Gemei-
„ne überreichend, des Innhalts, daß von Sei-
„ten E. Hochlöbl. Kirchenraths die Verfügung
„gemachet werden möchte, damit gedachte Ge-
„meine, welche bisher vertheilet gewesen, wie-
„derum conjungiret, und die durch Absterben
„des vormals einige Zeit gewesenen Pastor
„Jacob Máydelins vacant gewordene Stelle,
„durch den, bey der Alpschen Kirche in Esth-
„land befindlichen Pastor Törne, ersetzet werden
„möchte. Weil aber befunden wurde, daß diese
„Supplique nur einige wenige unterschrieben,
„und überdem der Herr Postsecretár Häll sich
„mit keiner Vollmacht legitimiret, so wurde be-
„liebt, der finnischen Gemeine andeuten zu las-
„sen, daß die sämmtliche nur erwehnte Gemeine
„auf instehenden ersten Pfingstfeyertag zusam-
„men treten, und durch eine freye und unge-
„zwungene Wahl, sich einen Pastor erwählen,
„und

„und alsdann bey E. Hochlöbl. Kirchenrath,
„um die Confirmation durch 2. Deputirte von
„der Gemeine, Ansuchung thun lassen sollte.
„Wenn auch die Wahl den Herrn Pastor Tör-
„ne treffen sollte, so würde E. Hochlöbl. Kir-
„chenrath um so viel weniger Bedenken tragen
„denselben zu confirmiren, als mehrgedachter
„Herr Pastor Törne bereits ordiniret ist, und
„von sichern und glaubhaften Personen, wegen
„seiner Qualitäten und guten Lebens und Wan-
„dels denen Herren Kirchenräthen wäre ange-
„rühmet worden; Hiernächst wollte Herr Post-
„secretär Häll einige Klagen wider den Herrn
„Pastor Lorenz Wagner anfangen, es wurde
„aber derselbe dahin beschieden, sich vors erste
„mit genugsamer Vollmacht von denjenigen,
„welche wider den Pastor Wagner etwas hät-
„ten, zu versehen, und hernach mit besseren Be-
„weisen, alles dasjenige, wessen er den Pastor
„Wagner beschuldigte, darzuthun. 2) Stel-
„leten 3 Deputirte Johann Jacob Dowich,
„Siegfried Turcanus, und Mich. Wasöhr
„im Namen der schwedischen Gemeine E.
„Hochlöbl. Kirchenrath, mittelst einer Supplique
„vor, wie gedachte Gemeine den Herrn Pastor
„Lorenz Wagner, welchem die schwedische
„Gemeine bis auf völligen Schluß zu bedienen,
„in der, am 9ten Octobr. a. p. gehaltenen Kir-
„chen-

"chenconferenz wäre verstattet worden, zu ihrem
"beständigen und ordentlichen Pastoren, durch
"eine ihm zugeschickte Vocation, welche er auch
"angenommen, und davon die Copie beygeleget
"war, verlanget, und baten die Confirmation
"hierüber zu ertheilen, welche ihnen auch auf
"geschehenes nochmaliges Befragen: Ob die
"Gemeine mit obberegtem Pastor Lorenz
"Wagner zufrieden, und ihn verlangte, auch
"darauf erfolgte Beantwortung mit Ja, von E.
"Hochlöbl. Kirchenrath bewilliget wurde. 3) In
"Erwegung, wie dem eingeführten Gebrauch
"nach, der hinterlassenen Wittwe des sel. Jacob
"Mäydelins, das Gnadenjahr zu statten kä-
"me, dennoch aber die finnische Gemeine, so
"lange nicht ohne Gottesdienst und Priester ge-
"lassen werden könnte, wurde beliebet, daß den
"nächsten Ingermannländischen Priestern durch
"ein Circularschreiben zu wissen gefüget werden
"sollte, daß sie sich alternative hier einfinden,
"jeder 8. Tage hier bleiben, und den Gottes-
"dienst und andere priesterliche Actus, bis nach
"Verlauf des Gnadenjahres verrichten sollten.
"4) Wurde der Pastor Johann Heinrich
"Hoppius mit seiner Supplique an die Hof-
"kanzeley, wohin sein Gesuch gehörig, verwiesen.
"Actum ut supra."

Das

Das in diesem Protocoll angeführte Circularschreiben ist hierauf, nachdem es von den gesammten Kirchenräthen unterschrieben worden, wirklich an die Prediger, der in der Nähe von St. Petersburg befindlichen finnischen Landkirchspiele **Keltis, Toxowa, Wole, Lembala, Slawanka, Skworiz, Gubaniz, Coprina, Tyris** und **Duderhof** abgefertiget. Es hat auch der Kirchenrath in einer Conferenz vom 3. Julii, in welcher von der schwedischen und finnischen Gemeine Bevollmächtigte erschienen, ihre Streitigkeiten richterlich entschieden.

§. 17. Unter Ihro Majestät der Kayserin **Anna Iwannowna** glorwürdigen Regierung, wurden die evangelischen Kirchen zu St. Petersburg mit einer neuen 1732. eingerichteten Kirche im Kayserl. Cadettencorps, und mit der 1734. eingeweiheten noch stehenden Kirche der schwedischen und finnischen Gemeinen, vermehret. Im Jahr 1733. am 7. Sept. ergieng in allerhöchst Deroselben Namen von dem Kayserl. rußischen Justizcollegio an das evangelische Ministerium zu St. Petersburg, welchem darinn der Titel eines lutherischen Consistorii gegeben wird, ein Befehl, eine darinn benannte Ehesache auszumachen und zu entscheiden, welche

aber

aber das Ministerium im folgenden Jahr, nachdem es vergeblich versucht hatte die streitenden Eheleute mit einander zu versöhnen, an das von Ihro Maj. neuverordnete Gericht in dergleichen Ehesachen verwies. Es meldete sich nemlich bey Kayserl. Justizcollegio der lief- und esthländischen Sachen ein hiesiger Kaufmann, und bat dasselbige, ihn von seiner Ehefrau zu scheiden, weil hier kein geist- noch weltliches Gericht für die Matrimonialsachen der augsburgischen Confeßionsverwandten vorhanden sey. Weil aber das erlauchte Kayserl. Justizcollegium sich bewußt war, daß es mit denen in Rußland, ausser Lief- und Estland, sich aufhaltenden augsburgischen Confeßionsverwandten nichts zu thun habe, noch sich ohne besondern Kayserl. Befehl mit denselben befassen könne, so fragte es in einem an Ihro Majestät die Kayserin Anna Iwannowna hohes Cabinet gerichteten allerunterthänigsten Memorial vom 17ten Decembr. 1733. „in allertiefster Devotion an, welchergestalt es „sich hierunter zu betragen, und ob es nicht die „Consistorialia sämmtlicher im Reich befindlichen „augsburgischen Confeßionsverwandten anhero „zu ziehen habe? welches es jedoch Ihro Kayserl. „Majestät allerhöchsten Disposition in aller Un„terthänigkeit anheimstellte.„ Hierauf befahlen Ihro Kayserl. Majestät am 23. Febr. 1734.

mittelst

Gemeinen in Rußland. 29

mittelst Dero unter das Memorial eigenhändig unterzeichneten hohen Resolution allergnädigst:

„Dergleichen, derer fremden Religionsver„wandten allhier vorfallende Consistorialsachen „in gedachtem Justizcollegio nach denen Grund„regeln einer jeden Confeßion, mit Zuzie„hung derer hiesigen Geistlichen von selbi„ger Religion, welcher derjenige, über den das „Gericht gehalten werden soll, zugethan ist, zu „decidiren, und selbige sammt ihnen zu ur„theilen.„

Dieser höchste Befehl wurde dem Justizcollegio durch den hohen dirigirenden Senat unterm 12ten März, und von dem Collegio hinwieder denen sämmtlichen Pastoren der ausländischen Religionsverwandten bekannt gemacht. Von solcher Zeit an, sind gewisse Consistorial-insonderheit Ehesachen von dem Kayserl. Justizcollegio der lief- und esthländischen Rechtssachen und den Pastoren gerichtet und entschieden worden, und zwar also, daß auf der einen Seite des Richtertisches, die Mitglieder des Collegii, und auf der andern Seite die Prediger gesessen haben. Zur Probe, wie die solchergestalt in Consistorialsachen ausgefertigten Urtheile und Resolutionen abgefasset worden, will ich eine Resolution vom 1. Febr. 1738. anführen, in welcher es heisset:

„Auf

„Auf Ihro Kayserl. Majestät hohen Befehl, „eröfnet das Kayserl. Reichsjustizcollegium der „lief- und esthländischen Sachen, auf die von ei- „nigen der zur stückhöfischen Kirche gehörigen „evangelisch-lutherischen Gemeine als Klägern, „an einem, entgegen und wider den M. J. P. „L. Beklagten am andern Theil in puncto ge- „waltthätigen Eindrangs zum Predigtamt bey „jetztbesagter Gemeine erhobenen Klage, — — „— Nachdem zufolge Ihro Kayserl. „Majestät emanirten allerhöchsten Befehl „untenbenannte Prediger zur Abmachung „gegenwärtiger Sache gezogen worden, „folgende Resolution: demnach — — So er- „kennet dieses Ihro Kayserl. Maj. Reichsjustiz- „collegium, nebst denen zur Aburtheilung „dieser Sache gezogenen Predigern — — „nunmehro vor Recht, — gestalt denn mehr be- „sagte Wahl und Vocation von diesem Ihro „Kayserl. Majestät Reichsjustizcollegio, mit „Zuziehung untenbenannter Prediger, in „kraft dieses gänzlich gehoben wird, — — „V. R. W.

§. 18. Weil aber das Kayserl. Justizcolle- gium bey dem in der höchsten Kayserl. Verord- nung gebrauchten Wort allhier einen Zweifel fand, ob es nemlich nur von denen in St. Pe-
ters-

tersburg wohnenden fremden Religionsverwandten, oder nach Innhalt der unterthänigsten Anfrage des Collegii, von sämmtlichen im ganzen rußischen Reich befindlichen fremden Religionsverwandten verstanden werden solle? so bat sich das Collegium darüber eine allergnädigste Erklärung aus. Zu gleicher Zeit stellte es vor, daß wenn die Consistorialsachen der Ausländer im Justizcollegio in der ersten Instanz ankommen sollten, solches die lief- und esthländischen Sachen gar zu sehr hindern würde. Es that also den unterthänigsten unmaßgeblichen Vorschlag, daß Ihro Kayserl. Majestät die Errichtung zweyer Consistorien, des einen in St. Petersburg, und des andern in Moscau, erlauben möchten, welche aus geistlichen und weltlichen Mitgliedern bestünden, und in Consistorialsachen der fremden Religionsverwandten richteten, da denn alles viel leichter und besser von statten gehen würde, „weil (wie die Worte des Memorials „lauten,) die meisten Partheyen bey den Aussprü„chen der ersten Instanzien acquiesciren, mit„folglich nicht alle und jede daselbst vorkommen„de Sachen, besondern nur diejenige, in welchen „die Partheyen durch das Urtheil eines Consisto„rii sich graviret zu seyn befänden, an das lief- „und esthländische Justizcollegium zur ferneren „Aburtheilung gedeihen würden.„ Damals
setzte

setzte auch der Vicepräsident des Justizcollegii Herr von Wolf für die evangelischen Gemeinen eine unterthänigste Bittschrift an Ihro Kayserl. Maj. auf, in welcher sie demüthigst baten, daß zu St. Petersburg ein Consistorium mixtum für die in dieser Stadt, wie auch in Cronstadt, Ingermanland, Finland, Wiburg und Carelen vorfallende Consistorialsachen, verordnet werden möchte, um dieselben nach denen schwedischen Kirchenordnungen und wo diese nicht zureichten, nach den sächsischen zu richten, in vermischten Sachen aber das, was für das weltliche Gericht gehöret, an das Reichsjustizcollegium der esth- und liefländischen Sachen zu verweisen. Allein es scheinet, daß dieser Vorschlag und Entwurf nicht wirklich an Ihro Kayserl. Majestät übergeben worden sey, wenigstens ist er nicht vollzogen worden, es blieb also bey dem Befehl vom 12ten März 1734.

§. 19. Im 1735sten Jahr liessen Ihro Majestät die Kayserin Anna bey der Gelegenheit, als ein römisch-catholischer Pater zu Moscau, neue Glaubensgenossen zu machen suchte, unterm 22. Febr. einen gedruckten Befehl ausgehen, darinnen nachdrücklichst verboten wurde, daß kein ausländischer Geistlicher sich unterstehen solle, Kayserl. Unterthanen, wes Standes und

Gemeinen in Rußland.

und Nation sie auch seyn möchten, zu Annehmung seiner Religion zu überreden. Dieser in rußischer und deutscher Sprache gedruckte allerhöchste Befehl fänget sich also an:

„Wir — — thun kund und zu wissen, wel„cher Gestalt zwar durch viele, theils von unsern
„Vorfahren, theils von uns selbst herausgege„bene Verordnungen anderen christlichen Re„ligionsverwandten, als denen Lutheranern,
„Reformirten, und Römischcatholischen, das
„freye Exercitium religionis in unserm gan„zen Reich, allergnädigst verstattet worden, da„mit viele sowol in unsern Diensten befindliche,
„als auch der Handlung wegen in unserm
„Reich sich aufhaltende Ausländer, nach den
„Grundsätzen ihres Glaubens den nöthigen Un„terricht geniessen, und ihren Gottesdienst ab„warten könnten; welche Gewissensfreyheit ih„nen bisanhero, aus unserer besondern Gnade
„ohne einige Hinderniß ist zugestanden worden,
„und deren sie sich auch ins künftige zu erfreuen ha„ben sollen.„

Es verdienet auch angemerkt zu werden, daß Ihro Majestät diese grosse Kayserin am 15. Sept. 1734. der evangelisch-lutherischen St. Peterskirche zu St. Petersburg zum Orgelbau ein allermildestes Geschenk von tausend Rubeln gemacht, zur Erbauung der schwedischen und finnischen

nischen Kirche 500. Rubel, und zu den Unkosten der neuern evangelisch-lutherischen St. Annenkirche auf dem Stückhofe, 1000. Rubel allerhuldreichst geschenket haben, und daß der Pastor sener Kirche, Heinrich Gottlieb Nazzius 1736. nebst dem Herrn von Vietinghof, Mitgliede des Kayserl. Reichsjustizcollegii der lief- und ehstländischen Sachen in 9. benachbarten Landkirchspielen die Kirchenvisitation angestellet habe.

§. 20. Während der huldreichen Regierung Ihro Majestät der Kayserin **Elisabeth**, haben die alten Religions- und Kirchenfreyheiten derer fremden Religionsverwandten im rußischen Reich ungekränkt fortgedauret; es haben auch Ihro Kayserl. Majestät denen evangelisch-lutherischen Bergleuten zu Bernaul in Sibirien, 1750. einen Prediger bewilliget, und denselben mit einem hinlänglichen Gehalt begnadiget: sa es haben auch Allerhöchstdieselben dem Großfürsten Peter Fedrowitschen erlaubet, für seine holsteinische Truppen zu Oranienbaum einen Feldprediger zu bestellen.

§. 21. Unter der kurzen Regierung **Kaysers Peters des dritten**, blieben die Freyheiten der evangelischen Gemeinen auf dem bisherigen Fuß, ihre Kirchen aber wurden durch ein

Gemeinen in Rußland.

sogenanntes Bet- und Gotteshaus vermehret, welches der Kayser für seine holsteinischen Bedienten und Soldaten 1762. zu Oranienbaum erbauen ließ, und der Einweihung desselben Selbst beywohnete.

§. 22. Ihro jetzt glorreichst regierende Kayserl. Majestät Catharina II. haben Sich um die evangelischen Gemeinen nicht weniger als Allerhöchstderoselben Vorfahren auf dem rußischen Thron, durch mancherley Gnadenbezeigungen verdient gemacht. Zuförderst haben Sie zum Besten aller Ausländer, eine eigene Tutel-kanzley errichtet, durch ein unterm 22. Julii 1763. ausgefertigtes allerhöchstes Manifest neue Ausländer auf die allergnädigste Weise eingeladen, sich in Höchstderoselben Reich wohnhaft niederzulassen, und §. 6. allermildest folgendes erkläret:

„Wir gestatten allen in unserm Reich an-
„kommenden Ausländern unverhindert die freye
„Religionsübung, nach ihren Kirchensatzungen
„und Gebräuchen: denen aber, welche nicht in
„Städten, sondern auf unbewohnten Ländereyen
„sich besonders in Colonien oder Landflecken nie-
„derzulassen gesonnen sind, ertheilen wir die
„Freyheit, Kirchen und Glockenthürme zu bauen,
„und die dabey benöthigte Anzahl Priester und
„Kir-

„Kirchendiener zu unterhalten, nur den einzigen
„Klosterbau ausgenommen.„

Hiernächst haben Ihro Kayserl. Majestät den evangelischen Gemeinen zu Oranienbaum (§. 21.) und Bernaul (§. 20.) auf Dero Unkosten 1763. und 1764. neue Prediger gegeben, 1764. der St. Petersgemeine zu St. Petersburg nicht nur über ihre 1762. errichtete Schule ein erwünschtes Privilegium ertheilet, sondern ihr auch zur Tilgung ihrer durch das Schulgebäude veranlasseten Schulden, 3000. Rubel, so wie Se. Kayserl. Hoheit der Großfürst Paul Petrowitsch zu gleichem Zweck 1000. Rubel, allermildest geschenket; denen in der Gegend von Saratow neu angepflanzten Lutheranern einen eigenen Prediger bestellt und besoldet, und die evangelischen Gemeinen Dero Residenzstadt St. Petersburg dadurch erfreuet, daß Sie den von dem Justizcollegio der lief- esth- und finnländischen Sachen am 22sten März 1764. mit Arrest belegten ehr- und ruhmwürdigen Prediger der Gemeine auf dem Stückhofe durch einen am 27ten März ertheilten Befehl eben so gerecht als huldreich wieder in Freyheit gesetzt.

§. 23. Die Veranlassung zu dieser letzterwähnten Gnadenbezeigung, erhellet aus einer

von

von mir aufgesetzten Klageschrift, welche die Patronen und Prediger von 4 evangelisch-lutherischen Gemeinen zu St. Petersburg, beym hohen dirigirenden Senat eingegeben. Sie lautet also:

„Allerdurchlauchtigste, Großmächtigste Kay-
„serin, Allergnädigste Kayserin und grosse
„Frau!„

„Ew. Kayserl. Majestät haben eben so-
„wol, als schon vor vielen Jahren Allerhöchst-
„deroselben glorreiche Vorfahren auf dem russi-
„sisch-Kayserl. Thron, fremde Religionsver-
„wandten auf die allergnädigste Weise in Dero
„Reich eingeladen, und aufgenommen, und ih-
„nen alle zu wünschende gottesdienstliche und
„kirchliche Freyheiten auch Einrichtungen nach
„den Grundsätzen ihrer Religionen, allermildest
„verstattet. Vermöge solcher preiswürdigen
„Gnade, haben sich, so wie an unterschiedenen
„Orten in Allerhöchstderoselben Staaten, also
„besonders auch in Ingermanland, und vornem-
„lich zu St. Petersburg die fremden Religions-
„verwandten nach und nach zu besondern Ge-
„meinen vereiniget, Kirchen erbauet, Prediger
„berufen und bestellt, ihren Gottesdienst nach
„allen seinen Theilen eingerichtet, und die Ge-
„bräuche und Formalitäten bey Eheproclama-
„tionen,

„tionen, Copulationen, Taufen, Begräbnissen ꝛc.
„nach eigener Wahl und Maaßgebung der
„Grundsätze und Gewohnheiten ihrer Kirchen in
„andern Ländern, beliebet, festgesetzt, und den
„Umständen gemäß verändert, und also der völ-
„ligen Freyheit ungestört genossen, die nicht nur
„GOtt selbst, sondern auch der glorreichen rußi-
„schen Monarchen Gnade ihnen verstattet hat.
„Am deutlichsten aber beweiset eine denkwürdige
„Ukase des verewigten Monarchens **Peters**
„**des Grossen** vom 7ten Oct. 1715. wie frey
„und unabhängig in kirchlichen Sachen die Ge-
„meinen der fremden Religionsverwandten durch
„kayserliche allergnädigste Vergünstigung sind
„und seyn sollen: denn laut derselben:

„Haben Seine Majestät Peter I. aus
„erheblichen Ursachen zu Stiftung und
„Erhaltung des Friedens und guter
„Ordnung, auch Verhütung und Ab-
„schaffung aller *Desordres* und Irrun-
„gen bey denen im rußischen Reich
„befindlichen evangelisch-lutherischen
„Kirchen und Gemeinen vor gut be-
„funden, selbigen ihres Glaubens und
„Mittels einen Superintendenten zu
„verordnen und vorzusetzen, dem Sie
„befohlen, aufs fleißigste dahin zu se-
„hen, damit bey gedachten Kirchen
„und

„und Gemeinen, alles ordentlich zu-
„gehe."

„Hieraus erhellet, daß weder Seine Kayserl.
„Majestät Peter der Grosse Selbst und un-
„mittelbar, noch durch Allerhöchstderoselben
„Collegia denen fremden Religionsverwandten
„ihre kirchliche Verfassung und Regierung vor-
„schreiben, sondern aus christlicher Gnade ihnen
„solche selbst allerhuldreichst überlassen, und
„durch einen aus dem Mittel der Pastoren ge-
„nommenen und allergnädigst verordneten Su-
„perintendenten, einrichten und handhaben lassen
„wollen.

„Erst 1734. hat Ew. Kayserl. Majestät
„Justizcollegium der lief- und esthländischen Sa-
„chen an den Consistorialsachen der ausländischen
„Gemeinen in Rußland gewisser massen Antheil
„bekommen, als bey einer vorgefallenen Ehe-
„scheidungssache Ihro Majestät die Kayserin
„Anna Iwannowna in einer eigenhändig
„ertheilten höchsten Resolution allergnädigst be-
„fohlen,

„Dergleichen derer fremden Religions-
„verwandten allhier vorfallende Con-
„sistorialsachen in gedachtem Justiz-
„collegio nach den Grundsätzen einer
„jeden Confeßion mit Zuziehung der
„hiesigen Geistlichen von selbiger Re-

„li-

„ligion, welcher derjenige, über den
„das Gericht gehalten werden soll, zu-
„gethan ist, zu decidiren, und sammt
„ihnen zu urtheilen.„
„Allein das Justizcollegium ist in diesen Schran-
„ken nicht geblieben, sondern hat sich nach und
„nach mehrerer Consistorialsachen angenommen;
„und insonderheit eine obrigkeitliche Gewalt
„über die Pastoren angemasset, die ihm doch gar
„nicht ertheilet worden, indem vielmehr die Pa-
„storen durch Höchsten Kayserl. Befehl eben so
„wohl und eben so gut als die Mitglieder des
„Justizcollegii in Consistorialsachen zu Richtern
„verordnet worden. In den ersten Jahren
„nach ertheilter Hochgedachter Kayserl. Ukase
„hat das Justizcollegium dasjenige, was den
„Pastoren und Gemeinen bekannt zu machen
„war, nicht sowol in Form eines Befehls, als
„vielmehr einer Anzeige an dieselben gelangen
„lassen, und sich der in allen anderen Ländern
„gewöhnlichen Formalitäten bedienet, daß es die
„Pastoren, Wohlehrwürdige und Wohlgelahrte
„Herren genannt hat: allein nach und nach,
„und insonderheit in der neuesten Zeit, hat es
„völlig Befehlsweise gegen die Pastoren ver-
„fahren, alle Titel und Achtung weggelassen und
„beyseit gesetzt, die Pastoren unverschuldeter
„Weise mit Verweisen belegt, welches letztere
„erst

"erst neulich unterm 3ten März auf eine harte
"Weise, die alle Prediger betrübet hat, geschehen
"ist, ja an dem gestrigen Tage sogar einen der
"Pastoren auf eine schimpfliche Weise arre-
"tiren lassen. In Entscheidung der vorfallenden
"Ehesachen verfähret dasselbige fast ganz einseitig
"und willkührlich, ohne auf die Pastoren und
"auf die Grundsätze der christlichen Religion zu
"achten, da es doch mit jenen und nach Maaß-
"gebung der letztern in Matrimonialsachen
"richten sollte.

"Da nun durch solches des Justizcollegii
"Verfahren die ausländischen Gemeinen und
"ihre Pastoren gedrücket, und ihre von Ew.
"Kayserl. Majestät und Höchstderoselben An-
"herren denenselben allergnädigst ertheilte Frey-
"heiten gekränket und geschmälert werden, auch
"sehr wahrscheinlich ist, daß das Collegium,
"wenn demselben von Ew. Kayserl. Majestät
"nicht Einhalt geschiehet, mit denen hier und
"an anderen Orten in Rußland befindlichen aus-
"ländischen Gemeinen noch unchristlicher schal-
"ten und walten werde, eben dadurch aber Ew.
"Kayserl. Majestät allerhuldreichste öffentlich
"erklärte Absicht die Ausländer zu bewegen, in
"Allerhöchstderoselben Staaten sich niederzulas-
"sen und zu bleiben, vereitelt werden würde:

"Als

42 Nachricht von den evangelischen

„Als gelanget an Ew. Kayserl. Maj. unsere
„demüthigste Bitte, daß Allerhöchstdieselben
„1) Dero Justizcollegio der lief= esth= und
„finnländischen Sachen fördersamst gebie=
„ten mögen, über die ausländischen Ge=
„meinen und derselben Pastoren sich von
„nun aller Gerichtsbarkeit so lange zu
„enthalten, bis Ew. Kayserl. Majestät
„allerhöchste Entscheidung in Ansehung
„der ihnen verstatteten und zukommenden
„Freyheiten erfolget sey: auch den arre=
„tirten Pastor Großkreuz, wenn es
„nicht schon geschehen ist, sogleich mit Eh=
„ren wieder in Freyheit zu setzen.
„2) Demnächst aber denen ausländischen Ge=
„meinen in Dero Residenzstadt St. Pe=
„tersburg allergnädigst bewilligen mögen,
„daß ihre Pastores untereinander ein Ew.
„Kayserl. Majestät unmittelbar unterwor=
„fenes Consistorium ausmachen dürfen,
„welches in allen kirchlichen und Ehesachen
„nach den Grundsätzen einer jeden Reli=
„gion richte, und zugleich darüber halte,
„daß die Gemeinen wie bisher, also auch
„inskünftige als christliche, ruhige, und
„Ew. Kayserl. Majestät getreue Unter=
„thanen, handeln und leben.

„Für

„Für solche allerhöchste Gnade werden wir Ge=
„meinen und Pastoren der fremden Religions=
„verwandten in Ew. Kayserl. Majest. Residenz=
„stadt in tiefster und treuester Unterthänigkeit für
„Allerhöchstderoselben und Sr. Kayserl. Hoheit
„unsers theuresten Großfürsten und Herrn
„Wohlfahrt und Glückseligkeit den GOtt der
„Heerschaaren unabläßig anrufen, und in der
„tiefsten Ehrfurcht zu seyn beharren

„Allerdurchlauchtigste, Großmächtigste
„Kayserin, Allergnädigste Kayserin
„und grosse Frau,

„Ew. Kayserl. Majestät

St. Petersburg
d. 23. März
1764.   „allerunterthänigste ꝛc.

§. 24. Zur Erläuterung dieser Klage ist folgende Nachricht hinlänglich. Das kayserl. Justizcollegium der lief=esth=und finnländischen Sachen, welches größtentheils aus Deutschen, die sich zur evangelisch=lutherischen Kirche hielten, bestund, ertheilte denen gesammten Pastoren der fremden Religionsverwandten zu St. Petersburg, in einem Rescript vom 3ten März, einen harten Verweis, über ein Vergehen, welches sie in Ansehung der Eheproclamationen und Copulationen begangen haben sollten. Als die=
ses

ses Rescript umhergeschickt wurde, damit ein jeder Pastor sich darauf erklären möchte, beschwerten sich die meisten aufs nachdrücklichste und lebhafteste darüber, daß man sie einer Vergehung beschuldige, die sie nicht begangen hätten, und davon sie nicht überführet werden könnten. Das Justizcollegium machte hierauf am 22sten März den Anfang, einige vorgeladene Prediger wegen ihrer Vertheidigung zur Rede zu stellen, und verlangte, daß dieselben das Collegium für ihre Obrigkeit in geistlichen Sachen, erkennen sollten. Weil aber bis auf diesen Tag keine kayserl. Verordnung ergangen und denen Predigern und Gemeinen bekannt gemacht worden ist, darinn das Justizcollegium zur Obrigkeit der Pastoren der fremden Religionsverwandten gemacht ist, am wenigsten aber eine solche, in welcher blos und allein die Mitglieder des Justizcollegii, ohne Zuziehung gewisser Prediger, zur Obrigkeit und Richtern über Prediger gesetzt worden sind: vielmehr alles allein auf die dahin ganz und gar nicht lautende kayserl. Verordnung von 1734. (§. 17.) ankommt, und am 22sten März vom Justizcollegio keine Prediger zur Beurtheilung der vorgeforderten Prediger zugezogen waren: (dergleichen doch das Justizcollegium aus denen nahe um St. Petersburg befindlichen Gemeinen gar leicht hätte kommen lassen können:) so konnten

Gemeinen in Rußland.

sen die vorgeforderten Prediger sich nicht anders als folgendergestalt erklären:

„So bald das erlauchte kayserl. Justizcolle-
„gium ihnen eine kayserl. Ukase vorlegen
„und mittheilen werde, durch welche ihm die
„Gerichtsbarkeit über die evangelischen Predi-
„ger in St. Petersburg und ganz Rußland,
„aufgetragen worden, und zwar also, daß es
„dieselbe über einzelne Prediger für sich allein,
„ohne Zuziehung der andern evangelischen
„Prediger, verwalten solle: so wollten sie sich
„demselben aus pflichtmäßigen Gehorsam ge-
„gen den allerhöchsten kayserl. Befehl, im
„Augenblick unterwerfen. Könne es ihnen
„aber dergleichen nicht vorlegen, so protestir-
„ten sie wider das willkührliche und ihnen
„und ihren Gemeinen sehr nachtheilige Ver-
„fahren des Justizcollegii, der demselben an-
„derweitig schuldigen Ehrerbietung ungescha-
„det, und appellirten davon unmittelbar an
„Ihro Kayserl. Majestät.„

Herr Pastor Großkreutz, welcher diese Erklärung insonderheit standhaft that und wiederholte, und sich überhaupt auf eine geziemende
Weise vertheidigte, wurde von dem Justizcollegio
des halsstarrigen Ungehorsams beschuldiget, und
nach harter Begegnung mit Arrest belegt. Solches Verfahren des Justizcollegii, bewegte die
obge-

obgedachten Patronen und Prediger der evangelischen Gemeinen zu St. Petersburg, ihre oben angeführte Klage im hohen dirigirenden Senat, beym Justizcollegio aber eine Protestation, ungesäumt einzugeben. Ob nun gleich in dieser Sache keine kayserl. Entscheidung erfolget ist, so haben doch Ihro Kayserl. Majestät am 27ten März allergnädigst geruhet, dem Justizcollegio anzubefehlen, daß es den unter Arrest gehaltenen Prediger, desselben so fort erlassen solle; Sr. Excellenz der Herr Präsident des Justizcollegii haben sich auch nach der Zeit gegen den im Verhaft gewesenen Prediger und alle evangelische Pastores zu St. Petersburg sehr leutselig bewiesen, und es ist zu hoffen, daß dergleichen Vorfälle, als die obenerzählten, sich niemals wieder zutragen, Ihro jetztregierende Kayserl. Majestät aber sowol, als alle rußische Monarchen der künftigen Zeit, die denen evangelischen Gemeinen von den vormaligen rußischen Monarchen allergnädigst ertheilten vieljährigen Freyheiten und Vorrechte, zum ewigen Ruhm Ihrer christlichen Gnade, aufrecht erhalten werden.

Geschichte
der evangelisch-lutherischen
St. Peters Gemeine
zu

St. Petersburg

verfertiget

von

derselben ehemaligen Pastor

D. Anton Friedrich Büsching.

§. 1.

Die Geschichte dieser Gemeine ist vorzüglich erheblich, denn sie hat zugleich mit der Stadt St. Petersburg ihren Anfang genommen, und ist also die erste und älteste in derselben, sie ist die zahlreichste und ansehnlichste im ganzen rußischen Reich (*), sie hat hohe fürstliche Personen, berühmte kayserliche Minister, und auch berühmte Gelehrte zu Mitgliedern gehabt und ist vor allen andern Gemeinen in grosse Aufnahme gekommen. Die Quellen, aus welchen ich ihre Geschichte geschöpft habe, sind ausser einigen gedruckten Büchern und Schriften, die ich hernach namentlich anführen will, theils die Kirchen-

(*) In denen bey hiesiger kayserlichen Akademie verfertigten Anmerkungen zu den Petersburgischen Zeitungen, und zwar im 50sten bis 52sten Stück vom 1740sten Jahr, wird S. 202 unsere Kirche die evangelische Hauptkirche zu St. Petersburg genannt.

D

chenbücher, ich meyne die Bücher, welche die Verzeichnisse der jährlich Gebohrnen, Copulirten und Gestorbenen, der Communicanten, der Einkünfte und Ausgaben, enthalten, theils eine kurze Nachricht, welche der selige Pastor Nazzius 1733. aufgesetzt hat, theils die Kirchenacten, welche ich zusammengesucht und in Ordnung gebracht habe, und deren vornehmster Theil in den Kirchen-Convents-Protocollen bestehet, welche aber erst mit dem 1728sten Jahr anfangen. Ich will diese Geschichte also abhandeln, daß ich erstlich den Anfang und Fortgang der Gemeine bis auf den heutigen Tag, zweytens ihre Mitglieder, drittens ihre Kirchen- und Schulgebäude, viertens ihre gottesdienstliche und ökonomische Verfassung, fünftens ihre Pastoren, sechstens ihre Prediger, siebtens ihre Aeltesten und Vorsteher, und achtens ihre Schule, beschreibe.

Erster Abschnitt,
Von dem Anfang und Fortgang der Gemeine.

§. 2. Als der rußische Monarch Peter I. 1703. die Festung und Stadt Nyenschanz erobert hatte, war er zwar anfangs gewillet, dieselbige zu erhalten, daher er ihr auch den Namen Schlot-

Schlotburg gab. Er fand aber doch bald vor rathsam, weiter abwerts an der Newa eine neue Festung anzulegen, welche auch auf der kleinen Insel Haasenholm, auf finnisch Jänis Saari genannt, erbauet ward, auf der sie noch stehet. Der Anfang mit diesem Bau wurde im Monat May des 1703ten Jahrs gemacht. (a)

§. 3. Die Festung an sich selbst, welche anfangs nur von Erde aufgeworfen ward, kam fast innerhalb 4 Monaten zum Stande. In derselben wurden 4 Reihen niedriger hölzerner Häuser erbauet, deren eine an dem mitten durch die Festung geführten Kanal stand, in welcher Zar Peter I. 1704. und 1705. auch eine kleine hölzerne Kirche für die unter der Besatzung befindlichen Lutheraner erbauen ließ, die eine Glocke zum Geläut hatte, und an welcher von 1706. an Herr Johann Müller als Prediger

(a) Weber im veränderten Rußland Th. I. S. 447. meldet, zu Anfang des Maymonats wären die Arbeitsleute zusammengekommen, und hätten mit dem Festungsbau den Anfang gemacht. H. G in seiner exacten Relation von der neuerbauten Festung und Stadt St. Petersburg. Leipzig 1713. in 8. schreibet S. 5 am 3ten May sey der Anfang des Festungsbaues gemacht worden. Herr Collegienrath Müller meldet in seiner Sammlung rußischer Geschichte B. 5. S. 583. die Grundlegung von St. Petersburg sey am 16ten May, am ersten Pfingstfesttage geschehen.

ger gestanden, welcher 1714. Beichtvater der großzarischen Kronprinzeßin Charlotta Christina Sophia, gebohrnen Prinzeßin von Braunschweig-Wolffenbüttel, geworden. Als aber Peter der Grosse befahl, daß gar keine Wohnhäuser mehr in der Festung stehen sollten, ward auch diese Kirche abgebrochen, und ausserhalb der Festung wieder aufgebauet, bis sie endlich der stückhöfischen Gemeine zu Theil ward. (b)

§. 4. Um eben dieselbige Zeit als die Festung angelegt ward, entstand derselben gegen über auf der andern Seite der Newa, auf der sogenannten Admiralitätsinsel, eine deutsche Vorstadt, welche mehrentheils von Deutschen und Holländern, die zu der Flotte gehörten, angelegt ward. So klein auch die Anzahl der Lutheraner unter derselben war, indem sie anfangs nur aus wenigen Seeofficiers, Schiffern, Matrosen und Feuerwerkern bestand, so war ihr doch daran gelegen, einen Prediger zu bekommen, den ihr auch Se. Excellenz Herr Cornelius Cruys damaliger Viceadmiral des rußischen Reichs, verschafte. Denn als derselbige 1704. in Amsterdam war, nahm er ausser vielen braven Soldaten und andern Personen, auch den

Herrn

(b) Dieser Kirche wird in der angeführten Exacten Relation S. 8. gedacht.

Herrn M. Wilhelm Tolle aus Göttingen gebürtig, an, und brachte ihn den evangelischen Einwohnern der neu angelegten Stadt St. Petersburg zum Prediger mit, bey welchen er seine Amtsverrichtungen laut seines Kirchenbuchs, im Augustmonat dieses Jahres anfieng.

§. 5. Der öffentliche Gottesdienst dieser kleinen Gemeine ward anfangs in des Herrn Viceadmirals Hause gehalten, welches an der Newa stund, und in der nachgehends so benannten grossen Millionstrasse vom kayserl. Winterpallast an, zur linken Hand das erste Haus war: 1708. aber ließ der Herr Viceadmiral auf dem zu diesem Hause damals gehörigen weitläuftigen Hofe, zum Behuf des Gottesdienstes eine hölzerne Kirche erbauen. Wenn in derselbigen der Gottesdienst angehen sollte, ward seine gewöhnliche weisse Flagge mit einem blauen Kreuz, aufgezogen, damit die umherwohnenden Deutschen und Holländer sich darnach richten konnten. (c)

§. 6. Das Lehramt des rechtschaffenen Herrn Pastors Tolle endigte sich schon 1710. er hatte eben vorher nach Halle an den Professor August Hermann Francken geschrieben, und denselben gebeten, zwey Candidaten

der

(c) Siehe die angeführte Exacte Relation S. 20. 21.

der Theologie hieher zu senden, die vors erste Hauslehrer, und künftig Prediger abgeben könnten. Dieser überredete die Candidaten Heinrich Gottlieb Nazzius und Johann Georg Sorger, welche beyde auf dem Waysenhause Lehrer waren, hieher zu reisen. Sie giengen am 13ten April. n. St. von Halle ab, und über Hamburg durch die Nordsee nach Archangel, woselbst sie am 29. Jun. glücklich ankamen. Von dannen schrieben sie sogleich an den Herrn Pastor Tolle, welcher sie ermahnete ihre Reise nach St. Petersburg zu beschleunigen. Sie traten diese Landreise am 10ten Sept. a. St. an, trafen aber erst nach 16. Wochen und vielen Beschwerlichkeiten am 28. Dec. zu St. Petersburg ein. Während dieser Zeit war der Pastor Tolle im Octobermonat gestorben, und Herr Johann Arnold Pauli Generalstabsprediger beym rußischen Kriegesheer, nicht lange hernach aber Doctor der Theologie und Erzpriester zu Memel, hatte die Amtsverrichtung bey der Gemeine zur Besorgung übernommen. (d)

§. 7. Dieses Vicariat aber währete nur bis in den Jennermonat des 1711ten Jahres, in wel-

(d) S. Pastor Nazzii Lebenslauf bey der ihm von dem Herrn Pastor Trefurt gehaltenen Leichenpredigt, S. 22. 23.

welchem Herr Nazzius (§. 6.) als er am Fest
der Offenbarung Christi eine Probepredigt gehalten hatte, zum Pastor der Gemeine erwählt,
und ihm eine von dem Herrn Viceadmiral
Cruys und unterschiedenen Officiers unterschriebene Berufungsschrift überliefert, er auch hierauf am 11ten Jenner von den Predigern Müller
(§. 3.) und Pauli (§. 6.) zum Prediger eingeweihet wurde. (e)

§. 8. Von 1713. an, da die Schiffahrt
nach St. Petersburg ihren rechten Anfang
nahm, wuchs die Gemeine merklich, daher vermehrete sich auch die Arbeit des Herrn Pastor
Nazzii, der ausserdem nicht nur seine eigentliche Gemeine, sondern bey Kindtaufen, Hochzei-
ten und Begräbnissen auch die hiesigen Reformirten und Engelländer zu besorgen hatte, bis
jene 1717. und diese 1719. einen eigenen
Prediger bekamen. Als die Reformirten, welche vornemlich von der holländischen Nation
waren, den Herrn Pastor Gruben zum Prediger erlangten, ward zwischen ihnen und den
evangelischen Lutheranern die Verabredung getroffen, daß beyde Gemeinen sich der hölzernen
Kirche auf des Viceadmirals Hofe (§. 5.)
gemeinschaftlich bedienen, und in derselben wech-
selS-

(e) Nazzii Lebenslauf, am angeführten Ort.

selsweise Gottesdienst halten wollten. Solche Gemeinschaft währte bis 1730. und die reformirte Gemeine bezahlte von 1720 an, für diesen Mitgebrauch der Kirche an unsere Gemeine jährlich 120. Rubel.

§. 9. Aus einem noch vorhandenen Briefe an wohlgesinnte und gutthätige Personen, welcher am 29. Sept. 1720. geschrieben, und von dem Herrn Pastor Nazzio und den damaligen Herren Kirchenvorstehern unterschrieben ist, erhellet, daß schon damals wegen Anwachses der Gemeine die Erbauung einer grössern Kirche beschlossen, und weil dieselbe auf hohen Befehl von Steinen aufgeführet werden sollen, der Anfang gemacht worden ist, dazu eine Beysteuer zu sammlen. Von 1721. an hatte die Gemeine noch grössern Zuwachs, denn nach dem Nystädtischen Frieden liessen sich hier noch mehrere Fremdlinge nieder, es zogen auch aus Archangel die meisten Kaufleute hieher, daher ward die alte hölzerne Kirche immer enger, und die Gemeine fuhr fort Beysteuer zur Erbauung einer neuen steinernen Kirche zu sammlen. Ihre Einkünfte wurden auch durch die sogenannten Schifgelder vermehret, welche folgenden Ursprung hatten. Als Handel und Schiffahrt zu Archangel in grosse Aufnahme kamen, und sich viele ausländische Kaufleute daselbst niederliessen, auch durch zarische gnädige Erlaubniß völlige Religions- und Kirchenfreyheit erhielten, fasseten sie den Entschluß, daß zur Erhaltung der Kirchen und Lehrer, von einem jeden daselbst ankommenden Schif, fünf Rubel Kirchengeld erlegt werden sollten. Diese wurden von einem jeden Contoir an die Kirche, zu welcher es sich hielt, bezahlt. Eine gleiche Gewohnheit führten die hiesigen, zum Theil von Archangel hieher gekommenen ausländischen Kaufleute auch hier ein, und es wurden von einem jeden hieselbst anlangenden ausländischen Schif, (die engländischen ausgenommen,) fünf Rubel an unsere Kirche gezahlet, davon nach der Eintheilung, die der Admiral Cruys machte, eine Hälfte der lutherischen, und eine der holländisch-reformirten Gemeine zu Theil ward, weil beyde Gemeinen sich der Kirche gemeinschaftlich bedienten. (§. 8.) Unsere Gemeine hat diese Schifgelder 1722. zum erstenmal gehoben, hat aber in der folgenden Zeit den größten Theil derselben verloren, indem von 1738. an, auf Befehl der Generalstaaten die holländischen Schiffe ihre Kirchengelder allein an die hiesige holländische Gemeine entrichtet haben, welches 1745. von den hiesigen ausländischen Kaufleuten bestätiget worden, von denen Geldern aber, welche alle übrige Schiffe (die rußischen, engländischen und französischen ausgenommen) an unsere Kirche bezahlt, 1751. der lutherischen Gemeine auf Wasili-Ostrow aus Liebe und Gefälligkeit der achte Theil bewilliget worden: und endlich 1757. unsere Gemeine der hiesigen schwedischen Gemeine die Kirchengelder von denen schwedischen Schiffen zugestanden hat.

§. 10. Ich komme wieder zu der Hauptenzählung. Der Herr Admiral Cruys war 1726. willig, auf seinem Hofe, den zu einer grössern und steinernen Kirche nöthigen Platz der Gemeine abzutreten, allein es kam nicht wirklich dazu. Er starb 1727. An seiner Statt erhielt die Gemeine Seine Excellenz den damaligen Rußisch-Kayserl. General en Chef Grafen **Burchard Christoph von Münnich** zum Patron, und durch desselben Vorsorge an dem grossen nach dem Kloster des heiligen Alexander Newski führenden Perspectiv, den ansehnlichen und bequemen Platz zu ihrer neuen Kirche und denen dazu gehörigen Prediger-Schul-und andern Gebäuden, den sie noch inne hat. Se. Majestät Kayser **Peter II.** bewilligte ihr denselben durch einen am 27. Dec. ausgefertigten allergnädigsten Befehl, und 1728. ward er ihr von der Generalpolicenmeisterkanzeley angewiesen. Hierauf er-

folgte

folgte am 29ten Jun. die Legung des Grundsteins zu dieser neuen Kirche, welcher der Name der neuen St. Peterskirche (*), im Gegensatz der alten St. Peterskirche auf dem Stückhofe, gegeben ward, da die vorige hölzerne Kirche nur die Kirche auf der Admiralitätsseite oder Insel genennet worden war. Zu diesem neuen Bau war zwar einiger Geldvorrath vorhanden, es wurden auch hieselbst ansehnliche Beysteuern gesammlet, allein dieses gesammte Geld reichte zu den Unkosten nicht zu, daher die Gemeine protestantische Könige, Fürsten und Städte um Beysteuer bat, dergleichen sie auch erhielt. Es machten auch Se. Majestät Kayser **Peter II.** der Gemeine zu diesem Bau ein allergnädigstes Geschenk von 1000. Rubeln. Am $\frac{14}{27}$. Junius 1730. ward die Kirche feyerlich eingeweihet, und zu gleicher Zeit das Jubelfest wegen des 1530. zu Augspurg übergebenen evangelischen Glaubensbekenntnisses gefeyert, zu dessen Ehren und erbaulichen Begehung die Pastores der damaligen hiesigen drey deutschen-evangelisch-lutheri-

---

(*) Eigentlich ward sie die St. Peters und Paulskirche genennt, weil am Tage Peters und Pauls der Grund dazu gelegt ward, man hat auch diese Benennung oft gebraucht; nach und nach aber ist gewöhnlich geworden, daß man sie nur die St. Peterskirche genennet hat.

therischen Gemeinen in der Buchdruckerey der kayserlichen Akademie der Wissenschaften, die unveränderte augspurgische Confeßion auf 67 grossen Octavseiten tausendmal hatten abdrucken lassen, und mit einer von ihnen unterschriebenen und am 10. Jun. a. St. datirten Vorrede begleitet, in welcher der an diesem Fest einzuweihenden neuen St. Peterskirche gedacht worden (f). Am ersten der gedachten beyden feyerlichen Tage predigte Herr P. Nazzius Vormittags, und Herr P. Schattner Nachmittags; am zweyten aber hielt Herr P. Trefurt Vormittags die Reformationspredigt. Als unsere Gemeine die alte hölzerne Kirche (§. 5. 8.) verlassen hatte, überließ sie dieselbe gänzlich an die holländische reformirte Gemeine.

§. 11. Mit der grössern Kirche ward auch die Gemeine grösser; daher konnte Herr Pastor Nazzius die Amtsverrichtungen nicht mehr allein bestrei-

(f) *Io. Albr. Fabricius* in salutari luce evangelii, hat S. 478. u. 479. dieser Ausgabe des augspurgischen Glaubensbekenntnisses gedacht, sich aber darinn geirret, daß er gemeynet, die 3 Pastores wären schwedische Prediger, (dergleichen kein einziger von ihnen war,) und stünden alle 3 bey der St. Peterskirche, an welcher doch nur Herr Nazzius stund, dahingegen Herr Schattner Pastor auf dem Stückhofe, und Herr Trefurt damals Pastor auf Wasili-Ostrow war.

bestreiten. Der Kirchenrath berief also den Candidaten Herrn Johann Friederich Severin aus Deutschland zum 2ten Prediger, welcher im Sommer 1732. hieselbst ankam. Der Kirche fehlte noch manches an ihrer innern Ausjierung, insonderheit aber eine Orgel, und die Gemeine hatte auch bey derselben die nöthigen Prediger = Kirchenbedienten = und Schulhäuser zu erbauen. Da es an dem dazu nöthigen Gelde fehlte, so suchte die Gemeine abermals Beysteuer in Moscau, Lief= und Esthland, bey den Königen von Dänemark und Polen in Ansehung ihrer deutschen Länder, und bey unterschiedenen deutschen Reichsfürsten. Solche Bemühung brachte nicht nur in den folgenden Jahren gute Früchte, sondern es machte auch Ihro Majestät die Kayserin Anna am 15ten Sept. 1734. der Gemeine zu dem Orgelbau ein allergnädigstes Geschenk von 1000. Rubeln.

§. 12. Im Jahr 1735. fanden sich auch die Herren Pastoren, Aeltesten und Vorsteher der evangelischen Gemeinen auf dem Stückhofe und Wasili=Ostrow in dem Kirchenconvent unserer Gemeine ein, und es ward gemeinschaftlich beschlossen, zur Unterhaltung der Schulen der Gemeinen, bey Copulationen, Kindtaufen, und Begräbnissen freywillige Gaben in besondern bern Büchsen zu sammlen, welche auch die gantzen Gemeinen bewilligten, von welcher Zeit an diese Sammlungen beständig beybehalten worden sind. Der Vorschlag dazu ist auf einem halben Octavbogen gedruckt worden, aus welchem erhellet, daß zur damaligen Zeit begehrt worden, die Copulationen und Kindtaufen ordentlicher Weise in der Kirche verrichten zu lassen, die nun beständig in den Häusern geschehen. Der 27ste Dec. 1737. war unserer Gemeine ein doppelt feyerlicher Tag, weil er nicht nur der dritte Weynachtsfesttag war, sondern auch an demselben in Gegenwart Ihro Kayserl. Hoheit der Prinzeßin Elisabeth, der Prinzeßin Anna, des Herzogs Anton Ulrich von Braunschweig, des Herzogs von Curland, und vieler andern hohen Standespersonen und Hofcavaliers, die Orgel eingeweihet und zugleich eine Kirchenmusik angestellet wurde, zu welcher der Kammerrath Junker den gedruckten Text verfertiget hatte. Herr Pastor Nazzius richtete seine Predigt mit auf diese Handlung ein, stattete auch Ihro Majestät der Kayserin, und den übrigen hohen Wohlthätern, für höchst- und hoch-deroselben milden Gaben zu dem Orgelbau, gebührenden Dank ab. Eine andere ausserordentliche Feyerlichkeit ist 1740. an $\frac{17}{28}$. Febr. welcher war der Sonntag vor der Fasten,

wegen

wegen des am 7ten Sept. 1739. von Rußland mit der osmannischen Pforte geschlossenen Friedens, in unserer Kirche angestellet worden, indem nicht nur ein besonderer biblischer Text anstatt des Sonntagsevangelii uns erkläret, sondern auch eine eigentlich dazu verfertigte, und wohlgesetzte Cantate von den Kayserlichen Kammermusicis vor und nach der Predigt aufgeführet worden. (*)

§. 13. Im Jahr 1740. verlor die Kirche und Gemeine an dem Herrn Pastor Severin (§. 11.) welcher im Monat März starb, einen redlichen Lehrer, die Stelle desselben aber ward nach Wunsch und Wahl wieder mit Herrn Ludolph Otto Trefurt, Predigern der evangelisch-lutherischen Gemeine auf Wasili-Ostrow, besetzt. Das bekannte rührende Schicksal, welches 1741. den weltberühmten, damaligen kayserlichen Premierminister und Generalfeldmarschall Reichsgrafen von Münnich betraf, war für unsere Gemeine sehr betrübt, weil sie an Ihm ihr ansehnliches Haupt verlor. Sie fieng aber an, sich wieder zu erholen, als 1746. Herr Carl Reichsfreyherr von Sievers, damaliger rußisch-kayserlicher Kammerjunker, nach-

(*) Man findet diese Cantate in den Anmerkungen zu den Petersburgischen Zeitungen, im 50 bis 52sten Stück des 1740sten Jahrs.

nachmaliger und jetziger Reichsgraf, auch rußisch-kayserlicher Oberhofmarschall, zuerst das Amt eines Oberältesten, und im folgenden Jahr zugleich mit dem Herrn Kammerherrn Nicolaus Freyherrn von Korff, das ordentliche Patronat übernahm.

§. 14. Der am 17ten April 1746. ausgegangene hohe Befehl, daß alle am grossen Perspectiv belegene hölzerne Häuser abgebrochen, und anstatt derselben neue von Steinen aufgeführet werden sollten, verpflichtete unsere Gemeine ihre hölzerne Prediger= und Schulhäuser abzubrechen, und nöthigte den Kirchenconvent abermals um milde Beyträge in auswärtigen Ländern und Oertern gebührend anzuhalten; es sind aber die am Perspectiv belegene steinerne Gebäude erst 1747. 1748. und 1751. und 1752. aufgeführet worden.

§. 15. Im letztgenannten Jahr am 8ten Dec. verlor die Gemeine ihren um sie sehr verdienten ältesten Prediger, den Herrn Pastor Nazzius (§. 7.) in dessen Stelle 1752. Herr Pastor Trefurt (§. 13.) rückte; an desselben Statt aber ward Herr Pastor Nicolaus Büsow aus Wiburg berufen, der am 2ten Febr. seine Antrittspredigt hielt, aber schon am 4ten Febr. 1754. sein Amt beschloß, und durch
den

den Tod zur Ruhe eingieng. Seine Stelle ward durch den Herrn Magister Caspar Friederich Langen ersetzt, welcher am 4ten Dec. zum erstenmal in der Gemeine predigte, derselben aber eben so, wie sein Vorweser im Amt, nur eine kurze Freude und Erbauung verschafte, indem er schon 1758. entschlief. Die Gemeine war so glücklich, schon in eben demselben Jahr, Herrn Johann Wilhelm Zuckmantel zum neuen zweyten Prediger zu bekommen, durch den sie besonders zur Verbesserung der Schule und zur Erbauung eines neuen Schul= und Pensionshauses ermuntert ward: Kaum aber war 1760. mit dem Bau des letztern der Anfang gemacht worden, so starb schon Herr Pastor Zuckmantel, an dessen Stelle ich berufen ward, und 1761. am 13ten Jul. hieselbst ankam.

§. 16. Im Jahr 1762. liessen Se. Excellenz des h. R. R. Graf Carl von Sievers, rußisch=kayserlicher Oberhofmarschall, unterm 9ten Jun. ein Schreiben an den Kirchenconvent ergehen, in welchem Sie das seit 1746. (§. 13.) geführte Kirchenpatronat und den damit verknüpften Vorsitz im Kirchenconvent niederlegten. Der Convent ließ hierauf unterm 15ten Jul. ein Danksagungsschreiben an Se. Excellenz für Dero vieljährige, gnädige, und unserer Kirche sehr vortheilhaft gewesene Bemühungen, ergehen,

E wel=

welches ein Prediger, ein Aeltester und ein Kirchenvorsteher überbrachten, und durch geziemende mündliche Danksagung bestätigten. Da nun auch Se. Excellenz der Herr General en Chef und General-Policeydirector Nikol. Freyherr von Korff (§. 13.) schon 1758. wie sie als rußisch-kayserl. Gouverneur nach Königsberg in Preussen gegangen, aufgehört hatten in den Versammlungen unsers Kirchenconvents den Mitvorsitz zu führen, auch das Patronat seit geraumer Zeit nicht weiter fortgesetzt hatten: so übernahmen Se. Erlaucht der Herr Generalfeldmarschall Burchard Christoph Reichsgraf von Münnich, ehemaliger gnädiger und höchstverdienter Patron unserer Gemeine, auf gehorsamste Bitte des Kirchenconvents das Patronat aufs neue, welches Hochdieselben seit der Zeit mit einer unvergleichlichen und unbeschreiblichen Geflissenheit und Vorsorge verwalten.

§. 17. Am 1. Oct. 1762. nahm unsere neue Schule ihren Anfang, um deren ansehnliches Gebäude sich die beyden ruhmwürdigen Schwäger, Kirchenältesten und Kaufleute, Herr Heinrich Christian Stegelmann und Herr Jacob Stelling vorzüglich verdient gemacht, von denen jener am 28. Sept. 1763. und dieser am 17. April 1764. zum grossen Verlust der Gemeine, und zur Betrübniß aller Patrioten, gestorben ist. Am 1 Adventsonntag 1783. ward zum erstenmal von der musikalischen Klasse der neuen Schule, unter dem Beystand unterschiedener kayserl. Hofmusicanten, eine Kirchenmusik aufgeführet, welches seitdem öfters geschehen ist.

§. 18. Das 1764ste Jahr ist unsrer Gemeine besonders merkwürdig, weil Ihro Majestät die Kayserin **Catharina II.** derselben zur Bezahlung der Schulgebäude 3000. Rubel, und Se. Kayserl. Hoheit der Großfürst **Paul Petrowitsch** zu gleichem Zwecke 1000. Rubel allergnädigst geschenket haben. Es haben auch Ihro Kayserl. Majestät der Gemeine, auf demüthigste Bitte des Kirchenconvents, über ihre neue Schule ein Privilegium allerhuldreichst ertheilet, dessen Hauptinhalt dieser ist:

„Daß diese Schule, so wie jetzt von Ihro
„Kayserl. Majestät selbst, also auch von Dero
„allerdurchlauchtigsten Nachfolgern auf
„dem rußisch-kayserl. Thron als ein mit al-
„len ihren Gebäuden der St. Peterskirche
„und Gemeine allein zugehöriges, und von
„ihr allein abhängendes Eigenthum, in ihrer
„sowol gegenwärtigen, als etwa inskünftige,
„von dem Kirchenconvent zu veranstaltenden
„Einrichtung und Verfassung geschützet, und
„gegen alle Anfechtungen vertheidiget wer-
„den

„den, auch zu ewigen Zeiten von allen Poli-
„cey-oneribus frey seyn solle.„

Am 25. Nov. dieses Jahres brachte ich im Kirchenconvent die Stiftung eines beständigen Capitals für die Schule zum Stande, im folgenden Jahr aber sahe ich mich genöthiget, am 11ten April die Direction der Schule, und am 14ten eben desselben Monats mein Predigtamt niederzulegen.

Zweyter Abschnitt.
Von den Mitgliedern der Gemeine.

§. 19. Die Gemeine hat seit vielen Jahren bestanden aus Kayserlichen, Kriegs- Staats- und Hofbedienten aller Arten, aus einigen auswärtigen Ministern und ihren Bedienten, aus Gelehrten, besonders Aerzten, und Wundärzten, aus Kaufleuten, Künstlern, Handwerksleuten, Dienstboten und andern geringen Leuten. Ein grosser Theil dieser Mitglieder hat sich hier entweder auf beständig, oder doch auf mehrere Jahre wohnhaft niedergelassen, viele aber sind solche, die sich hier nur eine Zeitlang aufhalten, und alsdenn wieder abgeben, zu welchen insonderheit die vielen Handwerksbursche gehören. Daher ist die Gemeine an Personen niemals gleich zahlreich. Und da es auch in eines jeden Mitglieds

glieds Willkühr stehet, wie lange es sich zu dieser Gemeine halten will, (welche Bewandniß es mit allen hiesigen lutherischen Gemeinen hat,) so wird auch dadurch verursacht, daß die Anzahl der Glieder bald grösser, bald geringer ist. Es sind aber die Mitglieder der Gemeine nicht nur eigentliche Deutsche zu St. Petersburg, in andern Städten und Landschaften des rußischen Reichs, in Curland, Polen, Preussen, Deutschland, Dänemark, Schweden, und andern Ländern geboren, sondern auch geberne Dänen, Schweden, Finnen, Esthen und Letten, welche Deutsch gelernt haben, ja auch unterschiedene in der evangelisch-lutherischen Kirche getaufte Türken, Kalmucken, Mohren ꝛc. Unter den Mannspersonen sind solche, die mit reformirten, katholischen und rußischen Frauen, und unter denen Frauenspersonen solche, die mit reformirten, katholischen, rußischen und armenischen Männern verheyrathet sind. (g).

§. 20.

(g) Es ist fast zur Gewohnheit geworden (denn ein Gesetz ist nicht darüber vorhanden,) daß die Kinder aus der Ehe lutherischer Männer mit Rußinnen, oder rußischer Frauen mit lutherischen Männern von rußischen Priestern getauft und also Mitglieder der rußisch-griechischen Kirche werden. Ein gleiches pfleget auch mit den unehlichen Kindern zu geschehen, welche Lutheranerinnen von Rußen empfangen haben. Hingegen mit den Kindern, wel-

§. 20. Wie die Gemeine von Zeit zu Zeit an Mitgliedern gewachsen sey, kann am besten aus nachfolgenden Verzeichnissen der Getauften, Begrabenen und Getraueten ersehen werden, welche ich mit dem größten Fleiß aus allen Kirchenbüchern zusammengetragen habe, und die auch zur Erläuterung der göttlichen Ordnung in den Veränderungen des menschlichen Geschlechts, ein desto erheblicher Beytrag sind, weil sie eine ganz ansehnliche Reihe von Jahren betreffen.

§. 21. **I. Verzeichniß** der Gebornen und Getauften in der St. Petersgemeine von 1704. bis 1763.

Jahren		Knaben	Mädgen	Summa
1704	vom Monat August an.	2	1	
1705		6	4	
1706		11	11	
1707		17	5	
1708		25	19	
1709	diese Jahre sind mangelhaft.	4	3	
1710		4	3	
7 Jahre		69	46	: 115

Jah:

welche aus den übrigen, vermischten Ehen erzeuget werden, wird es auf unterschiedene Weise nach der Willkühr der Eltern gehalten.

St. Pet. Gemeine zu St. Petersb. 71

Jahre	Knaben	Mädgen	Summa
1711	13	8	Transp. 115
1712	15	15	
1713	25	12	
1714	25	33	
1715	24	12	
1716	21	19	
1717	24	25	
1718	25	25	
1719	31	23	
1720	29	24	
10 Jahre	232	196	: : : 428

Ein Jahr ins andere gerechnet jährlich 43 getauft.

1721	30	13	
1722	20	18	
1723	23	22	
1724	21	29	
1725	23	30	
1726	34	32	
1727	27	31	
1728	28	32	
1729	21	17	
1730	19	20	
10 Jahre	246	244	: : : 490

Ein Jahr ins andere gerechnet jährlich 49 getauft.

1033

E 4   Jahre

Jahre	Knaben	Mädgen	Summa
1731	18	20	Transp. 1033
1732	26	30	
1733	32	29	
1734	38	30	
1735	25	31	
1736	42	28	
1737	26	39	
1738	40	35	
1739	36	33	
1740	41	46	
10 Jahre 325	321	: : :	646

Ein Jahr ins andere gerechnet jährlich 64 getauft.

1741	30	51	
1742	43	34	
1743	46	47	
1744	51	47	
1745	42	65	
1746	60	55	
1747	52	46	
1748	54	61	
1749	43	48	
1750	60	35	
10 Jahre 481	489	: : :	970

Ein Jahr ins andere gerechnet jährlich 97 getauft.

2649

Jahre

St. Pet. Gemeine zu St. Petersb. 73

Jahre	Knaben	Mädgen	Summa
1751	54	60	Transp. 2649
1752	60	54	
1753	48	54	
1754	42	44	
1755	88	83	
1756	66	66	
1757	76	85	
1758	78	65	
1759	91	92	
1760	92	96	
10 Jahr	695	699	1394

Ein Jahr ins andere gerechnet jährlich 138 getauft.

1761	76	76	
1762	88	96	
1763	75	76	
1764	94	84	
4 Jahre	333	332	665

Ein Jahr ins andere gerechnet jährl. 166 getauft.

Also sind von 1704. bis 1764. geboren 2381 Knaben, 2327 Mädgen, zusammen   4708 Kinder.

E 5   §. 22.

§. 22.   2. Verzeichniß

der Gestorbenen in der St. Peters Gemeine von 1708. bis 1764.

Jahre	Erwachsene Mannspersonen	Erwachsene Frauenspersonen.	Kinder bis 14 Jahre.	Summa
1708	3	1	1	
1709	2	0	3	
2 Jahre	5	1.	4	10
1711	2	0	11	
1712	7	5	10	
1713	9	3	12	
1714	10	3	17	
1715	10	0	6	
1716	10	3	17	
1717	7	4	13	
1718	9	5	23	
1719	12	7	38	
1720	6	4	17	
10 Jahre	82	34	164	280

Bringt ein Jahr ins andere gerechnet jährlich 28 Todte.

290

St. Pet. Gemeine zu St. Petersb. 75

Jahre	Erwachsene Mannspersonen.	Erwachsene Frauenspersonen.	Kinder bis 14 Jahre.	Summa Transp. 290
1721	3	2	21	
1722	4	3	14	
1723	4	7	11	
1724	8	5	19	
1725	8	5	23	
1726	13	11	20	
1727	9	5	26	
1728	6	7	22	
1729	6	4	15	
1730	7	3	13	
10 Jahre	68	52	184	304

Bringt ein Jahr ins andere gerechnet jährlich 31 Todte.

1731	5	2	25	
1732	11	6	19	
1733	13	3	31	
1734	20	12	20	
1735	19	8	26	
1736	18	10	41	
1737	17	10	29	
1738	21	12	56	
1739	19	11	22	
1740	23	13	23	
10 Jahre	166	87	292	545

Ein Jahr ins andere gerechnet jährlich 54 bis 55 Todte.

1139
Jah-

76 Geschichte der evangel. lutherischen

Jahre	Erwachsene Mannspersonen.	Erwachsene Frauenspersonen.	Kinder bis 14 Jahre.	Summa Transp. 1139
1741	19	26	43	
1742	19	12	27	
1743	18	14	67	
1744	20	10	66	
1745	15	21	39	
1746	37	20	46	
1747	35	12	42	
1748	27	16	37	
1749	17	7	61	
1750	21	16	50	
10 Jahre	228	154	478	860

Ein Jahr ins andere gerechnet jährlich 86 Todte.

1751	35	18	48	
1752	24	18	62	
1753	14	16	42	
1754	24	22	50	
1755	41	21	82	
1756	63	30	110	
1757	35	29	108	
1758	44	27	52	
1759	51	36	99	
1760	32	33	87	
10 Jahre	363	250	740	1353

Ein Jahr ins andere gerechnet jährlich 134 Todte.

3352
Jahr

St. Pet. Gemeine zu St. Petersb. 77

Jahre	Erwachsene Mannspersonen.	Erwachsene Frauenspersonen.	Kinder bis 14 Jahre.	Summa
				Transp. 3352
1761	32	29	105	
1762	38	26	103	
1763	29	24	86	
1764	37	39	88	
4 Jahre	136	118	383	637

Ein Jahr ins andere gerechnet jährl. 159 Todte,
in 56 Jahren aber 3989 Todte.

Nemlich 1048 erwachsene Mannspersonen, 696 erwachsene Frauenspersohen, und 2245 Kinder beyderley Geschlechts bis ins 14te Jahr.

Unter 3614 Verstorbenen sind

	Mannspersonen	Frauenspersonen.	Summa
von 60 Jahren	4	5	9
61	6	7	13
62	7	4	11
63	6	5	11
64	5	5	10
65	7	4	11
66	3	7	10
67			
68	3	3	6
69	3	2	5
70	8	3	11

von 60 bis 70 Jahren 52 Mannsp. 45 Frauenspers. 97

von

	Manns-personen	Frauens-personen	Summa
Transp.	52	45	97
von 71 Jahren	1	2	3
72	4	5	9
73	5	4	9
74	6	4	10
75	2	4	6
76	7	3	10
77	3	1	4
78	3	4	7
79	1	3	4
80	1	1	2
81	0	1	1
82	2	1	3
83	1	0	1
84	2	1	3
85	2	5	7
86	1	0	1
89	0	1	1
90	0	3	3
91	0	1	1
92	2	1	3
94	0	2	2
95	0	1	1
97	1	0	1
103	1	0	1

von 60 bis 103 Jahren 97 Mannsp. 93 Frauensperf. 190

§. 23.

§. 23. 3. Verzeichniß der copulirten Ehepaare in der St. Petersgemeine von 1705. bis 1764.

Jahre	Ehepaare	Summa
1705	6	
1706	6	
1707	7	
1708	23	
1709	2	
1710	6	
6 Jahre	50	50

Ein Jahr ins andere gerechnet jährlich 8 Paar.

1711	8	
1712	12	
1713	14	
1714	11	
1715	11	
1716	14	
1717	11	
1718	15	
1719	13	
1720	17	
10 Jahre	126	126

Ein Jahr ins andere gerechnet jährl. 12 Paar.

176

Jah-

Jahre	Ehepaare	Summa
		Transp. 176
1721	7	
1722	6	
1723	9	
1724	8	
1725	14	
1726	9	
1727	18	
1728	12	
1729	11	
1730	6	
10 Jahre	100	100

Ein Jahr ins andere gerechnet jährlich 10 Paar.

1731	10	
1732	10	
1733	20	
1734	24	
1735	12	
1736	13	
1737	19	
1738	21	
1739	17	
1740	19	
10 Jahre	165	165

Ein Jahr ins andere gerechnet jährlich 16 Paar.

441

Jahre	Ehepaare	Summa
		Transp. 441
1741	37	
1742	22	
1743	25	
1744	29	
1745	27	
1746	29	
1747	36	
1748	35	
1749	21	
1750	28	
10 Jahre	289	289

Ein Jahr ins andere gerechnet jährlich 29 Paar.

1751	39	
1752	30	
1753	23	
1754	26	
1755	30	
1756	50	
1757	45	
1758	46	
1759	65	
1760	59	
10 Jahre	413	413

Ein Jahr ins andere gerechnet jährlich 41 Paar.

1143

Jahre	Ehepaare	Summa
1761	40	Transp. 1143
1762	39	
1763	39	
1764	46	
4 Jahre	164	164

Summa : 1307 Paar.

§. 24. Ich hoffe, es werde den Lesern dieser Geschichte angenehm seyn, wenn ich aus den Kirchenbüchern die darinnen unter den Abendmahlsgästen und Verstorbenen vorkommende vornehme Personen und Gelehrt, anmerke.

Fürstliche Personen.

1) Die großzarische Kronprinzeßin Charlotte Christine Sophie, geborne Prinzeßin von Braunschweig Wolffenbüttel zu Blanckenburg, Gemahlin des Zarewitsch Alexei Petrowitsch. (h)

2)

(h) Sie war eine leibliche Schwester der römischen Kayserin Elisabeth Christine, Gemahlin Karls VI. und 1714 mit dem Zarewitsch vermählt. 1713 am 3ten Sonntag nach dem Fest der H. Dreyeinigkeit gieng Sie in unserer Kirche nebst ihrem ganzen Hofstaat zum heil. Abendmahl, welches sie aus den Händen des Herrn Pastors Nazzius

St. Pet. Gemeine zu St. Petersb.

2) **Juliane Louise**, Prinzeßin von Ostfrießland. (i)

3) **Anton Ulrich**, Herzog von Braunschweig und Lüneburg. (k)

4) **Johanna Elisabeth**, Gemahlin Christian Augusts, regierenden Fürsten von Anhalt-Zerbst, geborne Herzogin zu Holstein-Gottorf. (l)

F 2

5)

Nazzius empfieng, 1714. aber nahm sie den evangelischen Pastor aus der hiesigen Festung Johann Müller zum Beichtvater und Hofprediger an, §. 3.) so wie sie schon 1713. den vermaligen schwedischen Feldprediger Herrn Benjamin Sackelius zu ihrem Nachmittagsprediger bestellet hatte. Sie starb 1715. am $\frac{1}{12}$ Novbr.

(i) Sie war noch 1713 bey der eben genannten großzarischen Kronprinzeßin und empfieng zugleich mit derselben in unserer Kirche das heil. Abendmahl. Es ist also ein Irrthum, wenn in Hübners General. Tabellen Th I. auf der 265sten Tafel stehet daß sie schon am 22. Oct 1712 von des Zarewitsch Gemahlin nach Wolffenbüttel zurückgekommen sey. 1721. hat sie sich mit dem Herzog zu Holstein-Plön Joachim Friederich vermählt.

(k) Er hat 1733. am 31. Oct. zum ersten, und 1740. in der Marterwoche zum letztenmal das heilige Abendmahl in unser Kirche empfangen, und ist ein ordentliches Mitglied unserer Gemeine gewesen.

(l) Als Sie 1745. zu St. Petersburg war, empfieng Sie

5) August, Herzog von Holstein=Gottorf. (m)

6) Georg Ludewig, Herzog von Holstein=Gottorf, Generalfeldmarschall, ꝛc. (n)

7) Peter August Friederich, Herzog von Holstein=Beck, Generalfeldmarschall und Gouverneur von Esthland (o) und desselben Frau Schwiegertochter, Friederica Antonia Amalia, verwitwete Herzogin von Holstein=Beck, geborne Burggräfin von Dohna.

8) Ernst Johann, regierender Herzog von Curland, nebst Deroselben Gemahlin, Benigna Gottliebe, und Prinzen Peter und Karl, und Prinzeßin Hedewig Elisabeth. (p)

§. 25.

Sie am Mittwochen vor dem grünen Donnerstag von dem Herrn Pastor Nazzius das heilige Abendmahl.

(m) Er empfing 1745. zugleich mit der Fürstin von Anhalt=Zerbst das heilige Abendmahl.

(n) Er gieng 1762. am grünen Donnerstag öffentlich in unserer Kirche zum heil. Abendmahl, wohnete auch sonst unserm Gottesdienst bey.

(o) Ist auch 1762. am grünen Donnerstage in unserer Kirche öffentlich zum heilig. Abendmahl gegangen.

(p) Der Herzog und die Herzogin sind von 1732. an Mitglieder unserer Gemeine gewesen und bis 1740.

§. 25. Von hohen kayserlichen Staats: Kriegs- und Hofbedienten, sind folgende:

1) **Cornelius-Cruys**, anfänglich Viceadmiral, und zuletzt Admiral des rußischen Reichs. (q)

2) **Peter Sievers**, kayserl. Admiral. (r)

3) **Heinrich Johann Friederich**, Graf von

1740. geblieben, in welchem Jahr Sie noch am 28. Nov. zu Schlüsselburg von dem Pastor Mazzius das heil. Abendmahl sich reichen lassen. Nach Ihrer Rückkunft im Jahr 1762. fanden Sie sich wieder mit Dero Prinzen zum Gottesdienst in unserer Kirche ein, ob Sie gleich dazumal Ihren zu Jaroslau gehabten Hofprediger Herrn M. Fritzen noch bey sich hatten. In finde in der Kirchenrechnung über 1000. Rubel, welche Sie nach und nach zu den Ausgaben der Kirche beygetragen haben.

(q) Ich liefere unten im 5ten Abschnitt eine besondere kurze Beschreibung von ihm.

(r) Er ist von Anfang unserer Gemeine an, ein Mitglied derselben, und 1710. da er noch Capitaine von der Flotte war, ein Vorsteher der Gemeine, nachgehends aber, da er sich zu Cronstadt aufgehalten, Patron der dasigen evangelisch-lutherischen Gemeine gewesen.

von Ostermann, Reichs-Vicekanzler und Groß-admiral. (s)

4)

(s) Dieser berühmte Minister ist gleich von Anfang unserer Gemeine an, ein Mitglied derselben gewesen, und kömmt in dem ältesten Kirchenbuch von 1705. an, bald als Communicant, bald als Taufzeuge oft vor. Ich habe von seinem ersten Anfang in Rußland die besten Beweise in Händen, nemlich einen im April 1740. geschriebenen Brief seines Vaters an den Herrn Viceadmiral Cruys, in welchem er demselben geziemend danket, daß er diesen seinen Sohn in seine Dienste genommen; ein Blatt aus dem Buch des Viceadmirals, darinnen die von ihm angenommenen Personen verzeichnet gewesen, aus welchen Tag und Bedingungen erhellen, da und unter welchen Ostermann angenommen worden, und ein Protocoll aus der Kanzeley des Viceadmirals von 1705. in welchem Ostermann unter seinem damaligen Amt erscheinet. Durch diese Urkunde kann alle in den Geschichtbüchern noch vorhandene Ungewißheit, wenn und wie er nach Rußland gekommen, und was er hieselbst zuerst gewesen? gänzlich gehoben werden. Es ist bey den Geschichtschreibern eine gemeine Meynung, daß der Graf Ostermann zu der rußisch-griechischen Kirche getreten sey, und bey solchem Uebertritt den Vornamen Andreas angenommen habe: Allein, es ist schon von andern angemerkt worden, daß er nach hiesiger Landesgewohnheit den Namen Andreas, anstatt des Namens Heinrich angenommen und gebraucht habe, weil die Russen den letzten nicht gebrauchen, sondern die Personen, welche ihn führen, anstatt desselben An-

dreas

4) Burchard Christoph, Reichsgraf von Münnich, Generalfeldmarschall. (t)

5) Reinhold, Graf von Löwenwolde, kayserlicher Oberhofmarschall. (u)

dreas hennen, und die Falschheit des Vorgebens erhellet daraus überzeugend, daß der Graf Ostermann in unserer Kirche beym Pastor Nazzius beständig zum heil. Abendmahl gegangen ist. Von 1732. an hat er das Abendmahl des HErrn, laut unserer Kirchenbücher alle Charfreytag empfangen. Dieses geschahe noch am 27. März A. St. 1741. welches das Jahr seines Falls war, ja er ließ sich von dem Pastor Nazzius das Abendmahl noch am 22. Dec. dieses Jahrs, im Arrest reichen. Der Ort seiner Verbannung war Beresow, wo der Fürst Menschikof gestorben, und woselbst er auch sein Leben geendiget hat, aber nicht 1745. wie die Geschichtschreiber melden, sondern einige Jahre später. Seine Gemahlin, eine Tochter des Bojarin Jwan Rodionowitsch Sereschnew, ward nach seinem Tode zurück berufen.

(t) Der fünfte Abschnitt enthält eine kurze Lebensbeschreibung dieses Herrn.

(u) Er ist unterschiedene Jahre lang ein Mitglied unserer Gemeine gewesen, und hat noch am 19. Jenner A. St. 1742. als an dem Tage da er nach Solkamskoi abgereiset ist, sich im Arrest vom Pastor Nazzius das heil Abendmahl reichen lassen. Er ist am gedachten Ort seiner Verweisung in einem der Demidowschen Familie zugehörigen Hause am 33. Jul. A. St. 1758. am Podagra, welches in den Leib getreten war, gestorben, und 65. Jahre und etliche Wochen alt geworden.

6) **Christian Wilhelm**, Freyherr von Münnich, kayserl. Oberhofmeister und wirklicher Geheimerath. (v)

7) **Johann Ernst, Reichsgraf von Münnich**, kayserl. wirklicher Geheimerath. (w)

8) **Carl von Brevern**, kayserl. Geheimerath und Staatsminister im Reichscollegio der auswärtigen Staatssachen. (x)

9) **Johann Albrecht, Freyherr von Korff**, kayserl. wirklicher Geheimerath und Kammerherr. (y)

10) **Nicolaus, Freyherr von Korff**, General en Chef und General-Policeydirector. (z)

11)

(v) Bruder des Herrn Generalfeldmarschalls Reichsgrafen von Münnich.

(w) Sohn des Herrn Generalfeldmarschalls Reichsgrafen von Münnich.

(x) Ist am 3. Jenner 1744. gestorben, und die Leiche am 12ten auf kayserl. Veranstaltung in unserm Kirchengewölbe bis zur Abführung nach Liefland hingesetzt worden. Seiner wird mit Ruhm in Reichards Staat von Rußland S. 328. 338. 374. 455. und 470. gedacht.

(y) Damals als er ein Mitglied unserer Gemeine war, Präsident der kayserl. Akademie der Wissenschaften, jetziger rußisch-kayserlicher bevollmächtigter Minister am königl. dänischen Hofe.

(z) Von dem als Patron unserer Gemeine im 5ten Abschnitt ein mehrers vorkommt.

St. Pet. Gemeine zu St. Petersb. 89

11) Karl, Reichsgraf von Sievers, kayserl. Oberhofmarschall und Kammerherr. (a)

12) Ludolph August von Bismark, kayserlicher General en Chef. (b)

13) Gustav von Biron, kayserl. Generallieutenant. (c)

14) Unterschiedene andere Generallieutenants, als Adam Weyde, (d) Bohn, (e)

F 5 Wol-

(a) Von welchem der 5te Abschnitt eine kurze Lebensbeschreibung enthält.

(b) Ein Schwager des Herzogs von Curland, mit dessen Gemahlin Schwester er sich vermählt hat. Seiner ist, nachdem er von Beresow zurück gekommen, in unserm Kirchenbuch von 1745. 46. und 47. in Ansehung des Genusses des heil. Abendmahls gedacht. S. Leben Ernst Johann Herzogs von Curland, zweyte Ausgabe, S. 70:83. Reichards Staat von Rußland, S. 321. 338. 376. 394. 489.

(c) Er starb am 13. Febr. a. St. 1746. zu St. Petersburg, und am 14ten März wurde ihm ein Leichenbegängniß mit einer Gedächtnißrede gehalten, seine Leiche aber nach Curland geführet. Er ist 51tehalb Jahr alt geworden. Von ihm siehe Leben des Herzogs von Curland S. 42:54. Reichards Staat von Rußland S. 320. 337. 376. 489.

(d) Von welchem Reichard in seinem Staat von Rußland S. 462. 497. u. 601. unterschiedenes meldet. Im Leben Karls XII. Königs in Schweden wird seiner auch in den beyden ersten Theilen hin und wieder

Woldemar Baron von Löwendal, (f) Fromhold Georg Baron von Korff, (g) Wilhelm von Völkersahm, und andre.

§. 26. **Einige vornehme Dames.**

1) Anna Catharina, Reichsgräfin von Bestuchef-Riumin, geborne von Böttiger, Ihro Majestät der Kayserin Elisabeth Hofmeisterin. (h)

2)

wieder gedacht, und im dritten Theil im Register hinzugefügt, daß er 1719. rußischer Generalfeldmarschall geworden, und 1721. gestorben sey.

(e) Der in unsern Kirchenbüchern und Acten von 1719 bis 1721. vorkömmt, und ein Kirchenrath gewesen ist.

(f) Dessen Reich*rd* am angeführten Ort. S. 321. 341. 490. gedenket.

(g) Welcher am 28. Jenner 1758. gestorben ist.

(h) Sie war die Gemahlin des Herrn Grafen Alexei Bestuchef-Rumin, vormaligen rußisch-kayserlichen Großkanzlers, nunmehrigen Generalfeldmarschalls, wirklichen Geheimenraths, Senateurs und Ritters beyder rußischen Orden und des polnischen weissen Adlers-Ordens. Ihr Herr Vater war Herr Johann Friederich von Böttiger, rußisch kayserl. residirender Minister im niedersächsischen Kreise, in dessen Hause zu Hamburg, Kayser Peter I. mit Seiner Gemahlin Catharina eine Zeitlang gewohnt, und den er mit seinem Portrait begnadiget hat. Sie ward

am

2) **Anna Olsufjew,** geborne von Dan=
nenstern, erste Staatsdame Ihro Majestät der
Kay=

am 6. Aug. 1693. geboren. Mit dem Herrn
Grafen Bestuchef=Rumin ward sie auf dem väterlichen Gut Böttigerholm vermählet. Sie
war nicht nur eine getreue Gehülfin ihres Gemahls, sondern auch in seinem zweymaligen Unfall eine getreue Gesellschafterin desselben, besonders in dem letztern, da sie mit ihm auf desselbigen
eigenthümlichen Gut und Verbannungsort Goretovo gelebet, bis Sie 1761. an einem Sonnabend,
da sie eben eine Predigt zur Vorbereitung auf den
Sonntag, und zwar über das Evangelium am
6ten Sonntag nach dem Fest der Erscheinung
Christi las, plötzlich von einem Schlagfluß betrof-
fen ward, welcher am 15. Dec. 1761. ihren Tod
nach sich zog. Es ward ihr das Lied: Wer
weiß wie nahe mir mein Ende, vorgesungen Der
evangelische Prediger aber, nach welchem geschickt
wurde, kam erst nach ihrem Tode an. Ihr Leichnam ward in der rußischen Kirche zu Goretovo
so lange beygesetzt, bis ihr einziger Herr Sohn,
der wirkliche geheime Rath, Kammerherr, und
Ritter des Alexander Newski und St. Annenordens Herr Andreas Graf von Bestuchef=Ru-
min ihn 1763. von Goretovo abholte, und nach
Moscau brachte, woselbst er in der ältern evan-
gelisch=lutherischen Kirche am 2ten Jul. in einer
Gruft unter dem zu diesem Ende neuerbaueten
Altar versenket, und bey dem dabey angestellten
ansehnlichen Leichenbegängniß von dem Herrn
Pastor Michael Richter sowol eine Leichenpredigt über Matth. 17, 4. als eine Standrede gehalten

Kayserin **Cathrina I.** und Gemahlin des kayserl. Oberhofmeisters und Ritters Herrn **Matthwe Dimitriwitsch Olsufjew.** (*)

3) **Maria Aurora,** Reichsgräfin von L'Estocq, geborne Baronin von Mengden, Gemahlin des kayserl. wirklichen Geheimenraths, Herrn Hermann Reichsgrafen von L'Estocq. (i)

§. 27.

halten wurde. Die Frau Gräfin ist bis zu ihrer letzten Abreise von St. Petersburg ein Mitglied unsrer Gemeine gewesen, und hat vor ihrer Abreise am 9ten April 1759. in ihrem Hause das heil. Abendmahl von dem Herrn Pastor Tresurt empfangen.

(*) Sie war aus Riga gebürtig, und starb am 19ten Jenner 1726. Am 26sten ward sie öffentlich und feyerlich begraben, und zwar also, daß die Schulkinder unserer Kirche nebst den Leichenbegleitern evangelische Sterbelieder während der Procession auf öffentlicher Strasse sungen. Ihro Majestät die Kayserin befohlen, daß die Procession vor Dero Winterpallast vorüber gehen mußte, stunden auch auf der Treppe desselben, und sahen zu. Die Leiche ward nach der rußischen Kirche in der Jemskoi gebracht, in derselben noch ein kurzes Lied gesungen, von dem Herrn Pastor Nazzius eine kurze Rede gehalten, und der Segen ertheilt, die Leiche aber des andern Tages aus dieser rußischen Kirche nach Riga ins Erbbegräbniß geführt.

(i) Ihro Excellenz der Frau Gräfin älteste Schwester

§. 27. **Großfürstlich-Holsteinische Minister.**

1) Des h. R. Reichs Panier und Freyherr, Johann-

ster ist die in den Geschichtbüchern berühmte Fräulein Juliane Baronin von Mengden, welche auch bis 1741. ein Mitglied unserer Gemeine gewesen ist. Se. Excellenz, der Herr Graf von L'Estocq, welcher ehemals kayserl. erster Leibarzt und Director der hiesigen medicinischen Kanzley und Facultät gewesen, ist ein Mitglied der reformirten französischen Gemeine. Seine Familie hat ehedessen in Frankreich, vornemlich in der Landschaft Champagne gelebet, und daselbst von ihren Erbgütern den Namen *L'Estocq d'Helveque* angenommen. Sie ist in ansehnlichen königlichen französischen Diensten gewesen, hierauf aber der Religion wegen vertrieben worden, und theils nach Engelland und Holland, theils nach Deutschland ins Fürstenthum Lüneburg gegangen. Der Herr Graf Herrmann L'Estocq ist am 29. April 1692. zu Celle geboren, 1713. nach Rußland gekommen, und vom Kayser Karl dem 7ten durch eine am 27ten April 1744. unterschriebene Urkunde, in des heil. Röm. Reichs und der kayserl. Erbländer Grafenstand erhoben worden. Als Er 1762. mit seiner Frau Gemahlin aus seinem Verbannungsort Usting Weliki zurückkam, dahin er 1751. aus der Festung St. Petersburg geschicket worden, gesülleten sich Ihro Excellenz die Frau Gräfin von neuen zu unserer Kirche, um welche und ihre Schule Sich diese vortrefliche Dame durch milde Wohlthaten verdient gemacht hat.

Johann von Pechlin, Edler von Löwenbach, großfürstlicher wirklicher Geheimerath. (k).

2) Otto Friederich, Graf von Brümmer, großfürstlicher Oberhofmarschall. 1745. 1746. (*)

3) Friederich Wilhelm von Birkholz, großfürstl. Oberkammerherr 1743:45.

4) Christian August Brockdorf, großfürstl. Oberkammerherr 1759:1762.

5) Peter von Bredahl, großfürstl. holsteinischer Oberjägermeister und Kammerherr, 1759: 1762. (l)

6) von Wolf, großfürstl. holsteinischer wirklicher Geheimerath. 1762.

7) von Saldern, großfürstl. holsteinischer wirklicher Geheimerath. 1762.

§. 28.

(k) Ist 1757. am 29. Jenner a. St. im 78sten Jahr seines Lebens gestorben, am 14. Febr. ist ihm ein Leichenbegängniß gehalten, die Leiche aber nach der lutherischen Kirche zu Lyris ohnweit Peterhof, gebracht worden.

(*) Er ist 1752. zu Wismar gestorben, und in der Marienkirche im Wrangelschen Erbbegräbniß beygesetzt

(l) Er ist ein Sohn des ehemaligen rußisch-kayserl. Admirals Bredahl, welcher aus Drontheim in Norwegen gebürtig war.

§. 28. Von auswärtigen Ministern finde ich in unsern Kirchenbüchern folgende:

1) Justus Juel, königlicher dänischer Viceadmiral und Envoyé. 1710.

2) Marschall von Biberstein, und — von Keyserling, königl. preuß. Minister, 1710. Der letztere war schon 1713. todt.

3) Graf Friederich Vizthum von Eickstedt, königl. polnischer und churf. sächsischer Geheimerath, und Envoyé von 1710. an.

4) von Looß, königlich-polnischer und chursächsischer Envoyé. 1714.

5) Hermann, Baron von Cederkreutz, königlich-schwedischer Envoyé nebst seiner Frau Gemahlin. 1726: 1728.

6) Carl Detlev, Graf von Dehn, herzoglich-braunschweigischer Envoyé. 1734.

7) Johann Friederich, Baron Bachof von Echt königl. dänischer Resident. 1737.

8) Johann von Keyserling herzoglich braunschweigischer Geheimerath und Envoyé nebst seiner Frau Gemahlin, Maria Elisabeth. 1738: 1740.

9) Erich Matthias von Nolken, königlich-schwedischer Envoyé. 1739.

10) von Suhm, königlich-polnischer und churfürstlich-sächsischer Envoyé, nebst seiner Gemahlin. 1740.

11) General von Arnim, königlich-polnischer und churfürstlich-sächsischer Envoyé, nebst seiner Frau Gemahlin. 1750. 1751.

12) Johann Lotharius Friederich von Malzahn, königlich-dänischer Kammerherr und Envoye. (m)

13 Adolph Siegfried von der Osten, königlich-dänischer Kammerherr und Envoye, 1757-1760. 1763-65.

14) Gregers Christian, Graf von Hart-hausen, königlich-dänischer Kammerherr und Envoye, nebst seiner Frau Gemahlin. 1761-1763.

§. 29. Verstorbene Gelehrte.

1) Gottlob Fried. Wilh. Junker, russisch-kayserlicher Hofkammerrath und Mitglied der hiesigen kayserl. Academie der Wissenschaften. (n)

2)

(m) Er starb hier am 20. Dec. 1756. im 37sten Jahr seines Alters und ward am 24sten begraben.

(n) Herr Collegienrath Müller hat in seiner Sammlung rußischer Geschichte, B. 9. St. I. ein Stück der Beschreibung der Ukraine dieses Gelehrten drucken lassen, und im Anfang desselben in einer Anmerkung einige Lebensumstände von ihm angeführt, die man daselbst nachlesen muß. Er meldet, er sey 1702. zu Schleusingen geboren, und

St. Pet. Gemeine zu St. Petersb. 97

2) Josias Weitbrecht, Doct. Med. Professor bey der hiesigen Academie der Wissenschaften. (o)

3) Lorenz Blumentrost, Doctor der Arzneywissenschaft, kayserlicher Leibarzt, wirklicher Staatsrath, Curator der neu zu errichtenden Universität und Director des kayserlichen Hospitals zu Moscau, gewesener Präsident der kayserlichen Academie der Wissenschaften zu St. Petersburg. (p.)

2) und am 11. Nov. 1746. gestorben. In einem unserer Kirchenbücher stehet: er sey 1705. am $\frac{20. Jun.}{1. Jul.}$ zu Altenburg in Thüringen geboren, und 1746. am $\frac{10}{21}$ Nov. Abends um 11. Uhr im 42sten Jahr seines Alters gestorben, am 14ten aber begraben. Ob nun gleich diese letzte Nachricht bey seiner Beerdigung abgelesen worden, so ist sie doch darum unrichtig, daß sie Altenburg für seinen Geburtsort ausgiebt, denn er mag übrigens 1702. oder 1705. geboren seyn; so ist er doch zu Schleusingen geboren, als woselbst sein Vater, der berühmte Schulmann Christian Junker, von 1695. bis 1707. Conrector gewesen, und erst 1713. Director des Gymnasii zu Altenburg geworden ist. Er hat 1737. den Text zu der Music gemacht, welcher bey der Einweihung unserer Orgel abgesungen, und auf einem halben Octavbogen gedruckt worden.

(o) Gestorben am 13. Febr. 1747.

(p) Geboren am 29. Oct. a. St. 1692. zu Moscau,

G

ge-

4) **Johann Deodatus Blumentroſt,** kayſerlicher Archiater, des vorhergehenden Bruder. (q)

5) **Joh. Fried. Schreiber,** Doctor der Arzneywiſſenſchaft, Profeſſor der Anatomie und Chirurgie bey den hieſigen kayſerlichen Hoſpitälern, kayſerlicher Hofrath, Mitglied der hieſigen Academie der Wiſſenſchaften, und der römiſch-kayſerlichen Academie der Naturforſcher. (r)

6) **Auguſtinus Nathanael Griſchow,** Profeſſor der Aſtronomie und Mitglied der hieſigen kayſerlichen Academie der Wiſſenſchaften. (s)

Dri-

geſtorben am 27. März 1755. zu St. Petersburg, begraben am 8ten April.

(q) Geboren zu Moſcau, geſtorben am 11. März 1756. zu St. Petersburg, alt 67. Jahre 7. Monate, 6. Tage, begraben am 18ten März. Er iſt 1748. und 1749. in Abweſenheit derer Patronen unſerer Gemeine, Præſes vicarius des Kirchenconvents geweſen.

(r) Geboren am 26. May 1705. zu Königsberg in Preuſſen, geſtorben am 28. Jenner 1760. alt 54. Jahre, begraben am 1. Febr. Ich habe eine Nachricht von ſeinen Lebensumſtänden im 2ten Stück meiner gelehrten Abhandlungen und Nachrichten, geliefert.

(s) Geboren zu Berlin, geſtorben am 4ten Jun. 1760. alt 33. Jahre, 8. Monate, begraben am 8ten Jun.

Dritter Abschnitt,
Von den Kirchen- und Schulgebäuden.

§. 30. Der Platz, welchen die Gemeine 1728. durch Kayserl. Gnade an dem grossen nach dem Kloster des heil. Alexander Newski führenden Perspectiv zu ihrer Kirche, und denen dazu gehörigen Prediger- Schul- und andern Gebäuden erlangt hat, (§. 10.) ist ein länglicht Viereck, fast 100 Faden lang und fast 50 Faden breit, genauer gerechnet aber beträgt der Inhalt seiner Fläche, nach der Ausmessung des Architect Knobels, 494⅞ Quadratfaden. Solche Ausmessung desselben ist 1756. geschehen, als die Gemeine unterm 27sten August die gewünschte Dannaja über denselben aus der Oberpoliceymeisterkanzeley erhalten.

§. 31. In der Mitte desselben stehet die Kirche, welche von aussen 20. Faden lang, und 12⅔. Faden breit ist, und eine dieser Länge und Breite gemässe Höhe hat. Sie ist von Backsteinen erbauet und mit eisern Blech bedeckt, hat aber einen hölzernen Thurm. Se. Erlaucht der Herr Generalfeldmarschall Reichsgraf von Münnich haben den Plan und die Façade der Kirche eigenhändig entworfen, auch am 29. Jun. 1728. den Grundstein zu derselben,

selben, in diesen aber folgende Inschrift geleget: Anno 1728. den 29. Jun. unter glorwürdigster Regierung des allerdurchlauchtigsten und großmächtigsten Kaysers und aller Rußen Souverainen Petri des andern, ist dieser Grundstein allhier zu der evangelischen Kirchen augspurgischer Confeßion geleget worden. Herr Pastor Nazzius hielt zugleich über 1 Kön. 6, 12. 13. eine kurze Rede, welche gedruckt worden. (t) Die Kirche hat von außen ein feines Anse-

(t) Sie hat folgende Aufschrift: Das schuldige Lob GOttes und herzlicher Segenswunsch bey Grundlegung des ersten Steins zur Erbauung der neuen Kirche vor die evangelische Gemeine augspurgischer Confeßion auf der Admiralitätsinsel, am Tage Petri und Pauli den 29. Junii 1728 in hohen Beyseyn des Herrn Generals Grafen von Münnichs Excell wie auch der Gemeine Vorsteher und verschiedener derselben Mitglieder Gegenwart, in einer Standrede vorgestellet von Hinrich Gottlieb Nazzio, ersten Prediger der evangelischen Gemeine. St. Petersburg gedruckt in der Buchdruckerey bey der kayserlichen Academie der Wissenschaften. 6. Blätter in Quart. Der hochehrwürdige und hochgelahrte Herr Immanuel Justus von Essen, Oberpastor der kayserl. Stadt Riga, hat mir dieselbige bekannt gemacht, und gütigst geschenkt. Ich weiß nicht, weswegen Herr Nazzius sich auf dem Titelblatt den ersten Prediger unserer Gemeine

Ansehen, und ist inwendig auf eine anständige
Weise ausgezieret. Als sie 1730. am $\frac{14}{25}$ Jun.
welcher der 3te Sonntag nach dem Fest der heil.
Dreyeinigkeit war, eingeweihet werden sollte,
(§. 10.) versammleten Sich Se. Erlaucht der
Herr Generalfeldmarschall Reichsgraf von
Münnich, durch Dero eifrige Vorsorge sie
zum Stande gekommen war, nebst andern vornehmen Personen, dem Kirchenconvent, den Pastoren der deutschen evangelisch-lutherischen Gemeinen auf dem Stückhofe und auf Wasili
Ostrow, Herrn Schattner und Herrn Trefurt,
und andern Personen, zuerst in der alten hölzernen Kirche, in welcher kurzer Gottesdienst, und
von dem Herrn Pastor Nazzius eine kleine
Rede gehalten ward. Hierauf gieng man in
einer ordentlichen Proceßion nach der neuen St.
Peterskirche, in welcher der Herr Generalfeldmarschall vor den Altar trat, und mit einem sehr
wohl abgefaßten Segenswunsch dem Herrn Pastor Nazzius die Kirchenschlüssel überreichte.
Alsdenn nahm der Gottesdienst zur Einweihung
der Kirche seinen Anfang. Die ganze Kirche
von innen und aussen mit aller Arbeit, die von
1728. bis 1744. (da das eiserne Dach aufge-
legt worden) daran geschehen ist, hat 26923.

G 3 Rube-

meine genennet hat, welches er doch nicht gewesen ist.

Rubel gekostet. Ihre Orgel insonderheit, an welcher Johann Heinrich Joachim aus Mitau von 1735. bis 1738. gearbeitet hat, kostet 2979. Rubel, welche Summe mit in der vorhergehenden begriffen ist. Zu dem Bau der Kirche sind 13232. Rl. 45. Cop. und zu der Orgel 1690. Rl. 81. Cop. also zu der ganzen Kirche 14923. Rl. 26. Cop. geschenket und gesammlet worden. 1758. ist in derselben eine grosse Veränderung des Fußbodens und der Stühle vorgenommen, auch auswendig manches verbessert worden, welches 2843. Rubel Unkosten verursacht hat, und 1764. ist sie abermals von innen und auffen verbessert worden. In der Kirche sind 4. Ofen, welche Winters wöchentlich dreymal geheitzet werden. An das östliche Ende der Kirche ist ein steinernes Gewölbe angebauet worden, in welchem Leichen beygesetzt werden, die nicht an den Tagen der Leichenbegängnisse sogleich nach den Kirchhöfen gebracht werden können oder sollen. Das jetzige ist 1762. erbauet. 1736. 1749. und 1762. ist die Kirche durch ganz nahe Feuersbrünste in Gefahr gerathen, von GOtt aber gnädiglich bewahret worden.

§. 32. Die steinerne Wohngebäude, welche den Platz vor der Kirche nach dem Perspectiv zu von 3. Seiten einschliessen, werden theils von den Pastoren, einigen Schullehrern, dem Küster und den Kirchenknechten bewohnt, theils an andere Einwohner vermiethet, und haben ihre zugehörigen Wagenbehältnisse, Pferdeställe und Eiskeller. Sie sind in den Jahren 1747. und 1748. und 1751. und 1752. und die zwischen ihnen und der Kirche stehenden Wagenbehältnisse, Pferdeställe und Eiskeller erst 1760. aufgeführet worden, (§. 14.) und haben zusammen 19366. Rubel gekostet. Zwischen unserer Kirche und dem schwedischen und finnischen Kirchhofe, stehet das ansehnliche von 1760. bis 1762. aufgeführte steinerne Schulgebäude, und hinter demselben stehen steinerne ökonomische Gebäude, welche 1763. erbauet worden, und nebst der darzwischen befindlichen Mauer, unsern Kirchhof von dem schwedischen und finnischen absondern. Diese Gebäude, nebst den steinernen Thoren und Mauern, durch welche man aus dem Perspectiv den Hauptzugang zu der Kirche hat, und den neuen Steinwegen, welche 1761. auf beyden Seiten der Länge des Kirchenplatzes angelegt worden, haben über 58000. Rubel gekostet. Zu denselben hatte 1761. die Kirchencasse 9. bis 10000. Rubel vorräthig. Ihro Majestät die Kayserin Catharina II. haben dazu 1764. allergnädigst 3000.

Rubel, Sr. Kayserliche Hoheit der Großfürst Paul Petrowitsch) gnädigst 1000. Rubel, (§. 18.) der Kirchenälteste Herr Stegelmann, welcher diesem Bauwesen vorgestanden, über 12000. der Kirchenälteste Herr Stelling fast 8000. Rubel und viele andere hohe, mitlere und geringere Personen in- und ausserhalb der Gemeine, bisher ohngefehr 8000. Rubel geschenket. Am 9ten April 1765. gerieth das steinerne Schulgebäude in Gefahr, als ein gleich darneben stehendes hölzernes Wohnhaus abbrannte, GOtt bewahrte es aber vor grossem Schaden. Zwischen den obenbeschriebenen Gebäuden stehen noch einige hölzerne. Alle §. 31. und 32. benannte steinerne Gebäude aber haben bey ihrer ersten Anlage über 104000. Rubel, und ihre Verbesserungen bisher schon über 10000. Rubel gekostet.

§. 33. Hier kann auch der Kirchhöfe Erwähnung geschehen, auf welchen unsere Gemeine ihre Todten begräbt, die sie aber mit allen andern hiesigen Gemeinen fremder Religionsverwandten gemein hat. Sie sind auf der Wiburgischen Seite bey der rußischen Samsonskirche, und auf Wasili-Ostrow, doch werden auch viele Leichen nach dem Begräbnißplatz bey dem Dorf Tendala gebracht. Der erste Kirchhof

hof ist von unserer Gemeine eingerichtet worden, welche von 1715. an bis 1750. an denselben 1223. Rubel Unkosten verwandt, und daher von den andern Gemeinen eine Beysteuer und Schadloshaltung verlangt hat. Vermöge kayserlichen Befehls von 1739. sollte der Samsonische Begräbnißplatz der fremden Religionsverwandten, 6696. Quadratfaden groß seyn, sie haben aber damals und bisher nur die Hälfte bekommen. 1741. brachte zwar der Oberarchitect Tresin auf der moscowischen Seite hinter der semenowschen Garde, und 1756. der Architect Knobel auf eben dieser moscowischen Seite hinter dem wolkowschen Dorfe, einen Platz zu Begräbnissen in Vorschlag, es ist aber weder jener noch dieser den Ausländern eingeräumet worden. Auch diejenigen Begräbnißplätze, welche hinter der kalinkischen Brücke auf dem Wege nach Cathrinenhof, und bey der Himmelfahrtskirche angefangen waren, wurden 1746. verboten, und hoch mit Erde beschüttet. Die Begleitung der Leichen nach den entlegenen Kirchhöfen durch die Pastoren ist bey unserer Gemeine schon 1754. eingeschränkt, und im Anfang des 1762sten Jahrs ganz abgeschaft worden, weil sie der Gesundheit der Pastoren so viele Gefahr, ja einigen den Tod verursacht hat,

Vier-

Vierter Abschnitt,
Von der gottesdienstlichen und ökonomischen Verfassung der Gemeine und Kirche.

§. 34. Die gottesdienstliche Verfassung unserer Gemeine ist nach Willkühr folgendergestalt eingerichtet worden. Sie feyert alle Sonntage, die 3 hohe Kirchenfeste Weihnachten, Ostern und Pfingsten, den Neujahrstag, die Feste der Erscheinung Christi, der Reinigung und Verkündigung Mariä, den Charfreytag, das Fest der Himmelfahrt Christi, Johannis des Täufers, der Heimsuchung Mariä, und Michaels des Erzengels, mit öffentlichem Vor- und Nachmittags-Gottesdienst, hingegen den grünen Donnerstag nur durch vormittägigen Gottesdienst. Seit 1737. begehet sie auch die Staatsfeste des kayserl. Hofes, nemlich die Geburts- und Namensfeste des kayserl. Hofes, die Tage, an welchen das Angedenken an den Antritt der kayserl. Regierung, und an die Krönung des Monarchen oder der Monarchin gefeyert wird, mit Vormittagsgottesdienst. Es fängt der Vormittagsgottesdienst allezeit um 9, und der Nachmittagsgottesdienst um 2 Uhr an, und dauret gemeiniglich 2 Stunden. Man richtet sich nach der Schlaguhr, die in der Kirche stehet.

An Sonn- und hohen Festtagen werden vor der Predigt Vormittags 4 und Nachmittags 2 Lieder gesungen, nach der Predigt aber wird nur ein kurzes Lied angestimmet. Die Absingung der Antiphonien und Collecten, und die Ablesung der Episteln und Evangelien, geschiehet so wie es in der evangelisch-lutherischen Kirche gewöhnlich ist. Alle Mittwochen ist des Vormittages eine Wochenpredigt, welche aber ausfällt, wenn ein Festtag in der Woche gefeyert wird. Alle 3 Wochen wird das Abendmahl des HErrn an einem Sonntag öffentlich ausgetheilet, nachdem es 8 Tage vorher öffentlich angezeiget worden. Diejenigen, welche es zu geniessen beschliessen, melden sich in der Woche vorher jeder bey seinem Beichtvater, und am Sonnabend vor dem Sonntag, stellet der ältere Prediger Vormittags, und der jüngere Nachmittags mit denen, welche sich bey ihm angemeldet haben, eine erbauliche Vorbereitung an, nach deren Endigung er anstatt der Beicht, eine Formul ablieset, in der einige Fragen vorkommen, welche die Zuhörer zugleich mit Ja beantworten, hierauf aber paarweise am Fuß des Altars niederknien, und die Absolution unter Handauflegung empfangen.

§. 35. Seit dem die Gemeine 2 Prediger hat, wechseln dieselben in der Besorgung des
Got-

Gottesdienstes alle Sonntage um. Derjenige, welcher des Sonntags Vormittags predigt, hat auch die Mittwochens Predigt zu besorgen, (welche also nur alle 14 Tage an einen jeden kommt,) und wenn in derselbigen Woche ein Festtag einfällt, welcher nur einen Tag dauret, so predigt er auch an demselben des Vormittags, ist es aber ein dreytägiges Kirchenfest, so predigt er am ersten und letzten Tage des Vormittags. Derjenige von den beyden Predigern, welcher an dem heiligen Abendmahlssonntag die Vormittagspredigt verrichtet, weihet auch das heilige Abendmahl ein, und theilet das Brodt aus, welches also zwischen beyden alle 3 Wochen abwechselt. Oeffentliche Catechisationen der Kinder durch die Prediger, geschehen seit 1762. da die neue Schule ihren Anfang genommen hat, nur kurz vor Ostern, da ein jeder Prediger die von ihm ein paar Monate lang in seinem Hause unterrichteten, und zur Erneurung ihres Taufbundes zubereiteten Kinder, öffentlich prüfet, und ihren Taufbund erneuren lässet, welche wichtige, rührende und erbauliche öffentliche Handlung ich 1762. eingeführt habe, da die Confirmation vorher nur in den Häusern der Prediger geschehen war.

§. 36. Die Trauungen neuer Eheleute, Taufen der Kinder, und Reden bey den Leichen, gesche-

geschehen ordentlicher Weise in den Häusern. Nach hiesiger Gewohnheit werden bey allen und jeden Leichen, sowol der Kinder, als der erwachsenen Leute, kurze Reden gehalten. Ein jeder der beyden Prediger versiehet diejenigen, und die Familien dererjenigen, welche bey ihm zur öffentlichen Beicht gehen, in den eben angeführten Amtsverrichtungen allein.

§. 37. Zu der öconomischen Verfassung unserer Kirche, gehören ihre Einkünfte und Ausgaben. Ihre Einkünfte bestehen theils und vornemlich in Beysteuren, welche von den Gliedern unserer Gemeine im Anfang eines jeden Jahres eingesammlet werden, theils in Gaben, welche am Ende des öffentlichen Gottesdienstes bey den Kirchenthüren auf Tellern gesammlet werden, theils in den Schifsgeldern, (§. 9.) theils in Gaben, welche seit 1735. bey Kindtaufen, Copulationen und Begräbnissen in Büchsen gestecket werden, und zur Unterhaltung der Schule bestimmt sind, (§. 12.) theils in Gaben, welche in den 3. hohen Kirchenfesten in Becken, die bey den Kirchthüren hingestellet sind, geleget werden, und die armen Glieder der Gemeine monatlich bekommen, theils in ausserordentlichen Geschenken und Vermächtnissen an die Kirche, theils in Miethgeldern, welche
die

die Kirche von ihren vermietheten Gebäuden, Leichenwagen, und einigen andern Geräthschaften, die bey Beerdigungen gebraucht werden, ziehet. Ihre ordentlichen Ausgaben hingegen bestehen ausser den eben schon genannten, theils in den Gehalten der Prediger, des Protocollisten des Kirchenconvents, des Cantors, Organisten, Küsters und der Kirchenknechte, theils in den Unkosten, welche Holz und Licht für die Kirche, der Wein und die Oblaten zum Behuf des heil. Abendmahls, und die Unterhaltung der Kirche, Kirchengeräthschaften, und Kirchengebäude in guten Stande, erfordern. Die ausserordentlichen Ausgaben werden vornemlich durch neue Gebäude, durch den Tod der Prediger, und durch Zinsen für geliehene Summen, verursacht, und sind seit unterschiedenen Jahren so groß gewesen, daß die Kirche jetzt noch ansehnliche Schulden abzutragen hat. Da es aber ein vorzüglicher Ruhm dieser Gemeine ist, daß sie jederzeit unermüdet willig gewesen, durch ordentliche und ausserordentliche Beyträge die Kirchencasse zur Bestreitung ihrer Ausgaben, und Tilgung ihrer Schulden zu unterstützen, wovon ich besonders im 1765sten Jahr unter herzlichem Lobe Gottes bey einer selbst angestellten Sammlung ein Zeuge gewesen bin; so ist gar nicht zu zweifeln, daß die Kirche in wenigen Jahren ihre noch übri-

gen

gen Schulden tilgen werde. Ich habe die Einnahme aus den Rechnungsbüchern der Kirche so genau als möglich berechnet, und gefunden, daß sie vom Anfang der Gemeine an, bis ans Ende des 1764sten Jahres, und also innerhalb 60. Jahren auf 200000. Rubel betragen haben, davon über 46000. Rubel in den 4. Jahren meines Lehramts bey der Gemeine, eingeflossen sind.

§. 38. Alle Kirchen= und Schulsachen der Gemeine besorget der die Gemeine vorstellende Kirchenconvent, welcher ehedessen der Kirchenrath genennet worden ist. Die Verfassung desselben von 1704. bis 1727. ist mir nicht bekannt, weil von diesem ganzen Zeitraum keine Protocolle vorhanden sind. Als aber im letztgenannten Jahr der Herr Generalfeldmarschall Reichsgraf von Münnich das Patronat bey der Gemeine übernahm (§. 10.), wurde der Kirchenconvent nicht allein sehr ordentlich eingerichtet, wie die seit 1728. vorhandene Protocolle bezeugen, sondern er gelangte auch zu einem sehr grossen und consistorialmässigen Ansehn, indem er nicht nur die Angelegenheiten und Gerechtsame unserer Gemeine eifrig, nachdrücklich und standhaft besorgte, sondern sich auch der hiesigen schwedischen und finnischen,

ja

ja auch der benachbarten finnischen Landgemeinen zur Wiederherstellung ihrer Ruhe und Ordnung, und Abhelfung ihrer Klagen, richterlich annahm. Denn da über den Pastor der hiesigen schwedischen und finnischen Gemeine Herrn Jacob Maydelin, welcher von dem heilig regierenden Synod 1724. eine pröbstliche Würde erschlichen hatte, viele Klagen bey unserm Kirchenrath angebracht wurden, setzte dieser denselben 1728. von seinem Predigtamt ab, und verordnete einen andern an seine Stelle, gab auch dem heilig regierenden Synod davon Nachricht, und bezeugte demselben seine Hofnung, daß Er diesem Abgesetzten auch die Probstey abnehmen werde, welche Vorstellung auch die gewünschte Wirkung that. Als der gewesene Pastor Maydelin 1729. starb, legte unser Kirchenrath denen benachbarten finnischen Landpredigern in Ingermanland auf, während des Gnadenjahrs, welches desselben Wittwe genoß, die gottesdienstlichen Verrichtungen bey der hiesigen finnischen Gemeine zu besorgen, ertheilte auch der schwedischen Gemeine die erbetene Bestätigung ihres neuen Predigers, den sie im vorigen Jahr erhalten hatte, bestimmte der finnischen Gemeine einen Wahltag, bestätigte auch ihren erwählten Pastor, und vereinigte die schwedische und finnische Gemeine von neuem mit einander.

§. 39.

§. 39. Es ist aber die ordentliche Verfaſſung des Kirchenconvents erſt 1748. völlig zum Stande gekommen, als ein beſtändiges Kirchenreglement entworfen, am 18 Nov. im Kirchenconvent unterſchrieben und am 26ſten Nov. der Gemeine öffentlich vorgeleſen worden. Die Hauptſtücke deſſelben ſind folgende: 1) Der Kirchenconvent ſoll aus 12 Perſonen beſtehen, welche ſind 2 Patronen, 2 Paſtoren, 4 Aelteſten und 4 Vorſteher, und dieſe ſollen die ganze Gemeine vorſtellen. 2) Den Vorſitz in demſelben führen die Patronen, wenn aber nur einer da iſt, iſt derſelbige beſtändiger Präſes, und in ſeiner Abweſenheit wird ſeine Stelle durch einen Paſtor und einen Aelteſten vertreten. 3) Der Patron rufet den Kirchenconvent zuſammen, befiehlet den Vortrag der zu berathſchlagenden Stücke, ſammlet die Stimmen, und giebet, wenn ſie gleich ſind, durch die Seinige den Ausſchlag. Was die meiſten Stimmen beſchloſſen haben, muß von allen Gliedern des Convents, ohne Widerſpruch angenommen, eigenhändig unterſchrieben, und befolget werden. 4) Das Protocoll führet ein dazu beſtellter Protocolliſt oder Secretär, und es wird von den Mitgliedern des Convents unterſchrieben. 5) Der Convent wählet nebſt zugezogenen 6 Deputirten aus der Gemeine, die Paſtoren. 6) Der Convent ſoll

H   für

für gute Einrichtung der Schule sorgen. 7) Die 4 Aeltesten verwalten ihr Amt lebenslang, die vier Vorsteher aber ordentlicher Weise nur 3 Jahre. Wenn ein Aeltester, entweder durch den Tod, oder durch Niederlegung seines Amts, und wenn ein Kirchenvorsteher abgehet, bringt der Patron 2 würdige Glieder der Gemeine in Vorschlag, aus denen der Convent durch Mehrheit der Stimmen einen erwählt. 8) Die 4 Vorsteher besorgen die ganze Oekonomie der Kirche, sammlen und verwalten also auch die Kirchengelder. 9) Dieses Reglement kann zwar künftig vermehret, nöthigenfalls auch verändert, niemals aber ganz aufgehoben werden. 10) Kein neues Mitglied des Convents wird zu Sitz und Stimme gelassen, bevor er dasselbe unterschrieben hat. In dieser Verfassung ist der Kirchenconvent bisher geblieben. Er regieret und verwaltet die Kirche und Schule, und beyder Oekonomie.

Fünfter Abschnitt.
Von den Patronen der Gemeine.

§. 40. Die grossen Verdienste, welche die Herren Patronen unserer Gemeine um dieselbige haben, berechtigen und verpflichten mich, hier kurze Lebensbeschreibungen von

von Ihnen zu liefern. Ich habe auch in diesem, 1765sten Jahre Ihre gemahlten Bildnisse gesammlet, und in der Kirchenconventostube aufgestellet.

Se. Excellenz, Herr Cornelius Cruys, rußisch-kayserl. Admiral, und Mitglied vom Reichs-Admiralitätscollegio.

§. 41. Dieser grosse Seemann ist am 14 Jun. 1657. zu Stavanger in Norwegen geboren, (a) und hat sich von Jugend auf dem Seewesen gewidmet. In welchem Jahr er nach Holland gegangen, ist mir unbekannt, ich weiß aber, daß er daselbst nach vielen zur See als Befehlshaber geleisteten Diensten, Equipagemeister der Admiralität zu Amsterdam geworden sey. (b) Als Peter der Grosse 1697. und 98. in Holland war, und einen erfahrnen und

tüch-

(a) Es ist also ein Irrthum, wenn unterschiedene Schriftsteller ihn für einen Holländer, und Mitglied der reformirten Kirche ausgeben.

(b) Der Equipagemeister sorget für die Ausrüstung der Schiffe, und für den Ankauf dessen, was das Admiralitätscollegium nöthig hat. Er muß von einem jeden Schif und dessen Zugehörung ein richtiges Verzeichniß führen, die Aufführung der Meister auf den Schifbauplätzen beobachten, und

ihre

tüchtigen Mann suchte, der seiner auf der Ostsee anzulegenden Seemacht aufhülfe und vorstünde, gefiel Ihm Herr Cornelius Cruys vorzüglich, der auch 1698. in Seine Dienste trat, und von dem Monarchen sogleich zum Viceadmiral von Seiner Seemacht ernannt ward. Im Jahr 1699. nahm er unter der Aufsicht Sr. Groszarischen Majestät den Donstrom von Woronesch an bis zu seinem Einfluß in den asowschen See, auf, und bildete den Lauf desselben auf 14 Land-charten Bogen mit der möglichsten Genauigkeit ab. Er verfertigte auch eine Charte von dem asowschen See. (*) Einige Jahre hernach schickte ihn

ihre Arbeitslisten durchsehen. Er verkauft die alten Schiffe, und hat noch andere Verrichtungen. S. den wahren Zustand und die Staats-verfassung der vereinigten Niederlande. S. 498.

(*) Diese Charten, nebst einer Charte von dem Kanal, der zwischen den kleinen Flüssen Jlawla und Kampyschenka hat gegraben werden sollen, einer Charte vom schwarzen Meer, und einer vorläufigen Abhandlung vom Don und der Stadt Asow auf 16 Folio Seiten, sind (vermutblich 1703) nebst einem Titelblat, und einer Zueignungsschrift des Herrn Viceadmirals Cruys an den Zarewitsch Alexei Petrowitsch, von Heinrich Donker zu Amsterdam ans Licht gestellet worden. Ich habe dieses seltene Werk aus der kayserl. academischen Bibliothek vor Augen gehabt.

ihn der Monarch nach Holland zurück, damit er daselbst noch mehr tüchtige Seeleute für die rußische Flotte anwerben möchte. Bey dieser Gelegenheit nahm er 1704. auch den ersten Prediger unserer Gemeine, Herrn Tolle, (§. 4.) und den nachmals so berühmt gewordenen Herrn Ostermann (§. 24.) an. Er stellete in kurzer Zeit auf der Ostsee eine rußische Flotte dar, welche der weit älteren schwedischen Seemacht die Spitze bieten konnte. Sie legte 1705. eine Probe davon ab, als sie unter seinem klugen und siegreichen Befehl, zwischen der Insel Ritzard oder Retusari, und Cronslot, 3 Wochen in Schlachtordnung gegen der schwedischen von dem Admiral Ankarstierna befehligten Flotte über lag, und von dieser dreymal, aber allezeit vergeblich angegriffen wurde, so wie auch die schwedische Flotte zweymal fruchtlos versuchte,

habt. Es ist auch von dem Herrn Collegienrath Müller in seiner Sammlung rußischer Geschichte B. 6. S. 34 - 38. beschrieben. Der Kupfertitel lautet also: Nauw-keurige Afbeelding van de Rivier Don, - - de Azoffche Zee - - en Pontus Euxinus - - Zynde daar by gevoegdt, een afbeelding der Doorgraving, om den Don door de Rivier Ilafla te leyden in de Wolga. Meest door eygen ondervindinge van de Heer Cornelis Cruys, Vice-Admiral &c.

auf der Insel zu landen. (c) Im Jahr 1708. leistete er abermals wichtige Dienste, als das schwedische Kriegsheer in Finnland, unter Anführung des Generalmajors **Lübecker** bey Tosna über die Newa gieng, um St. Petersburg und Ingermanland anzugreifen. (d) Denn er

(c) Ich habe diese Umstände aus einer grossen sehr seltenen Charte, welche Heinrich Donker zu Amsterdam von der Insel und der Lage beyder Flotten herausgegeben, und dem Herrn Vice-Admiral Cruys zugeeignet hat. Auf derselben ist auch die Stärke der siegenden rußischen Flotte beschrieben, welche aus 8 Schiffen, jedes von 24 Kanonen und 120 Mann, (ausgenommen des Viceadmirals seinem, welches 150 Mann hatte;) 5 leichten Fregatten, jeder von 14 Kanonen, und einer von 120, die andern aber von 70 Mann, 4 Galeeren, und 3 Branders bestund. Hingegen bestund die schwedische Flotte, wie Nordberg im Leben Karls des XII. Th. 1. S. 63. berichtet, aus 20 Kriegsschiffen, davon 10 mit 64 bis 30 Kanonen, die übrigen aber mit wenigern besetzt waren, und aus 10 Branders und andern Schiffen. Auf der ganzen Flotte waren 2345 Matrosen, und 850 Soldaten.

(d) Die Geschichte dieses Versuchs auf Ingermanland und St. Petersburg, erzählet Nordberg Th. 2. S. 82-86. weiß aber den Urheber der klugen rußischen Gegenanstalten und einige andere der obigen Umstände nicht, welches alles mir aus zuverläßigen mündlichen Erzählungen bekannt ist.

er machte ihnen durch seine klugen Veranstaltungen nicht nur den Uebergang über die Newa, sondern auch den Aufenthalt und Lebensunterhalt in Ingermanland aufs möglichste schwer, und vertrieb sie durch eine List. Er sperrete nemlich die Newa durch eine scheinbare grosse Flotte, die aber größtentheils aus geringen und unbrauchbaren Fahrzeugen, und unnützen Mastbäumen bestund; er ließ alle rußische Magazine auf dem platten Lande, weil sie nicht gerettet werden konnten, verbrennen, und den Schweden alle Lebensmittel abschneiden, also daß sie grosse Hungersnoth litten, und ließ in des Großadmirals Apraxin Namen, an den mit einer geringen Mannschaft in der Gegend von Koporie stehenden Brigadier Fraser einen Brief abgehen, darinn er denselben ermahnete, sich tapfer und standhaft zu wehren, weil ihm innerhalb 24 Stunden 40000 Mann zu Hülfe kommen würden, so wie auch der so und so starken schwedischen Flotte, eine so und so starke rußische Flotte entgegen stehe. Diesen Brief schickte er durch einen Bauern ab, in Hofnung, daß derselbige in der Schweden Hände fallen solle, da er aber ohne Gefahr zu dem Brigadier Fraser kam, und dieser die Absicht sogleich errieth, wehrte er sich zwar so gut er konnte: als er aber nicht länger zu widerstehen vermochte, ließ er unter der Bagage auch sein Gezelt, und in demselben diesen Brief im Stich, welcher die gewünschte Wirkung hatte, daß der Generalmajor Lübecker dem erdichteten Inhalt Glauben zustellte, und sich mit seinen Truppen über Hals und Kopf an den finnischen Meerbusen und auf die schwedische Flotte begab, die Pferde entweder todt stechen oder lähmen, und die Wagen in Stücken schlagen, auch 800 Mann zurück ließ, welche von den Russen theils getödtet, theils gefangen genommen wurden. So lief also der Einbruch der Schweden fruchtlos, ja unglücklich für sie ab.

§. 42. Im Jahr 1711. ward unser Herr Viceadmiral von seinem Monarchen nach Asow geschickt, um über die rußische Flotte auf dem schwarzen Meer den Befehl zu führen, er kam aber wegen des am Pruth geschlossenen Friedens, bald zurück. Zwar stürzte ihn der Neid 1713. in des Monarchen Ungnade, und er ward nach Casan verwiesen, allein er bewies auch bey diesem Unfall einen grossen Geist, und er gereichte nicht zu seinem Verderben. Ich übergehe die Umstände desselben, welche die unten genannten Schriftsteller (e) anführen, und erzähle

(e) Weber im veränderten Rußland Th. 3. S. 98

erzähle nur eine Begebenheit, die von der unverzagten Herzhaftigkeit unsers Herrn Viceadmirals eine merkwürdige Probe ist. Der Gouverneur zu Casan vertrieb ihn einmal nach dem andern aus den Häusern, welche er daselbst zu seiner Wohnung ordentlich und nett eingerichtet hatte. Als solches zum drittenmal geschahe, verdroß es den Herrn Viceadmiral also, daß er 50 ihm ergebene Matrosen bestellete, mit denen er an einem Morgen sehr frühzeitig in Procession nach des Gouverneurs Hause gieng, von den besten Zimmern Besitz nahm, seine von den Matrosen dahin getragene Meublen hineinsetzen, des Gouverneurs seine aber zu den Fenstern hinaus werfen ließ. Als der aus dem Schlaf erwachte und erschrockene Gouverneur seiner ansichtig ward, und auf Befragen was er vorhabe? zur Antwort bekam, daß er in seinem Hause wohnen wolle, weil er ihn einmal nach dem andern aus seinen bisherigen Wohnungen vertrieben, und auch die dritte zu räumen angemuthet habe, gab ihm der Gouverneur die besten Worte, um ihn zu besänftigen und zu bewegen, daß er nicht nur seine Matrosen mit Auswerfung der Sachen des Gouverneurs einhalten ließ, sondern auch

98. 99. Reichard im Staat von Rußland. S. 464. 465. Was der letztere von einem ansehnlichen Geschenk meldet, soll unrichtig seyn.

auch mit seinen eigenen Meublen wieder abzog, welches er nicht eher that, als bis der Gouverneur heilig versprach, daß er, so lange er noch zu Casan seyn würde, in seiner jetzigen Wohnung nicht gestöret werden solle. Hierauf kehrte der Herr Viceadmiral nach seiner Wohnung in einer triumphirenden Procession zurück. Er ward schon nach 13 Monaten (f) von dem huldreichen Monarchen zurück berufen, weil seine Gegenwart bey der Flotte unentbehrlich war, und in seine vorige Würde wieder eingesetzt. Als er zu St. Petersburg anlangte, schickte ihm der Monarch durch den Fürsten Menschikof den Degen zu, folgte auch diesem gleich nach, umarmte ihn, und sagte: ich bin nicht mehr böse: worauf der Herr Viceadmiral eben so kurz antwortete: und ich bin auch nicht mehr böse. Im Jahr 1720. ernannte ihn der Monarch zum Admiral.

§. 43. Schriftsteller seiner Zeit, welche ihn persönlich gekannt haben, (g) beschreiben ihn

als

(f) Nicht nach 2 Jahren, wie Weber und Reichard berichten.

(g) H. G. in seiner exacten Relation von der neu erbaueten Festung und Stadt St. Petersburg. S. 84. Weber im veränderten Rußland. Th. 3. S. 98. 99.

als einen langen ansehnlichen Mann, der im Gesicht ein natürliches rothes Brandmahl gehabt. Sie rühmen seine grosse Ehrlichkeit, edelmüthige Gesinnung, Gerechtigkeit, und Gastfreyheit. Sie preisen ihn als einen vortreflich erfahrnen Seemann, unvergleichlichen Equipagemeister und in allen seinen Sachen sehr sorgfältigen Mann, der die Schifbauerey hieselbst erstaunlich befördert, und der rußischen Seemacht auf den Kiel und in die See geholfen, und ihr bis an sein Ende sorgfältig vorgestanden habe. Sie versichern auch, daß er ein Beschützer der deutschen und holländischen Nation in Rußland gewesen sey. Sie melden aber auch, daß er um deswillen gehasset worden sey, weil er einem jeden die Wahrheit ins Gesicht gesagt. Um unsere Gemeine hat er sehr grosse Verdienste, weil er sie gestiftet, unterstützt, beschützt und in Aufnahme gebracht, ihr die beyden ersten Prediger verschaft, ihr auch die erste Kirche auf seinen eigenthümlichen Platz erbauet, und ihr 23 Jahre lang auf mancherley Weise nützlich gewesen ist. Er hat zwar 1711. den Herrn Sorger (§. 6.) zu seinem und seiner unterhabenen, dem unveränderten augsburgischen Glaubensbekenntniß zugethanen Miliz, Prediger und Seelsorger angenommen, und eine kurze Zeit

ge-

gehabt, (h) auch 1725. Herrn Gottfried Pietschmann aus Juliusburg in Schlesien gebürtig, zu seinem Hausprediger bestellet, welcher bis 1727. einer kleinen Gemeine, die sich in des Herrn Admirals Hause versammlet, vorgestanden, aber 4 Wochen nach ihm gestorben ist: er ist aber dem ohngeachtet allezeit Mitglied und Patron unserer Gemeine geblieben. Ein schon angeführter Schriftsteller, der ihn persöhnlich gekannt hat, (i) nennet ihn den Obervorsteher von den evangelischen und reformirten Kirchen und Schulen in ganz Rußland: wenigstens ist gewiß, daß er sich auch der hiesigen holländisch-reformirten und der evangelisch-lutherischen Gemeine zu Cronstadt bestens angenommen hat. Er starb am 14ten Jun. 1727. als er gerade 70 Jahre alt war. Er ist nicht zu St. Petersburg begraben, sondern sein Leichnam ist nach Amsterdam gebracht, und daselbst in einer Kirche beygesetzt worden. Seine Gemahlin, Frau Catharina Voogt, war eine reformirte Holländerin, mit welcher er sich verehlichet hat, als er noch in holländischen Diensten gewesen, und welche 1742. gestorben ist. Aus

dieser

(h) Fried. Wilh. Bogemels Nachricht von der deutschen evangelischen Gemeine in Cronstadt. S. 20. 21.

(i) Der vorhin angeführte H. G. S. 84.

St. Pet. Gemeine zu St. Petersb.

dieser Ehe sind 3 Kinder entsprossen, nemlich Frau Johanna Cruys, die mit Herrn Jan de Lange, (der 1705. in dem Seetreffen bey Kronschloß über das Schif d' Staandaart von 29 Kanonen und 120 Mann den Befehl hatte) verehlicht gewesen ist, und noch in einem hohen Alter lebt, Herr Jan Cruys, welcher 1705. in dem eben genannten Seetreffen den Befehl über die leichte Fregatte d' Haas von 14 Kanonen und 70 Mann gehabt, auch die ohnweit Cronstadt auf Pfälen im Wasser erbauete Citadelle S. Jan angelegt hat, und nachmals Commandeur bey der holländischen Flotte gewesen ist, und Herr Rudolph Cruys, welcher Capitäin Commandeur in dänischen Seedinsten war. Von 6 Kindern des letztern leben noch 2 Söhne, welche dänische Officiere sind. Der mitlere dieser Kinder Herr Jan Cruys war mit Frau Anna de Ferri, deren Vater Commendant zu Christiansand in Norwegen gewesen, verheirathet. Er starb 1749, sie 1758. Ihre 6 Kinder sind 1) Frau Christine Cornelia, Witwe des verstorbenen Kaufmanns Herrn Carstens Voigts, 2) Frau Catharina Johanna, verstorbenen Ehefrau des auch schon verstorbenen hochverdienten Aeltesten unserer Gemeine und grossen Wohlthäters unserer Schule, Herrn Jacob Stellings (§. 17. 32.)

3) Frau

3) Frau Anna, Wittwe des hochverdienten Aeltesten unserer Gemeine, Erbauers und grossen Wohlthäters unserer Schule, Herrn Hinrich Christian Stegelmanns, (§. 17. 32.).
4) Herr Cornelius Cruys, welcher in Ostindien gestorben ist. 5) Frau Johanna Christophora von Meinertshagen, deren Gemahl Herr Daniel Jacob von Meinertshagen, bis 1764. Envoyé der Herren Generalstaaten am rußisch-kayserlichen Hofe gewesen ist. 6) Herr Peter Cruys, Obrister in römisch-kayserlichen Kriegsdiensten.

§. 44. Nach dem Tode Se. Excellenz des Herrn Admirals Cruys, erwählte und erbat sich die Gemeine einen neuen Patron.

Se. Erlaucht der Hochgeborne des heil. römischen und des rußischen Reichs Grafen, Burchard Christoph von Münnich, Ihro rußisch-kayserlichen Majestät ältester und erster Generalfeldmarschall, Generaldirecteur vom Baltischen, Revalischen und Narwischen Hafen und von den Wasserfällen bey Boletow, Ritter vom Sanct Andreas, Sanct Alexander Newski und weißen Adlers-Orden,

welcher

welcher wegen Seiner grossen Kriegeswissenschaft, heldenmüthigen Tapferkeit, klugen und glücklichen Feldzüge, unermüdeten und erstaunlichen Arbeitsamkeit, und vielen ausserordentlichen Begebenheiten weltberühmt, in den Geschichtbüchern unvergeßlich ist, und um die St. Petersgemeine grosse Verdienste hat, ist es, von dessen Leben ich einen kurzen Grundriß mittheilen will. (a)

§. 45. Er ist aus einem alten adelichen Geschlecht auf dem Ritter- und Lehrgut Neuhuntorf in der Grafschaft Oldenburg am 9ten May A. St. 1683. geboren. Sein Herr Vater Anton Günther von Münnich, dessen und seiner Familie alten Adel Kayser Leopold 1702. bestätiget hat, war anfänglich characterisirter dänischer Obristlieutenant und wirklicher Teichgräfe der Grafschaften Oldenburg und Delmenhorst, zuletzt aber hochfürstlich-ostfrisischer Geheimerath und Drost zu Esens und Stedesdorf. Seine Frau Mutter hieß Sophia Catharina von Derken, und war eine

Tochter

(a) Er kann seiner Kürze ohngeachtet zur starken Ergänzung und Verbesserung selbst der 2ten viel verbesserten, und zu Bremen gedruckten, aber doch noch sehr fehlerhaften Ausgabe der Lebensbeschreibung Sr. Erlaucht, welche Christian Friederich Hempel herausgegeben hat, gebraucht werden.

Tochter Herrn Johann von Decken, königlich-dänischen Regierungsraths und Landrentmeisters. Er wurde durch die gute Vorsorge Seines Herrn Vaters, in denen einem jungen Edelmann, nöthigen und nützlichen Wissenschaften durch besondere Lehrer unterwiesen, und weil zu Seinen grossen natürlichen Fähigkeiten sich eine unermüdete Lehrbegierde gesellete, brachte Er es in Sprachen und Wissenschaften weiter, als die meisten jungen Edelleute welche Universitäten besuchen. Sein Geschmack an den Wissenschaften dauret noch jetzt in Seinem jetzigen hohen Alter fort, Er ist auch noch jetzt der lateinischen Sprache kundig. Als Er aus Curland, dahin Er Seine an den Freyherrn Christoph von Wildemann vermählte Frau Schwester begleitet hatte, zurückkam, legte Er sich stark auf die Wasserbaukunst, insonderheit auf den Stiel oder Schleusenbau und die Lenkung der Ströme, davon Sein Herr Vater eine vorzügliche Einsicht besaß, auch 1692. ein Buch von dem Oldenburgischen Teichbau schrieb, welches sein Sohn unser Herr Generalfeldmarschall, abschrieb, und alle dazu gehörige Risse abzeichnete, dazu Er sich einiger in Curland von Seinem Taschengelde angeschaften Werkzeuge bediente. Das ist der Grund und Anfang von der grossen Kunst, welche Er nachmals insonderheit bey dem

Ladogaischen Kanal und baltischen Hafen bewiesen hat.

Im 16ten Jahr Seines Alters ließ Ihn Sein Herr Vater eine Reise nach Frankreich thun, die zu Seinem Nußen gereichte, und Ihn zu einem Freund der Franzosen machte, welches Er nachmals in seiner französischen Kriegsgefangenschaft noch mehr geworden ist, so wie Er auch in der französischen Sprache eine grosse Stärke erlangt hat. Nach Seiner Rückkunft fiel es Ihm nicht schwer eine Lebensart zu erwählen, denn Sein feuriges Naturel, und Sein tapferer Muth trieben Ihn zu den Kriegsdiensten, in welchen Ihn auch die göttliche Vorsehung zu der höchsten Würde erhoben hat.

§. 46. Den Anfang derselben machte Er 1700. Ob Er nun gleich damals erst im 17ten Jahr Seines Alters war, so erhielt Er doch wegen Seiner Erkenntniß in der Kriegsbaukunst, die er schon besaß, unter den landgräflich-Hessencasselschen Truppen sogleich die Stelle eines Hauptmanns, mit einer Compagnie. So wie Er ein frühzeitiger Kopf war, und ein frühzeitiger Befehlshaber wurde, also ward Er auch frühzeitig Ehemann, denn Er verheyrathete Sich schon am 8ten May 1705. mit dem 1685. gebornen Fräulein Christiana Lucretia von

Witzleben, durch welche Er mit Johann Carl, Pfalzgrafen bey Rhein, in Verwandschaft kam, weil desselben Gemahlin Maria Esther von Witzleben Geschwisterkind mit Seiner Gemahlin war. Diese würdige Gemahlin ist eine fruchtbare Mutter von 14 Kindern geworden, und hat Ihm in einem fast 22jährigen Ehestande seine Kriegsbeschwerlichkeiten nicht wenig versüsset. Sie begleitete Ihn, als Er 1706. die hohe Schule der Kriegswissenschaft bezog. Diese war Ihm der über die spanische Regierungsfolge geführte vieljährige und sehr blutige Krieg, in welchem von Seiten der Bundesgenossen sowol als der Franzosen, die grösten Feldherren ihre Kriegswissenschaft zeigten. In demselben wohnete Er unter Anführung des tapfern Erbprinzens Friederich von Hessencassel, nachmaligen Königs von Schweden, mit den heßischen Kriegsvölkern den wichtigsten Schlachten und Belagerungen in Italien und in den Niederlanden, als ein unermüdeter, aufmerksamer, lehrbegieriger und tapferer Officier bey, gerieth aber auch 1712. in der Schlacht bey Denain als ein gefährlich Verwundeter in die französische Kriegsgefangenschaft, in welcher Er jedoch gute Verpflegung und viele Höflichkeit genoß. Als Er nach seiner Genesung und Befreyung zu den heßischen Truppen zurück kam,

stieg

stieg Er unter denselben bis zur Würde eines Obristen, und war ein paar Jahre lang Befehlshaber über ein Regiment. Er nahm aber 1715. seinen Abschied, und trat als Obrister in königl. polnische und churfürstl. sächsische Kriegsdienste, in welchen Er sich 1716. während der Tractaten zu Lublin, durch kluge und wichtige Dienste so beliebt machte, und ein solches Vertrauen erwarb, daß König August II. Ihn zum Generalmajor sowol bey den polnischen regelmäßigen auf deutschen Fuß eingerichteten, als seinen churfürstl. sächsischen Truppen, auch ausserdem bey jenen zum General-Inspector ernannte. Als chursächsischer und jüngster Generalmajor führte er 1719. da der nachmalige König August III. mit seiner Gemahlin einen prächtigen Einzug in Dresden hielt, die chursächsische Generalität an, welche der Generalfeldmarschall und erste Cabinetsminister, Graf von Flemming schloß. Als Generalinspector der polnischen auf den deutschen Fuß eingerichteten Truppen, verfertigte er den Kriegsstaat oder sogenannten Comput derselben, nach welchem sie noch jetzt bezahlt werden. Er errichtete auch die 3 Bataillons Krongarde, und ward der erste Commendant derselben. Diese Aemter brachten Ihm jährlich an die 14000. Rthlr. Einkünfte ein, und Er stund überdies beym König in besondern Gnaden. Allein eben diese königliche Gnade erregte die Eifersucht des Herrn Generalfeldmarschalls Grafen von Flemming, um dessen willen schon andere vorzügliche Generals, als die Grafen von der Schulenburg, von Seckendorf, von Schmettau, und der General Sessan, aus des Königs Augusts II. Diensten gekommen und gegangen waren. Da nun die Reihe der Verfolgung auch an den Herrn Generalmajor von Münnich kam, diesen aber der Fürst Gregorius Dolgoruckow, rußischer Envoye in Polen schon 1720. auf großzarischen Befehl unter grossen Verheissungen zu überreden gesucht hatte, als Generalingenieur und Generallieutenant von der Infanterie in rußische Dienste zu treten, so bat Er Sich im Anfang des Jahres 1721. vom König August II. Erlaubniß aus auf einige Monate nach Deutschland zu Seinem alten und schwachen Herrn Vater zu reisen, nahm aber einen andern Weg, und gieng über Königsberg und Riga nach St. Petersburg, woselbst Er im Hornung ankam, und von dem Zaren Peter I. sehr gnädig aufgenommen ward. Allein ohngeachtet der oberwähnten festen Versicherungen des Fürsten Dolgoruckow, standen Ihm die vielen und ältern Generalmajors bey dem rußischen Kriegsheer, welche während des langen schwedischen Kriegs treue und tapfere Dienste geleistet hatten,

im

im Wege. Er ward fast von allen vornehmen rußischen Herren und Generalen gefragt, wie alt er sey? und erhielt von Sr. Zarischen Majestät keine Bestallung. Er mußte Sie aber allenthalben begleiten, und Sie zeigten Ihm Ihre neuen Werke zu und um St. Petersburg, und einen Entwurf zu Cronstadts Befestigung. Weil Er dem Monarchen Sein Befestigungssystem vorgelegt hatte, erhielt Er den Befehl, nach Maßgebung desselben einen andern Entwurf zu Cronstadts Befestigung zu entwerfen, den Er unverzüglich verfertigte und zum Stande brachte, der auch des Monarchen gnädigen Beyfall fand, und der noch vorhanden ist, wie ich ihn denn selbst bey Sr. Erlaucht dem Herrn Generalfeldmarschall gesehen, und daraus zuerst das Jahr, in welchem Sie nach Rußland gekommen, erkannt habe.

§. 47. Bald darauf reisete der Monarch mit Seiner Gemahlin nach Riga, und der Herr Generalmajor von Münnich erhielt Befehl, Ihm dahin zu folgen, auch die Versicherung, daß Er des Monarchen Entschluß daselbst vernehmen solle. Der Zar besahe die daselbst zusammen gezogenen schönen Infanterieregimenter, welche nach Finnland übergesetzt werden sollten, wenn der Friede zu Niestädt nicht zum Stande

Stande käme, und unterredete sich mit dem Herrn Generalmajor von Münnich von Kriegsunternehmungen und Einrichtung der Truppen, nahm auch desselben Anmerkungen über die Schwäche der Festungswerke der Stadt und ihrer Citadelle, davon Er zum Zeitvertreib einen Riß gemacht hatte, dem Ansehn nach gnädig auf. Um diese Zeit zündete der Blitz den schönen Thurm der St. Peterskirche zu Riga an, den der Herr Generalmajor von Münnich aus dem Fenster seiner Wohnstube sehr gut sehen konnte, und sich eine deutliche Vorstellung davon machte. Als der Thurm abgebrannt war, verlangte der Zar vom Magistrat eine Zeichnung von demselben, es war aber keine vorhanden. Der Herr Generalmajor von Münnich verfertigte eine solche Zeichnung von der Kirche und ihrem ehemaligen Thurm zum Zeitvertreib, und der damalige Generalmajor, nachmaliger Generalprocureur Jaguschinski, welcher denselben, als er Ihn besuchte, auf Seinem Tisch fand, wickelte ihn zusammen, sagte, das ist gut für den Zaren, und eilte damit zur Thür hinaus. Er gefiel dem Monarchen also, daß Er sogleich befahl, es sollte für den Generalmajor von Münnich die Bestallung als Generallieutenant ausgefertiget werden, welches Ihm am folgenden Tage der Baron von Waldecker bekannt machte, dem es

der

der zarische Denschik Afanassei Tatischef ange=
zeigt hatte. Einige Tage hernach, nemlich am
22sten May 1721. kam der General Jagu=
schinski zu Ihm, und brachte Ihm die vom Zar
eigenhändig unterschriebene Bestallung zum Ge=
nerallieutenant, welche aber auf den 22sten
May 1722. datiret war. Der Ueberbringer
entschuldigte dieses im Namen des Monarchen
dadurch: Se. Majestät hätten zwar alle mög=
liche Achtung für Seine Person, der Krieg höre
aber jetzt auf, so daß man keine fremde Generals
suche, Se. Majestät könnten auch die älteren
Generalmajors, und Majors von der Garde, die
nur in Brigadiers Rang stünden, nicht vor den
Kopf stossen. Er möchte sich also gefallen las=
sen, ein Jahr lang, nemlich bis zum 22sten
May 1722. als Generalmajor zu dienen, zu
mehrerer Versicherung der Gnade Sr. Majestät
aber werde Ihm der Bestallungsbrief über die
Generallieutenantswürde, hiemit zum voraus
zugestellet. Der Herr General von Münnich
ließ sich diesen Antrag gefallen, weil er ein star=
kes Verlangen hatte, dem grossen Monarchen zu
dienen, auch in desselben Diensten mehrere Ge=
legenheit zur Ausübung Seiner Kriegswissen=
schaft mit Grund vermuthete, als Er in den
königl. polnischen haben konnte. An dem noch
vorhandenen Patent ist mir zweyerley merkwür=

J 4 dig=

dig, erstlich daß es zwar in rußischer Sprache abgefasset, aber eben so wie die Pässe, so denen, welche aus dem Lande reisen, ertheilet werden, hinten mit einer deutschen Uebersetzung versehen ist, und zweytens, daß es von keinem Minister, sondern allein von dem Zaren **Peter** unterschrieben ist, und des Reichs Siegel hat. Der Zar hatte zu Riga keinen andern Minister als den Herrn Geheimenrath **Tolstoi** bey Sich, dieser aber weigerte sich das Patent zu unterschreiben, weil er vor den 22sten May 1722. sterben, und alsdenn das Patent wegen seiner Namensunterschrift für falsch und ungültig angesehen werden könnte. (Eine Schwierigkeit, die den Monarchen selbst von der Unterschrift Seines Namens nicht abhielt.) Solchergestalt ist es auch niemals von einem Minister unterschrieben worden. Wegen desselben aber ist der Herr von **Münnich** von der Zeit der Ausfertigung an, von jedermann schon als Generallieutenant angesehen und genannt worden.

§. 48. Er bekam um eben diese Zeit in Riga die Nachricht von dem Tode Seines Herrn Vaters und Seiner Frau Stiefmutter, einer gebornen von **Walthern**, und erbat sich daher von Seinem nunmehrigen Herrn, **Petern dem Grossen**, die gnädigste Erlaubniß, nach Deutsch-

Deutschland zu reisen, vermöge väterlichen Testaments von Seinen Gütern in der Grafschaft Oldenburg Besitz zu nehmen, und Sich mit Seinem Geschwister wegen der Erbschaft zu vergleichen. So bald solches geschehen war, reisete Er nach St. Petersburg zurück, und wurde zu Berlin von dem König von Preussen auf die allergnädigste Weise gefraget: weswegen Er in des Zaren Dienste gegangen sey? Er hätte bey Ihm einen guten Platz finden können. Er kam noch im Herbst desselbigen Jahres zu St. Petersburg an, und stund hieselbst unter dem Fürsten Michaila Michailowitsch Golizin. Der nunmehrige Kayser Peter, befahl Ihm, einen Entwurf vom Rogerwikischen nunmehrigen Baltischen Hafen zu machen, und einen Kanal mit einer Schleuse an dem Wasserfall in der Newa bey Tosna, und einen Weg unter beyden Ufern der Newa von St. Petersburg bis Schlüsselburg, anzulegen.

§. 49. Als der Kayser 1723. aus Persien zurück nach Moscau kam, übertrug Er dem Herrn Generallieutenant von Münnich die Aufsicht über den Bau des durch den Generalmajor Pisarew schlecht angefangenen Ladogaischen Kanals, und der Monarch hatte an der Arbeit, die nach des Herrn Generals Münnich Ent-

J 5 wurf,

wurf, und unter deſſelben Aufſicht verrichtet wurde, ein ſolches Wohlgefallen, daß Er nicht nur
eigenhändig einen ſehr gnädigen und ſchmeichel-
haften Brief an Ihn ſchrieb, den Er Ihm ſelbſt
einhändigte, ſondern auch kurz vor ſeiner tödtlichen Krankheit, die er ſchon fühlte, als er von
Staraja Ruſſa über den Kanal nach St. Petersburg zurückkam, zur Kayſerin ſagte: „Die
„Arbeiten meines Münnich haben mich geheilt,
„ich gedenke mich noch einmal mit ihm zu St.
„Petersburg einzuſchiffen, und zu Moſcau im
„Garten des Golofkin wieder ans Land zu tre-
„ten.„ Den Tag hernach, nahm Er den
Herrn Generallieutenant mit Sich in den Senat, und ſagte: „ich habe einen Mann gefun-
„den, der den ladogaiſchen Kanal bald zum
„Stande bringen wird. Ich habe noch keinen
„Ausländer in meinen Dienſten gehabt, der
„groſſe Werke ſo gut zu entwerfen, und auszu-
„führen gewußt, als Er, und ihr ſollet alles
„thun, was Er von euch verlangen wird.„ Als
der Monarch aus dem Senat weggieng, ſagte
der Herr Generalprocureur Jaguſchinski zu
dem Herrn General Münnich: „Herr Gene-
„ral! wir hangen jetzt von Ihren Befehlen ab.„
Der Kayſer gab den Befehl, daß 25000 Mann
an dem Kanal arbeiten ſollten: allein ſein bald
darauf erfolgter Tod, und die Feindſchaft, welche
der

der Fürst Menschikof um deswillen gegen den Herrn General Münnich hegte, weil dem von dem Fürsten unterstützten Generalmajor Pisarew, die Aufsicht über den Kanal war abgenommen worden, legten der Fortsetzung des Kanalbaues grosse Hinderungen in den Weg. Jedoch Kayserin Catharina I. räumte dieselben aus dem Wege, und Ihr Nachfolger Kayser Peter II. ermunterte den Herrn General von Münnich so stark zur Fortsetzung des Kanals, daß schon 1728. die Schiffahrt auf demselben eröfnet werden konnte. Er kam aber erst unter der Kayserin Anna völlig zum Stande, und verewiget seit dieser Zeit den Namen seines Baumeisters.

§. 50. Wir müssen aber etwas zurückgehen, um einige Veränderungen unsers Herrn Generals nachzuholen. Kayserin Catharina I. beehrte Ihn 1726. mit dem Ritterorden des heil. Alexander Newski. Kayser Peter II. erklärte Ihn am 7ten May 1727. zum General en Chef, und am 25ten Febr. 1728. zu einem rußischen Grafen. Als Se. Hochgräfl. Excellenz im 1727sten Jahr Dero erste liebenswürdige Frau Gemahlin verloren hatten, vermählten Sie Sich 1728. mit einer andern verehrungswürdigen Dame, nemlich mit der verwit-

weten

weten Frau Gräfin Barbara Eleonora von Soltikow, gebornen Baronin von Malzan, welche getreue Gehülfin an Se. Hochgräfl. Excellenz herrlichsten und schlechtesten Umständen das zärtlichste Antheil genommen hat.

Die Kayserin Anna hegte vorzügliche Gnade gegen den Herrn Grafen, welche Ihm auch zur Ermunterung gereichte, dem rußischen Reich auf vielfältige Weise wichtige Dienste zu leisten. Der Herr Graf war einer von den 4 Personen, welche die Kayserin im Anfang Ihrer Regierung um ihre Meynung befragte, ob Sie dem Generalprocureur Jaguschinski, oder dem Vicekanzler Ostermann die Besorgung der Staatsangelegenheiten anvertrauen solle? Er stimmte eben so wie die übrigen für den letztern, und dieser bat Ihn, der Monarchin die Errichtung eines Cabinets vorzuschlagen, aus welchem die wichtigsten Staatsangelegenheiten, und die Verordnungen Ihro Kayserl. Majestät an den Senat und andere Collegia ausgefertigt würden. Die Monarchin genehmigte diesen Vorschlag, jedoch unter der Bedingung, daß der Herr Graf von Münnich ein Mitglied des Cabinets würde, welches solchergestalt 1730. zu Moscau seinen Anfang nahm, und bis an den Tod der Kayserin fortdaurete. Diese ernannte am 26sten Febr. 1731. unsern Herrn Grafen zum Generalfeld-
zeug-

zeugmeister, am 24sten Jenner 1732. zum Präsidenten des Kriegscollegii, dessen Verrichtungen Er schon einige Jahre lang besorget hatte, und am 24sten Februar eben desselben Jahrs zum Generalfeldmarschall; sie trug Ihm auch das Generalcommando über St. Petersburg und Ingermanland auf. Auf Allerhöchst deroselben Befehl, entwarf Er einen neuen Staat für die Garderegimenter, Feld- und Besatzungsregimenter, die ukrainische Miliz, die Artillerie und das Ingenieurcorps. Er errichtete 1732. zu St. Petersburg das adliche Landcadettencorps, welches ein vortreflicher Pflanzgarten für die rußischen Kriegsheere wurde, und das erste Küraßierregiment wurde auch von der Kayserin zum Haupt von beyden erkläret. Alle diese wichtigen und dem Reich höchstersprießlichen Geschäfte, verursachten unserm Herrn Grafen so viele Arbeit, daß Er nicht nur eher als die Kayserin von Moscau nach St. Petersburg gieng, sondern auch als die Monarchin am 15ten Jenner 1732. gleichfalls dahin zurückgekommen war, sich den Cabinetsgeschäften aufs möglichste entzog. Der Herr Generalfeldmarschall hat auch Selbst gestanden, daß Er von den auswärtigen Staats- und innerlichen Reichssachen keine hinlängliche Kenntniß gehabt habe. Unterdessen wurde Er doch, so oft über wichtige Sachen,

chen, als über den polnischen Krieg, ꝛc. Berath: schlagungen angestellet wurden, ins Cabinet gerufen. Seine Verbesserungen des rußischen Kriegsstaats waren desto erheblicher, und verschaften Ihm die Hochachtung der Kenner, darunter der weltberühmte Feldherr, Prinz **Eugenius von Savoyen**, oben an stehet, der Ihm dieselbige in einem zu Prag am 18ten April 1732. abgefaßten Schreiben, welches ich zu lesen das Vergnügen gehabt, auf die verbindlichste Weise bezeigte.

§. 51. Die Kayserin **Anna** schickte 1733. ein Kriegsheer nach Polen zur Unterstützung ihres Bundesgenossen Königs **Augustus** des III. ab, welches 1734. die Stadt Danzig belagerte, darinnen sich der Gegenkönig **Stanislaus** aufhielt. Sie vertraute unserm Herrn Generalfeldmarschall den höchsten Befehl über dieses Heer, und die Aufsicht über die Belagerung an. Er reisete dahin ab, nachdem Er vorher den Andreasorden erhalten hatte, und eroberte die Stadt nach einer merkwürdigen Belagerung, ungeachtet Er sie nur mit 20000 Mann belegen konnte, (welche Anzahl viel geringer war, als die bewafnete Mannschaft, welche die Stadt vertheidigte.) Nachdem er dem König August im Kloster Oliva die in Danzig gefangen genommene

mene vornehme polnische Herren vorgestellet und diese demselben sich unterworfen hatten, reisete Er nach St. Petersburg zurück, woselbst Er von der Kayserin sehr gnädig empfangen wurde. Sie schickte Ihn aber im folgenden 1735sten Jahr als obersten Befehlshaber des auf 90000 Mann angewachsenen rußischen Kriegsheers nach Polen zurück, um dieses Reich völlig unter die Botmäßigkeit Königs Augusts III. zu bringen, bey welcher Gelegenheit Er von demselben mit dem weissen Adlerorden beehret wurde.

§. 52. Weil aber die Kayserin genöthiget wurde, die Türken und Tartern mit Krieg zu überziehen, so trug Sie Ihm den Befehl über das dazu bestimmte Kriegsheer, und die Ausführung Ihrer wichtigen Absichten auf. Er verließ Polen, woselbst Er den Prinzen von Hessen-Homburg zum obersten Befehlshaber der zurückbleibenden rußischen Truppen machte, und gieng über Kiew nach der ukrainischen Linie, welche Er von Orlik am Dnepr an bis Isum genau besichtigte, und hierauf nach Pawlowsk am Don, woselbst er die zur Belagerung von Asow nöthige Artillerie und Ammunition einschiffen ließ. 1736. kam er vor Asow an, und ließ die Belagerung dieser Stadt anfangen, über de-

ren

ren Fortsetzung Er aber dem Herrn Grafen Lacy die Aufsicht ließ, und sich mit einem Corps Truppen gegen die Crim begab. Er überstieg mit seinen Truppen die überaus starke Linie bey Perekop, welche der crimische Chan mit 180000 Mann besetzt hielt, und schlug denselben gänzlich in die Flucht, nahm auch die Festung Perekop ein, verlor bey diesen wichtigen Eroberungen keinen Mann, und gieng bis nach Baktschisarai, der Residenz des Chans, von dannen aber nach Perekop zurück, welche Festung nebst der dabey befindlichen Linie Er schleifen ließ. Hierauf führete Er die rußischen Truppen nach der Ukraine in die Winterquartiere, und begab sich alsdenn auf die Reise nach St. Petersburg, woselbst Er im Anfang des 1737sten Jahrs anlangte, und als ein siegreicher Feldherr sowol von der Kayserin, als dem ganzen Hofe mit grossen Ehrenbezeigungen empfangen wurde. Er reisete aber bald wieder zurück nach der Ukraine, und führete das Kriegsheer nach Otschakof, welche Festung von 30000 Türken vertheidigt wurde, die Er aber mit Sturm eroberte, und den Commendanten, den Seraskier Jachia, Pascha von 3 Roßschweifen, nebst anderen vornehmen Türken gefangen, auch die Festung Kinburn einnahm. Nachdem Er das Heer wieder über den Dnepr, und in die Winterquartiere geführet hatte, begab

Er

Er Sich abermals nach St. Petersburg zurück, und wurde unter Abfeurung der Kanonen empfangen.

§. 53. Im Hornung des 1738ſten Jahrs gieng Er wieder zum Kriegsheer ab, nachdem Er von der Kayſerin zu Deroſelben bevollmächtigten Miniſter ernannt worden war, um gelegentlich mit der Osmanniſchen Pforte Frieden zu ſchlieſſen. Er ſetzte mit den rußiſchen Truppen, ungeachtet der von den Türken gemachten Hinderungsanſtalten, über den Bog, und näherte ſich hierauf dem Fluß Kodima, bey welchem es zu einem ſcharfen Geſechte kam, welches für die Ruſſen glücklich ausfiel. Er folgte den Türken ins polniſche Gebiet, und über den Fluß Sawran, worauf es abermals zu einem Geſecht kam, darinn die von unſerem klugen Feldherrn angeführte Ruſſen von neuem obſiegeten. Nicht weit vom Dneſtr trieben ſie zwar die Türken zurück, dieſe aber hatten ſich daſelbſt dergeſtalt verſchanzet, und das rußiſche Heer hatte zu gleicher Zeit einen ſolchen Mangel an Futter für die Pferde, daß unſer Feldherr vor nöthig fand, nach der Ukraine zurück zu kehren, welches auch mit vieler Vorſichtigkeit, und unter beſtändigen und glücklichen Geſecht mit den nachfolgenden Tatern bewerkſtelliget wurde. Ob nun gleich in dieſem Feldzug unvermutheter und unüberwindlicher Hinderniſſen wegen nicht ſo viel ausgerichtet wurde, als der heldenmüthige Feldherr zur Abſicht gehabt hatte, ſo wurde Er doch wegen kluger Errettung des Kriegsheers aus groſſer Gefahr, von der Kayſerin gnädigſt angeſehen und beſchenket.

Im folgenden 1739ſten Jahr brachte Er alles reichlich wieder ein. Er gieng mit dem rußiſchen Kriegsheer über den Dnepr, zu einer Zeit, da er ausgetreten, und über eine Meile breit war, nach Kiew, von dannen aber durch Polen bey Grudek über den Dneſtr, der nicht nur aus ſeinen Ufern ausgetreten, ſondern auch von beyden Seiten mit mehr als 100000 Türken und Tatern beſetzt war. Er richtete hierauf ſeinen Marſch nach Chotſchin, wurde aber von allen Seiten feindlich angegriffen und beunruhiget, und ſtieß auf das ſtark verſchanzte türkiſche Lager bey Stawutſchan, welches er aber mit ſeinem Heer muthig und klüglich angrif, erſtieg und eroberte, die Türken in die Flucht ſchlug, die Feſtung Chotſchin durch Capitulation einnahm, und die darinn liegende Beſatzung mit dem Befehlshaber Katrſchak, Paſcha von 3 Roßſchweifen, zu Kriegsgefangenen machte, auch alle dieſe groſſen Vortheile mit einem geringen Verluſt an Mannſchaft erfocht. Hierauf gieng Er ſiegreich über den Fluß Pruth, bey welchen

die

die Russen 1711. in grosses und höchst gefährliches Gedränge gekommen waren, in die Moldau, machte die Wege allenthalben durch angelegte Schanzen sicher, nahm die Hauptstadt Jaßii, und von dem ganzen Fürstenthum die Huldigung ein, und schickte streifende Partheyen in die Walachey, und bis Braila an die Donau. Diese grossen und siegreichen Thaten unsers Feldherrn, wegen welcher Ihn die Russen bald die Säule des rußischen Reichs, bald einen Falken, der allenthalben seine Augen hinwende, nannten, und alle Seine noch übrige grosse Absichten, wurden dadurch gehemmet und aufgehoben, daß die Kayserin Anna am $\frac{7}{18}$ September dem Frieden beytrat, welchen der Wiener Hof am $\frac{1}{12}$ten September zu Belgrad mit den Türken zu seinem grossen Nachtheil geschlossen hatte. Die Kayserin hatte, ohne daß es der Herr Graf Ostermann hindern können, dem französischen Gesandten Marquis von Villeneuve, den Sie mit einem kostbaren Andreasorden, und desselben Gemahlin mit Juwelen beschenket hatte, die Macht gegeben, in Ihrem Namen nach Gutfinden zu handeln. Als der rußische Commerzienrath Cangioni, durch dessen Hände die eben angeführten Geschenke gegangen waren, in den Marquis von Villeneuve drang, die Friedensbedingungen zwischen Rußland und dem türkischen Reich zu Stande zu bringen, sagte der Marquis: eure Sache ruhet auf einem sammtenen Küssen. Es fiel auch in der That der Friede für Rußland ganz vortheilhaft aus, wie aus seinen noch unbekannten Artickeln, deren Inhalt ich bey einer andern Gelegenheit mittheilen und durch eine Charte erläutern will, erhellet. Es sind auch seit diesem Kriege die Russen den Türken und Tateren so furchtbar geworden, daß sie seitdem von denselben ganz anders, als ehedessen urtheilen. Insonderheit ist ihnen auch der Name unsers Herrn Grafen von Münnich ehrwürdig, ja schrecklich geworden.

§. 54. Dieser kam im Monat Hornung des 1740sten Jahrs mit Siegesehre gekrönet nach St. Petersburg zurück, und empfieng von der Kayserin ansehnliche Gnadenbezeigungen, zu welcher auch diese gehörte, daß Sie Ihn am 14ten Hornung zum Obristlieutenant des Preobraschenskischen Leibgarderegiments ernannte. Er hatte auch um eben diese Zeit die Ehre, durch ein hochachtungsvolles Schreiben des Herrn Cardinals von Fleury benachrichtiget zu werden, daß der König von Frankreich die Plans von des Herrn Feldmarschalls letzten Feldzuge, welche dieser dem Herrn Cardinal überschicket hatte, als ein Kenner mit Vergnügen untersucht habe.

habe. Die Kayserin, Seine große Gönnerin und Wohlthäterin starb in eben diesem Jahr, und Ihre letzten Worte waren: Adjeu Feldmarschall. Vor Ihrem Tode wurden viele Berathschlagungen über die Regierungsfolge und Verwaltung angestellt, an welchen der Herr Generalfeldmarschall Graf von Münnich wegen Seines vorzüglichen Ansehns viel Antheil nahm. Es ist bekannt, daß durch ein Testament, welches die Kayserin in Ihrer tödtlichen Schwachheit unterschrieben haben soll, der Prinz Iwan zu Ihrem Nachfolger, und während desselben sechzehnjährigen Minderjährigkeit, der Herzog von Curland zum Regenten des rußischen Reichs ernannt worden sey. Dieser legte Seinen Regenteneid am 18ten October in die Hände des Herrn Generalfeldmarschalls Grafen von Münnich ab. Allein es waren derer viele, die ihm eben so wenig als des jungen Kaysers Iwan Frau Mutter, und Herrn Vater, wohlwollten, und der Herr Generalfeldmarschall Graf von Münnich, der niemals sein Freund und Verehrer gewesen, übernahm das kühne Geschäft seine Gefangennehmung zu besorgen, welche Er auch in der Nacht vom 7ten auf den 8ten Nov. veranstaltete. Es währete also die Regentschaft des Herzogs nur 20 Tage.

K 3 §. 55.

§. 55. Kaum war die Prinzeßin **Anna** zur Großfürstin und Regentin von Rußland erkläret worden, als Sie ansehnliche Gnadenbezeigungen vornahm, unter welchen auch diese war, daß Sie unsern Herrn Generalfeldmarschall zum Chef des Conseil und Premierministre machte, und Ihm die freye Standesherrschaft Wartenberg in Schlesien, welche dem Herzog von Curland zugehört hatte, schenkte. **Friederich August**, König in Polen und Churfürst zu Sachsen, damaliger Reichsvicarius, erhob am 4ten Febr. 1741. Ihn, seine eheliche Leibeserben, und derselben Erben männlichen und weiblichen Geschlechts absteigender Linie, in des heil. römischen Reichs auch des Churfürstenthums Sachsen, Grafenstand, und ließ Ihm darüber eine ruhmvolle Urkunde ausfertigen, welche Er aber erst 1762. zu Gesicht und in die Hände bekommen hat. Es wurde Ihm auch um diese Zeit von mehr als einem Hofe angetragen, Herzog von Curland zu werden. Allein Er stieg von dem höchsten Gipfel der Ehre, die Er erreicht hatte, wieder herunter, indem Er die Würde und das Amt eines ersten Ministers nach kurzer Verwaltung niederlegte. Die Veranlassung dazu war diese. Gleich nach dem Antritt dieses hohen Amts, war durch Seinen Betrieb das Vertheidigungsbündniß zwischen Rußland und Preussen nicht nur wieder erneuert, sondern auch dahin verändert worden, daß anstatt der 6000 Mann, die ein Theil dem andern zu Hülfe zu senden in den vorigen Verträgen versprochen hatte, 12000 Mann verglichen wurden. Dieser Vertrag war schon von beyden hohen Theilen bestätigt, und ausgewechselt. Allein er bestund, zum grossen Verdruß des Herrn Grafen von Münnich, nicht lange; denn es ward von dem zwischen dem Wiener und Dreßdner Hofe zur Bekriegung des Königs von Preussen errichteten Tractat durch den rußischen Minister Baron von Keiserling eine Abschrift an die Großfürstin gesendet, und dieselbige eingeladen, Ihren Bundesgenossen den König von Preussen zu bekriegen. Der Herr Graf von Münnich, welcher den Tractat 2 Tage in Händen hatte, widersetzte sich diesem Antrage aufs stärkste: allein die Großfürstin war zur Annehmung desselben also gelenket worden, daß Sie oft fragte, ist der Graf Münnich noch preussisch gesinnet? und Ihm sagen ließ, so lange Er preussisch gesinnet sey, mache sein Anblick Sie krank. Sie trat, seiner Gegenvorstellungen ungeachtet, dem östereich-sächsischen Bündniß bey, und ließ ohne Vorbewußt des Herrn Grafen von Münnich, eine Anzahl Regimenter wider den König von Preussen nach Riga mar-

K 4   schiren.

schiren. Daher bat der Herr Graf von Münnich um seinen Abschied, den Er auch auf eine unfreundliche Weise erhielt, und Sich nach Seinem Gut Gostiliz begab. Die Großfürstin besann Sich nach einigen Tagen, und bewilligte Ihm eine jährliche Pension von 15000 Rubeln, auch eine Wache vom Preobraschenskischen Regiment für sein Haus. Der Herr Graf entschloß Sich Rußland zu verlassen, es war auch zu Königsberg alles in Bereitschaft für Ihn: und Er würde sehr wohl gethan haben, wenn Er Seine Abreise beschleuniget hätte. Da Er sie aber aufschob, gerieth Er zugleich mit der Großfürstin Anna ins Unglück. Es ist bekannt, daß die Großfürstin in der Nacht vom 24sten auf den 25sten November 1741. von der Prinzeßin Elisabeth gestürzet worden sey. Der Herr Graf von Münnich wurde zu gleicher Zeit gefangen genommen, und von der nunmehrigen Kayserin Elisabeth nach dem geringen Städtchen Pelim in Sibirien verwiesen, woselbst sich bis dahin der Herzog von Curland aufgehalten, für welchen der Fürst Tschirkaski, ehemaliger Gouverneur von Sibirien, diesen Ort ausgesucht hatte. Ich bin nicht sowol darüber bekümmert gewesen, wie der Herr Generalfeldmarschall diesen schrecklichen Wechsel Seiner Umstände mit Gedult ertragen, als vielmehr,

wie

wie Er Sich in die Muße, darinnen Er über 20 Jahre leben müssen, schicken können, Er, den Sein unaufhörlich geschäftiger Geist beständig zur Arbeit antrieb. Ich habe aber erfahren, daß Er in Seiner langen Verbannung nicht nur viele zur Kriegswissenschaft gehörige Zeichnungen verfertiget, und über die meisten Grundsätze der christlichen Lehre Seine Gedanken aufgesetzt, in Reime gebracht und Gebete beygefüget, sondern auch einen beträchtlichen Theil eines jeden Tags entweder zu gemeinschaftlichen, oder zu besondern Andachtsgeschäften angewendet, auch des Sommers einen kleinen Garten zur Lust und Gesundheit bearbeitet habe. Es ist zu bedauren, daß der Herr Generalfeldmarschall, nicht lange vor Seiner Erlösung aus dem Elend, Sich genöthiget gesehen, um des Frevels eines Soldaten willen, alle seine Zeichnungen und Schriften zu verbrennen: hingegen ist erfreulich, daß der Herr Generalfeldmarschall, laut Seiner eigenen Versicherung, „in seinem viel„jährigen Elend niemals traurig, vielweniger „niedergeschlagenen Gemüths, sondern allezeit „im Vertrauen auf GOtt voll Hofnung, und „eines gelassenen ja frölichen Muths gewesen „ist.„ Entstunden ja einige unruhige Gedanken in seinem Gemüth, so wiederholte er oft die Worte: Stille! stille! Seele stille! und o

Wille! gieb dich in Gelassenheit: Trau auf GOtt, so wird dein Klagen, sammt den Plagen, sich verändern bald in Freud.

§. 56. Diese Freude erfolgte im Hornung des 1762sten Jahrs. Schon einen Monat vor derselben war die Nachricht von dem Tode der Kayserin Elisabeth nach Pelim erschollen, und hatte bey dem Herrn Generalfeldmarschall die Hofnung zur Erlösung erwecket. Vermuthlich sind Ihm die Wochen, in welchen Er sie nun täglich erwartete, länger vorgekommen, als vorher eben so viele Jahre. Endlich kam am 11ten Hornung der vom hohen dirigirenden Senat abgefertigte Courier an, welcher Sr. Majestät Kayser Peters III. Befehl zu Seiner Befreyung überbrachte. Die dadurch verursachte Freude war unbeschreiblich groß, und der Herr Generalfeldmarschall und Seine Frau Gemahlin verdankten sie GOtt kniend von ganzem Herzen. Am 19ten eben dieses Monats reiseten Sie von Pelim ab, und ohngeachtet Schlitten und Wege schlecht waren, so eileten Sie doch bey Tag und Nacht dergestalt, daß Sie schon am 16ten März zu Moscau, und am 24sten zu St. Petersburg, ankamen. Auf der ganzen Reise trafen Sie Generale, Stabsofficiers und Civilbedienten an, welche vormals unter des Herrn

General-

Generalfeldmarschalls Befehl gestanden hatten, und Freudenthränen über Desselben Zurückkunft vergossen. Ihro Majestät Kayser Peter III. schickten gleich nach des Herrn Generalfeldmarschalls Ankunft zu St. Petersburg, einen Generaladjutanten an Denselben, und liessen Ihn Dero Gnade versichern, auch anzeigen, daß Sie Ihm nach der beschwerlichen Reise erst einige Tage zur Ruhe verstatten wollten, ehe Sie Ihn sprächen. Am 30sten schickte Ihm der Monarch durch den Generaladjutanten Gudowitsch den Degen, und erklärte Ihn zu Seinem Generalfeldmarschall mit der vorigen Ancienneté, welche Er von 1732. an gehabt. Am 31sten gab Er Ihm das erste Gehör, hieng Ihm Selbst den St. Andreasorden um, und fragte Ihn, ob Sein Gesundheitszustand bey Seinem hohen Alter es verstatte, Ihm noch zu dienen? worauf der Herr Generalfeldmarschall eine ausführliche Anrede an den Kayser hielt. Alle Kenner und Verehrer der unzählich grossen Verdienste, welche der Herr Generalfeldmarschall Reichsgraf von Münnich um das rußische Reich hat, freueten sich über Sr. Erlaucht Zurückkunft, und auch auswärtige Könige bezeigten Ihm nach derselben in den gnädigsten Briefen, sowol Ihre Hochachtung und Freundschaft, als Ihr Vergnügen über Sein Leben und Wohl-
seyn,

seyn, dergleichen ich von den Königen von Dänemark, Preussen und Polen gelesen habe. Der letztere beschenkte Ihn auch von neuen mit dem weissen Adlerorden. Als Kayser **Peter III.** im Maymonat dieses Jahrs eine Commißion verordnete, welche das ehemalige Cabinet vorzustellen schien, ernannte Er den Herrn Generalfeldmarschall Grafen von Münnich zum Mitgliede derselben. Dieser war auch bey dem Monarchen zu der Zeit, als Er den Thron verlor.

§. 57. Ihro Majestät die Kayserin **Catharina II.** trugen Ihm am 21 August 1762. die Generaldirection des baltischen Hafens, des cronstädtischen und labogaischen Kanals, der Häfen zu Reval und Narwa, und der wolchowschen Wasserfälle auf, bestätigten Ihn in einer am 17ten Sept. 1763. unterschriebenen Urkunde, in Seiner Generalfeldmarschallswürde, und vermittelten zwischen Ihm und Sr. Durchlaucht den regierenden Herzog von Curland, Ernst Johann, den Vertrag wegen der freyen Standesherrschaft Wartenberg und Bralin, welcher am 28sten Octobr. 1763. zum Stande kam, und vermöge dessen der Herr Generalfeldmarschall auf ewig allen Ansprüchen auf diese Herrschaft entsagte, dahingegen Ihm der Herzog von Curland 67770 Reichsthaler Albertus in 4 Terminen zu zahlen versprach. §. 58.

§. 58. Der Herr Generalfeldmarschall Reichsgraf von Münnich, ist ein wohlgewachsener Herr, von einer starken, lebhaften und feurigen Natur. Seine Augen und Mienen kündigen einen scharfsinnigen, ernst = herz = und standhaften und also auch ehrwürdigen und furchtbaren Mann an, und selbst Seine größte Freundlichkeit hebet diesen Begrif nicht auf. Seine Stimme sowol als Seine Leibesstellung geziemet sich für einen Feldherrn, und man siehet Ihm in allen Stücken an, daß Er dazu geboren und gemacht sey, einen Befehlshaber abzugeben. Er ist sehr geneigt und geschickt zu liebkosen, und sucht und weiß insonderheit den Dames zu gefallen. Im Unwillen und Zorn ist Er sehr heftig, und es fällt ihm sehr schwer, eine Ihm entweder wirklich, oder Seiner Meynung nach wiederfahrne Beleidigung zu vergeben und zu vergessen, und der in Seiner Macht stehenden Ahndung Sich zu enthalten. Seine Arbeitsamkeit und pünctliche Genauigkeit in allen Geschäften, ist bewundernswürdig groß. Er schläft sehr wenig, und kann durch seinen Treibgeist viele Menschen ermüden, bevor Er selbst müde wird. Seine Schreibart ist in Ansehung der Gedanken, Worte und Ordnung vortreflich. Er heget und beweiset Ehrfurcht vor GOtt. In Seinem vieljährigen Elend

hatte

hatte Er Sich solchergestalt zum Gebet gewöhnt, daß, da Er des Nachts gemeiniglich nur einige Stunden schläft, Er sogleich wenn Er aufwachte, Seine Gedanken auf GOtt richtete, und nicht eher aufhörete zu beten, als bis Er entweder wider einschlief, oder aus dem Bette aufstund, und die Morgenbetstunde anfieng. Er hat oft zu sagen gepflegt, Sein Glaubensbekenntniß bestehe in folgenden kurzen Begriffen, 1) „Ich „glaube was die Propheten und auserwählten „Männer GOttes, getrieben durch den heiligen „Geist, uns schriftlich hinterlassen, und 2) was „unser theurester Heyland JEsus Christus und „seine heilige Apostel gelehrt. 3) Ich hoffe „was diese heilige Männer gehoft, und Chri „stus den Gläubigen verheissen. 4) Ich habe „das Vertrauen, daß GOtt um Christi und „seines theuren bittern Leidens und Verdienstes „willen, mir grossen Sünder werde gnädig seyn, „mir meine Sünden vergeben, und mich in sein „Reich aufnehmen."

§. 59. Der St. Peterskirche und Gemeine zu St. Petersburg hat sich der Herr Generalfeldmarschall von 1727. bis 1741. da Er zum erstenmal Patron derselben gewesen, (§. 10. 13.) und von 1762. an da Er solches zum 2tenmal geworden ist, (§. 16.) sehr gnädig angenommen.

men. Er hat den ansehnlichen Platz, auf welchem die Kirche nebst denen dazu gehörigen Gebäuden stehet, vom Kayser Peter II. erbeten, (§. 10) den Grundstein zu der Kirche gelegt, und sie eingeweihet, die auswärtigen Collecten zu ihrer Erbauung befördert, für den Nutzen der Kirche und Gemeine in den Kirchenconventen auf vielerley Weise gesorget; auſſer Seinen jährlichen Beyträgen zu den Collecten für die Kirche, welche eine beträchtliche Summe ausmachen, im Jahr 1764. zur Verbesserung des Kirchengebäudes ausserordentlich 1000 Rubel gnädig geschenket, der St. Petersschule ein erwünschtes Privilegium von Ihro Majestät der Kayserin Elisabeth erbeten und verschaft, vom 1ten Jun. 1764. bis 11ten April 1765. zur Tilgung der Schulden der Kirche 4450 Rubel, zum Schulfonds 2905 Rubel, und zur Bekleidung armer Schulkinder 168 Rubel gesammlet, am 9ten May 1765 den Anfang gemacht, jährlich, so lange Er noch leben wird, zum Schulfonds 300 Rubel zu geben, und 1764. Sich der St. Peterskirche sowol als aller übrigen evangelischen Gemeinen zu St. Petersburg zur Erhaltung ihrer, ihnen von den rußischen Monarchen seit 200 Jahren her allergnädigst bewilligten Freyheiten und Privilegien, aufs muthigste und eifrigste angenommen.

Ich

Ich werde nächstens eine ausführlichere Lebensbeschreibung Sr. Erlaucht des Herrn Generalfeldmarschalls liefern, welche auch mit Dero wohlgetroffenen Bildniß gezieret seyn soll.

§. 60. Se. Hochfreyherrliche Excellenz, Herr **Nicolaus Friederich Korf**, rußisch kayserlicher General en Chef, Generaldirector des Policeywesens, Senateur, wirklicher Kammerherr, Viceobrister von Sr. Kayserl. Hoheit des Großfürsten Küraßierregiment, Ritter der hohen rußischen Orden, des königlich-preußischen schwarzen Adler- und königlich-polnischen weissen Adlerordens, und des herzoglich-schleswig-holsteinischen S. Annenordens.

Die freyherrliche Familie Korf, ist eben so berühmt, als alt und ansehnlich. Se. Excellenz unser Herr General en Chef, durch welche das Ansehen und der Ruhm derselben nicht allein erhalten, sondern auch vermehret worden, sind am $\frac{7}{6}$ May 1710. in Curland geboren. Dero Herr Vater war der Hauptmann Heinrich Korf, und Dero Frau Mutter, Anna Elisabeth von Schmidt, genannt Faber. Sie kamen schon 1724. nach Rußland, dahin Sie der Herr General Rönne brachte, und traten sogleich in kayserl. Kriegsdienste. Sie wohneten als Officier den beschwerlichen aber glücklichen Feldzügen wider die Perser und Türcken bey, und waren im letztern Adjutant des Herrn General en Chef, Karl von Biron. 1740. da Sie Premiermajor waren, vermählten Sie Sich mit der Gräfin **Cathrina Skawronski**, welche die 2te Tochter des Bruders der Kayserin **Cathrina I.** Grafens Carl Skawronski, war, und zur kayserl. Staatsdame ernannt wurde. Sie gebär ihm 1744. einen Sohn, der aber bald nach der Geburt starb, Sie Selbst aber starb 1757. Als die Kayserin **Elisabeth** 1741. den Thron bestiegen hatte, schickte Sie unsern Freyherrn Korf nach Kiel, um den damaligen jungen Herzog von Holstein Karl Peter Ulrich, welcher nachmals unter dem Namen Peter Fedrowitsch Großfürst von Rußland, und endlich unter dem Namen **Peter III.** Kayser von Rußland ward, nach Rußland zu bringen. Als Er dieses zum Vergnügen der Kayserin glücklich bewerkstelliget hatte, ernannte Sie Ihn zu Ihrem wirklichen Kammerherrn, und ertheilte Ihm zugleich den St. Annenorden. 1743. schickte Ihn die Kayserin nach Stockholm, um dem neuerwählten Thronfolger von

von Schweden zu solcher Wahl in Allerhöchst deroselben Namen Glück zu wünschen. 1744. beehrte Sie Ihn mit dem St. Alexander orden, und als Er in eben diesem Jahr einige Ihm aufgetragene wichtige Geschäfte glücklich ausgerichtet hatte, begnadigte Sie Ihn mit einigen bey Wesma belegenen Gütern. 1754. erhob Ihn die Kayserin zum Generallieutenant. 1758. ernannte Sie Ihn zum Gouverneur des Königreichs Preussen, in welcher Stelle Sr. Excellenz noch in eben demselben Jahr von Sr. Majestät dem König von Polen den weissen Adlerorden erhielten, der Ihnen von Sr. Königl. Hoheit dem Prinzen Carl umgehangen wurde, als Höchstdieselben durch Königsberg reiseten. Am Ende des 1760sten Jahrs geruheten Ihro Majestät die Kayserin Elisabeth Sr. Excellenz zum Generalpoliceymeister zu ernennen, und zu diesem Amt von Königsberg nach St. Petersburg zurück zu berufen. Sie kamen daselbst im Hornung des folgenden Jahrs an, an dessen Ende Sie vom Kayser Peter III. zum General en Chef ernennet, und mit dem St. Andreasorden beehret wurden. Eben dieser Monarch nahm Sr. Excellenz und noch 3 andere Personen mit Sich, als Er im Märzmonat des 1762sten Jahrs den Prinzen Iwan zu Schlüsselburg in Geheim besuchte. Es war nicht allein für Sr. Excellenz, sondern auch für die ganze Reisegesellschaft sehr rührend, als dieser unglückliche Prinz, der nicht wußte, wer diese Personen waren, mit denen er redete, die Menschenliebe rühmete, welche ein Herr von Korf, dessen Namen er lebenslang nicht vergessen würde, (darunter Se. Excellenz zu verstehen sind,) an ihm und seinen Eltern ehemals ausgeübet, als sie in ihrem Arrest, (wo ich nicht irre, zu Oranienburg) unter seiner Aufsicht gewesen. Im Aprilmonat eben dieses Jahrs wurden Se. Excellenz zwar vom Kayser zum Generalpolizeydirector oder Chef des gesammten Policeywesens also ernennet, daß Sie allein von dem Monarchen abhangen sollten, weil Ihnen aber wegen vieler anderen Geschäfte die Besorgung des Policeywesens sehr beschwerlich fiel, bekamen Sie die Herren Geheimenräthe Diwow und Juschkow als Generalpoliceymeister zu Gehülfen, und zwar solchergestalt, daß Sie von Ihnen abhiengen. Bald darauf empfiengen Sie von dem König von Preussen den schwarzen Adlerorden, und zwar wie Sich Se. Majestät in einem beygefügten huldreichen Schreiben erklärten, als ein Zeichen Ihrer Erkenntlichkeit für die Menschenliebe, welche Se. Excellenz als Gouverneur des Königreichs Preussen zur Erleichterung der Unterthanen ausgeübet hätten. Ihro

L 2   Majes

Majestät die Kayserin Cathrina II. ernannten am Tage Ihrer Thronbesteigung, welcher war der 28ste Jun. unsern Herrn General en Chef zum Senateur. Weil aber Sr. Excellenz 1764. eine Lähmung wiederfuhr, wegen welcher Sie nach Aachen zu den dasigen Bädern reiseten, und diese Krankheit, ungeachtet Sie davon zu Aachen geheilt wurden, sich in Frankreich wieder bey Ihnen einstellte, und noch fortdauret: so haben Sie 1765. nach Ihrer Zurückkunft nach St. Petersburg mit allergnädigster Bewilligung der Monarchin, Ihre Aemter niedergelegt, und Dero vorigen Gehalt als eine Pension behalten.

Se. Excellenz sind nicht nur ein vieljähriges wohlthätiges Mitglied der St. Petersgemeine, sondern haben Sich auch 1747. zum Patron derselben erbitten lassen, (§. 13.) und das Beste derselben nach aller dazu gehabten Gelegenheit durch Rath und That mit befördert: und ob Sie gleich solches Patronat nach Verfliessung unterschiedener Jahre niedergelegt, (§. 16.) so sind Sie doch bis auf diesen Tag ein gnädiger Gönner der Kirche geblieben.

§. 61. Se. Erlaucht der Hochgeborne des heil. römischen Reichs Graf Karl von Sievers, rußisch kayserlicher Oberhofmarschall und wirklicher

licher Kammerherr, Ritter des rußsischen St. Alexander-, des polnischen weissen Adler- und des Herzogl. Schleswig-Holsteinischen St. Annenordens.

sind am 12ten März 1710. in Schweden auf dem Gut Näsbygord geboren, welches Dero Eltern gekauft hatten, nachdem sie in dem Kriege zwischen Rußland und Schweden aus Esthland hinweg nach Schweden gezogen waren, wiewol Dero Herr Vater nach dem Nystädtischen Frieden die schwedischen Kriegsdienste, in welchen Er Hauptmann gewesen war, niederlegte, und mit seiner Familie zurück kehrte. Einige Jahre hernach giengen Sie nach St. Petersburg, und traten im Anfang des 1733sten Jahrs in der rußisch-kayserl. Prinzeßin **Elisabeth** Dienste, in welchen Sie nach und nach immer höhere Ehrenstellen bestiegen, nachdem die Prinzeßin den väterlichen und mütterlichen rußischen Thron in Besitz genommen hatte. Als die Kayserin 1741. Ihren Schwestersohn, den jungen Herzog von Schleßwig und Holstein, nachmaligen Großfürsten und Kayser von Rußland aus Kiel ab, und nach St. Petersburg holen ließ, schickte Sie Ihm unter andern auch unsern jetzigen Herrn Grafen nach Mietau entgegen,

gegen, und ernannte Ihn nach Seiner Zurückkunft nach St. Petersburg, am 10ten Hornung 1742. zum Kammerjunker bey Sr. Kayserl. Hoheit dem Großfürsten mit Obristen Character und Rang. Noch in eben demselben Jahr geruheten Ihro Majestät die Kayserin den Herrn Kammerjunker von Sievers mit dem St. Andreasorden und wichtigen Aufträgen an Se. Majestät den König von Preußen zu schicken, von welchem Er beym Abschiedsgehör mit Allerhöchstderoselben reichlich mit Brillanten besetztem Bildniß, und zugleich mit tausend Ducaten beschenket wurde. 1743. erwählte die Kayserin Ihn zum Bothschafter des Friedens, indem Sie Ihn zur feyerlichen Bekanntmachung des mit Schweden geschlossenen Friedens nach den vornehmsten Städten in Esth- und Liesland abfertigte. Als Er dieses angenehmen Geschäfts wegen noch zu Riga war, erhielt Er die Nachricht, daß er zum kayserl. Kammerjunker mit Brigadiers Character erkläret worden sey. 1745. am 26sten May erhob Ihn der König von Polen und Churfürst zu Sachsen als Reichsvicarius in den Reichsfreyherrenstand. In eben demselben Jahr errichteten der Herr Baron Ihre noch fortdaurende Ehe mit Dero Frau Gemahlin Benedicta Elisabeth, einzigen Tochter des Herrn Kammerraths Kruse,

welche

welche die fruchtbare Mutter von 9 Kindern gewesen ist, davon noch 5, nemlich 3 Grafen und 2 Gräfinnen leben. 1751. am ersten August, ernannte Ihn die Kayserin zu Ihrem wirklichen Kammerherrn mit Generalmajors Character, und in eben demselben Jahr wurde Er auch mit dem St. Alexander-und St. Annenorden beehret. 1754. wurde der Herr Kammerherr von der Kayserin nach Wien an den römisch-kayserl. Hof abgefertigt, um demselben die Geburt des Großfürsten Paul Petrowitsch bekannt zu machen, und den Kayser und die Kayserin zu Gevattern zu erbitten. Beyde beschenkten Ihn beym Abschiedsgehör, der Kayser mit Allerhöchstderoselben Bildniß reichlich mit Brillanten besetzt, die Kayserin mit einer goldenen auch mit Brillanten besetzten Tabattiere, und mit einem schönen brillantenen Ringe. Vermöge der dazu von der Kayserin Elisabeth erhaltenen allergnädigsten Erlaubniß, wartete der Herr Kammerherr zu Dresden Sr. Majestät dem Könige von Polen auf, reisete auch von Wien aus durch Italien, (woselbst Er zu Napoli dem Könige beyder Sicilien vorgestellet wurde,) Frankreich und die Niederlande, und als Er durch Deutschland nach St. Petersburg zurück kehrete, hatte Er auch die Ehre zu Hannover dem damals daselbst gegenwärtigen Könige von Großbritannien vorgestellet zu werden. Er überbrachte Seiner allergnädigsten Kayserin die Versicherungen der Freundschaft derer Höfe, welche Er auf Seiner Reise besucht hatte, und Ihro Kayserl. Majestät bezeigten Ihm Dero gnädigste Zufriedenheit über Seine Verrichtungen. 1757. am 21sten September ernannten Sie Ihn zu Dero Hofmarschall mit Generallieutenants Character. 1758. wurden Se. Excellenz mit alle Dero Nachkommen beyderley Geschlechts in des heil. römischen Reichs Grafenstand erhoben, und Se. Majestät der König von Polen beehrten Dieselben gleich darauf mit dem weissen Adlerorden. Ihro Majestät die Kayserin Cathrina II. ernannten Dieselben am 22sten Sept. 1762. bey Allerhöchstderoselben Krönung zu Moscau, zu Dero Oberhofmarschall mit dem Character als General en Chef.

Se. Erlaucht haben um die St. Peterskirche und Gemeine, ansehnliche Verdienste; denn es machen nicht nur Dero ordentlichen Beyträge zu den jährlichen Collecten, und ausserordentlichen Geschenke an die Kirche und Schule, eine beträchtliche Summe aus, sondern Sie haben auch während Dero von 1746. bis 1762. verwalteten Patronats, (§. 13. 16.) in ordentlichen und ausserordentlichen Umständen und Vorfällen, den Nutzen der Kirche so treulich angelegentgentlich und eifrig besorget, daß sie nicht allein in gutem Stande erhalten worden, sondern auch an Vermögen gewachsen ist, so wie auch die Anzahl der Glieder der Gemeine in diesem Zeitabschnitt ansehnlich vermehret worden. Es gehören auch Hochderoselben Frau Schwiegermutter, und vornemlich Dero Fräulein Tante, Ihro Gnaden Elisabeth Franzin, ehemalige Vertraute der Kayserin Elisabeth, zu den vorzüglichen Wohlthätern der Kirche und Schule.

Sechster Abschnitt,
Von den Predigern der Gemeine.

§. 62. Von den bisherigen Predigern der Gemeine will ich in der Ordnung, wie sie nach einander von der Gemeine berufen worden, kurze Nachrichten ertheilen.

M. Wilhelm Tolle.

Dieser erste Prediger der Gemeine ist am 14ten May 1674. zu Göttingen getauft worden, (*) und also vermutlich nur einige Tage vorher

(*) Ich weiß solches aus dem Zeugniß, welches mir Herr Superintendent D. Förtsch zu Göttingen, aus dem Kirchenbuch der Johanniskirche im jetzigen Jahr gütigst mitgetheilet hat.

vorher geboren. Sein Vater war M. Heinrich Tolle, damaliger Pädagogiarcha des Gymnasii zu Göttingen, welcher im folgenden Jahr Professor der Theologie und Superintendent daselbst wurde. Er ist 1701. zu Jena Magister, und in eben demselben Jahr Rector der Schule zu Ilefeld geworden. Seine Gelehrsamkeit und Geschicklichkeit war so groß, daß er für den andern Neander gehalten wurde, in der That aber übertraf er den ehemaligen berühmten Neander an Kenntniß vieler sowol morgenländischen als abendländischen Sprachen, gar sehr. Er war noch nicht lange zu Ilefeld gewesen, als ihm zu Einbeck, ich weiß nicht was vor ein öffentliches Amt angetragen wurde, welches er aber ausschlug, und sich von neuen der Schule zu Ilefeld verbindlich machte. Es erfolgten aber hierauf solche Umstände, die ihm einen Eckel vor dem Schulamt, und eine tiefe Traurigkeit verursachten. Er beschloß bey sich, daß er heimlich weggehen wolle; um aber der Schule keinen zu grossen Schaden zuzuziehen, wartete er so lange, bis er 1702. den Conrector Theodor Valentin Werner zum Collegen bekommen hatte. Hierauf gieng er 1703. fort, und kein Mensch erfuhr, wohin er sich gewandt habe. Seine Anverwandten stelleten zwar öffentliche Nachfrage nach ihm in den novis litterariis

Germ.

Germ. von 1704. p. 274. 431. an, sie war aber vergeblich. (*) Er war unterdessen nach Holland gegangen, und hier lernte ihn der rußische Viceadmiral Cruys kennen, der ihn zum Prediger annahm, und einweihen ließ, und 1704. nach der neu angelegten Stadt St. Petersburg schickte. Vermöge des Kirchenbuchs, welches er in lateinischer Sprache angefangen, sein Nachfolger Pastor Nazzius aber in die deutsche Sprache übersetzt, und in derselben fortgeführet hat, hat er seine Amtsverrichtungen zu St. Petersburg im Monat August 1704. und zwar mit einer Taufe eines Kindes angefangen. (§. 4.) An seine Anverwandten hat er erst 1707. geschrieben, und ihnen berichtet, was ihn bewogen habe von Ilefeld weg und nach Holland, von dannen aber nach St. Petersburg zu gehen. Zwar hat er zugleich eine Reue über seinen ersten Entschluß bezeigt, aber auch die gnädige Regierung GOttes gepriesen, die seine Wege zu seinem Heil gelenket habe. (**) Er predigte bald auf der Flotte, bald auf dem Lande, bald zu St. Petersburg, bald zu Cronstadt, bald in

hoch-

(*) Das obige erzählt der ungenannte Verfasser der Nachricht von den Lehrern der ilefeldischen Schule, welche in den actis scholasticis Th. 5. befindlich ist, S 88. f.

(**) Acta scholastica, am angeführten Ort.

hochdeutscher, bald in niederländtscher Sprache; ja er erlernte auch die finnische Sprache, um denen finnischen Landgemeinen in der Gegend von St. Petersburg, welche in den Kriegsunruhen ihre Prediger verloren hatten, das Wort GOttes zu verkündigen. (*) Die grossen Beschwerlichkeiten seines Amts verkürzeten sein Leben, denn er starb schon im October 1710. und also im 37sten Jahrs seines Alters. Er hat überall den Ruhm der Gelehrsamkeit und des wahren und thätigen Christenthums. In Ansehung der Gelehrsamkeit wird, ausser dem was ich schon oben angeführt habe, berichtet, daß er 14 Sprachen verstanden habe, und ein sehr wißbegieriger Mann gewesen sey. Er hat hinter Schlüsselburg und Altladoga heydnische Grabhügel aufgraben lassen, und die darinn gefundenen Urnen, Münzen und andere Alterthümer aufgehoben. Seine ganze Sammlung von seltenen rußischen, römischen, arabischen und andern Münzen, Urnen, finnischen Ringen und Hemdschnallen, und andern Sachen, hat nach seinem Tode der obenerwähnte Prediger Pauli (§. 6.) an sich gebracht. (**) Seine Gottseligkeit wird nicht nur
aus-

(*) Bogemells Nachricht von der deutschen evangelischen Gemeine in Cronstadt, S. 19.
(**) Exacte Relation von der neu erbauten Vestung und Stadt St. Petersburg, aufgezeichnet von H. G.

ausdrücklich und überhaupt gerühmet, (*) sondern auch durch Zeugnisse bestätigt, und erzählet, daß er das Geld, welches die Seebedienten zu Cronstadt beym öffentlichen Gottesdienst und andern Gelegenheiten zusammengelegt, nicht zu seinem Nutzen und Vergnügen, sondern zum Nutzen der armen Finnen in Ingermanland angewandt habe, unter welche er das dafür zu Cronstadt gekaufte Brodt auf seinen Rückreisen nach St. Petersburg ausgetheilet habe. Ich bedaure, daß ich nicht habe erfahren können, wo dieser rechtschaffene Mann begraben liege, denn ich hätte ihm gern an solchem Ort ein Denkmal errichtet.

§. 63. **Heinrich Gottlieb Nazzius.**
Aus dem eigenhändigen Aufsatz des sel. Mannes, welcher der auf ihn von Herrn Pastor Trefurt gehaltenen und gedruckten Leichenpredigt angehängt worden, wissen wir, daß er am 24sten September 1687. ohnweit Erfurt zu Visleben geboren sey. Sein Vater Bartholomäus Nazzius war daselbst Prediger, und hatte Anna Euphemia Neblingen zur Ehegattin. Er ward zuerst von seinem Vater, und hernach von einem besondern Hauslehrer unterrichtet,

H. G. S. 21. 54-66. woselbst man ein Verzeichniß der oben angeführten Sachen findet.
(*) Von H. G. am angeführten Ort, S. 21.

richtet, hierauf aber 1702. nach des Vaters Tode nach Erfurt ins dasige Gymnasium geschicket, woselbst er sich 5 Jahre kümmerlich behalf, aber doch so viel erlernte, daß er 1707. da auch seine Mutter starb, Student auf dasiger Universität werden konnte. Er hörete Collegia über die Philosophie und morgenländische Sprachen, unterrichtete auch die Kinder des D. Bechmanns. Sein Vorsatz war zwar, daß er nach Jena gehen, und sich daselbst der Rechtsgelehrsamkeit widmen wollte, allein sein Vetter Nebeling, Doctor der Rechte, wiederrieth ihm solches, und überredete ihn vielmehr nach Halle zu gehen, und daselbst sich der Theologie zu widmen. Er that solches 1708. und GOtt segnete ihm diesen Ort zu seiner wahren Bekehrung. Die berühmten Männer Breithaupt, Anton, Michaelis und Francke, waren seine Lehrer in den theologischen Wissenschaften, D. Schneider in der Philosophie, und die Magistri Michaelis und Henke in Sprachen. Seinen nothdürftigen Unterhalt hatte er von dem Unterricht, den er in der deutschen Schule des Waysenhauses ertheilte. Seine Dürftigkeit gereichte ihm zur Uebung und Stärkung im Vertrauen auf GOtt, und zu desto zärtlicherer Empfindung der Noth anderer Menschen. Um die Zeit, da er sich bemühete, in das Seminarium

rium der Lehrer des Pädagogii aufgenommen zu werden, empfieng der selige Prof. Franke einen Brief aus St. Petersburg von dem Pastor Tolle, darinn ihn derselbige bat, ihm 2 Studenten zuzuschicken, welche vors erste besondern Unterricht ertheilen, und hiernächst seiner Gemeine dienen könnten. Er that seinen Zuhörern im Märzmonat 1710. davon eine allgemeine Anzeige, beklagte aber nach 14 Tagen, daß sich keiner gemeldet habe; und trug hierauf unserm Herrn Nazzio und dem Candidaten Sorger an, nach St. Petersburg zu reisen. Sie liessen sich dazu bewegen, und reiseten am 13ten April eben dieses Jahrs nach Hamburg ab, von dannen aber über die Nordsee nach Archangel, woselbst sie am 29 Jul. glücklich anlangten. Als Pastor Tolle davon Nachricht erhielt, schrieb er, daß sie ihre Reise nach St. Petersburg beschleunigen möchten. Sie reiseten zwar ab, kamen aber nach vielen zu Wasser und zu Lande erlittenen Beschwerlichkeiten erst nach 16 Wochen, und zwar am 28sten Dec. in St. Petersburg an. Während dieser Zeit war Pastor Tolle gestorben, und Herr Nazzius empfieng den von dem Viceadmiral Cruys und einigen Officiers unterschriebenen Beruf zu desselben Predigerstelle. Er nahm denselben an, und ward am 11ten Januar 1711. von dem

Predigern Müller und Pauli (§. 3. 6.) zum Prediger eingeweihet. Er predigte hierauf an Sonn= und Festtagen Vor= und Nachmittag, und alle Donnerstag, catechisirte auch wöchentlich einmal die Kinder, besorgte auch die Engländer und Reformirten, bis sie eigene Prediger bekamen, in Amtsverrichtungen, und hatte dieserwegen sowol, als weil die weitläuftige Stadt damals noch ungepflastert war, und er die Leichen nach den entfernten Begräbnißplätzen, selbst bey der schlimmsten Witterung begleiten mußte; ein so beschwerliches Amt, daß er an seiner Brust Schaden litte, und 1717. auch eine schwere Sprache bekam. Er gieng daher mit den Gedanken um, sein Amt niederzulegen. Ob ihm nun gleich die Last dadurch ein wenig erleichtert wurde, daß er des Sonntags nur einmal predigen durfte, so schadeten doch die vorhin beschriebenen Beschwerlichkeiten und der morastige Boden auf welchem er wohnete, seiner Gesundheit so sehr, und seine Kraftlosigkeit war so groß, daß er 1721. nach Reval reisete, um einen dasigen Arzt um Rath zu fragen. Allein ihm ward nicht geholfen, und er quälte sich bis 1726. da der berühmte Hofrath Stahl während seines Aufenthalts zu St. Petersburg, ihm Arzeneyen verordnete, deren Gebrauch ihm wenigstens zur merklichen Erleichterung seiner Zunge gereichte.

1736.

1736. hielt er nebst dem Justizrath von Vietinghof in 9 Landkirchspielen die Kirchenvisitation. Er starb als Senior des evangelischen Ministerii zu St. Petersburg am 7ten Dec. 1751. und ward am 15ten begraben. Der selige Mann war ein eifriger Lehrer, und suchte auch dem Evangelio würdiglich zu wandeln. Er hat vom Kayser Peter I. und desselben Gemahlin und Nachfolgerin auf dem Thron, viele thätige Gnade genossen, ist auch von vielen Standespersonen und andern Mitgliedern der Gemeine geliebet worden. Er hat 6 Prediger ordinirt, und zu Cronstadt und in Ingermanland 10 Prediger introducirt. 1715. verheyrathete er sich mit der Tochter eines gewesenen schwedischen Obristen Namens Carl Alexander Rauschke, welche 1738. starb, nachdem sie ihm 10 Kinder geboren hatte. Ich habe sein Bildniß 1765. in der Sacristey aufgestellet.

§. 64. *Johann Friederich Severin.*

Er war 1704. zu Helmstädt im Fürstenthum Wolfenbüttel geboren, und sein Vater war ein dasiger Bürger und Brauer. Er verlor seine beyden Eltern in seiner Kindheit. Im 14ten Jahr seines Alters unterrichtete er schon als Schüler zu Braunschweig kleine Schulknaben. In seinem 20sten Jahr gieng er nach Helmstädt zurück,

zurück, und studirte daselbst 3 Jahre lang die theologischen Wissenschaften mit gebührendem Fleiß. Als Candidat hielt er sich zu Lüneburg auf, und wurde von den dasigen Predigern, sowol seiner Predigten, als seines christlichen Wandels wegen sehr geliebet. Während dieser Zeit beschloß unsere St. Petersgemeine, daß sie zur Erleichterung und Unterstützung des Herrn Pastor Nazzius noch einen zweyten Prediger berufen wolle, und es ward der Senior Lange zu Lüneburg gebeten, daß er zu dieser Stelle einen tüchtigen Candidaten vorschlagen möchte. Sein Vorschlag gieng auf Herrn Severin, und dieser ward am 25sten März 1732. von dem Kirchenconvent zum zweyten Prediger berufen. Er nahm den Beruf an, ward zu Lüneburg von dem Superintendenten Raphael zum Prediger ordinirt, und verheyrathete sich mit des dasigen Subrectors Joh. Arnold Klockenbring Tochter, Jungfer Anna Maria. Sie kamen zu St. Petersburg glücklich an, und er hielt am 7ten Sonntag nach dem Fest der heil. Dreyeinigkeit seine Antrittspredigt. Er verwaltete sein Amt mit würdiger Treue, endigte es aber schon 1740. als er fast zu gleicher Zeit mit seiner Ehegattin starb, und am 23sten März auf Kosten der Kirche begraben ward. Die beyden

Söhne,

Söhne, welche sie hinterlassen haben, leben zu St. Petersburg als Kaufleute.

§. 65. **Ludolph Otto Trefurt,**
jetziger Senior des evangel. Ministerii zu St. Petersburg.

Er ist am 22 Dec. 1700 zu Stelchte im Fürstenthum Lüneburg geboren, woselbst sein Vater Johann Friederich Trefurt, damals Pastor war. Seine Mutter Clara war eine Tochter des Bürgermeisters Johann Ansehl zu Plauen. Sein Großvater und Aeltervater sind auch Pastoren, und derselben Ehefrauen Töchter von Pastoren gewesen. Nach seines Vaters 1710. erfolgten Tode, nahm ihn sein Oheim M. Heinrich Conrad Trefurt, Pastor zu Düshorn im Fürstenthum Lüneburg, zu sich, und hielt ihn wie sein Kind, ließ ihn auch mit seinen Kindern von besondern Lehrern unterrichten, 1715. schickte er ihn auf das Martins Gymnasium zu Braunschweig, auf welchem er in der ersten Klasse den Rector Weichmann und Conrector Pohlmann 4tehalb Jahr zu Lehrern hatte. 1718. gieng er nach Celle, und wurde in der dasigen damals berühmten Schule von dem Rector Marcquard, und Conrector Gottermann 3tehalb Jahre unterrichtet. 1721. begab er sich nach Hildesheim ins Gymnasium, woselbst

M 2   der

der Superintendent Reimmann, Director Losius und Rector Panzer 2 Jahre lang seine Lehrer waren, die ihn 1723. zu Ostern mit guten Zeugnissen nach Jena auf die Universität entliessen. Hier hörete er die christliche Glaubens- und Sittenlehre, ein exegetisches Collegium und die Kirchenhistorie beym D. Buddeo, die Philosophie beym D. Syrbio, die hebräische Grammatik beym Prof. Ruß, ein Collegium über den Jesaiam beym M. Hildebrand, die hebräische Accentuation, chaldäische und syrische Sprache beym Adj. Werner, ein exegetisches und catechetisches Collegium beym Adj. Rambach, die Physic beym Prof. Teichmeyer, die Homiletic beym Adj. Halbauer, die französische Sprache beym M. Greiffenhahn, und ein Collegium paraeneticum beym M. Christ. 1724. zu Michaelis höreten seine Studiermittel auf, daher reisete er über Halle und Helmstädt nach Düshorn zu seinem Oheim, der ihn 1725. zu Walsrode beym D. Buno anbrachte, um dessen 2 Söhne zu unterrichten. Ein halbes Jahr hernach ward er nach Wien berufen, um des dasigen herzoglich-holsteinischen Ministers des Staatsraths und nachmaligen Hofkanzlers von Stryck einzigen Sohn zu unterweisen. Er reisete über Hannover, Braunschweig, Leipzig und Prag dahin ab, und kam am 17ten Jun.

daselbst an. Eben damals aber hatte sein Principal von Sr. Königl. Hoheit dem Herzog von Holstein Befehl erhalten, von Wien abzureisen, nach Kiel zurück zu kehren, und von dannen nach St. Petersburg zu gehen. Herr Trefurt, der nur 3 Wochen zu Wien war, sahe sich daselbst so gut er konnte, um, und reisete am 6 Jul. wieder ab, kam glücklich zu Kiel an, und gieng am 15ten Aug. an Bord eines Schifs, welches nach St. Petersburg segelte. Es gerieth aber gleich in der ersten Nacht der Schiffahrt bey Laaland auf eine Sandbank, von welcher es sich erst nach 24 Stunden kümmerlich losarbeitete. Ein heftiger Sturm nöthigte es nachmals auf der Rhede vor Reval zu ankern, am 26sten aber kam es nach Cronstadt, und am 29sten traf Herr Trefurt zu St. Petersburg ein. Er blieb bey seinem obgedachten Principal nicht lange, sondern vertauschte diese Lehrmeisterstelle mit einer bessern bey dem kayserl. Oberhofmeister Mattwe Dmitrewitsch Olsufjef, welche er am 7ten Dec. antrat. Die Gemahlin dieses rußischen Herrn war eine Lutheranerin, und zwar eine geborne von Dannenstern, aus Riga, erste Staatsdame der Kayserin Cathrina I. Sie starb im Jenner des folgenden Jahrs, und Herr Trefurt unterredete sich einmal während ihrer Krankheit zu ihrer Erbauung und betete mit

M 3   ihr,

ihr, in Gegenwart der Kayserin, welche sehr aufmerksam zuhörte. Als ihr Leichnam nach Riga ins Erbbegräbniß gebracht ward, begleitete Herr Trefurt ihn in Gesellschaft seiner Untergebenen dahin, blieb auch mit letztern daselbst ein ganzes Jahr, und predigte oft in der Jacobskirche. Er kehrete nach St. Petersburg zurück, und war bey dem Herrn Olsufjef bis auf den Anfang des 1728sten Jahrs, da derselbige mit seiner ganzen Familie nach Moscau zur Krönung reisete. Herr Trefurt gieng nicht mit dahin, sondern blieb zu St. Petersburg, und hatte die Absicht im Frühjahr über die See nach Deutschland zurück zu kehren. Pastor Schattner nahm ihn bis dahin in sein Haus auf. Am 14ten Jenner dieses Jahrs errettete ihn GOtt aus einer grossen Lebensgefahr. Er wollte Vormittags in die Kirche gehen, da kam hinter ihm ein Schlitten her, aus welchen ihm zugerufen ward, aus dem Wege zu gehen. Als er sich darnach umsahe, fuhr ein grosser mit Heu beladener Schlitten auf ihn zu, und der oben darauf sitzende Kutscher konnte die Pferde nicht zurück halten. Herr Trefurt grif den Pferden mit beyden Händen in den Zügel, sie warfen ihn aber um, und schleiften ihn, da er sich fest hielt, mit fort, also daß er zwischen ihnen hieng, und sein Kleid zertreten und zerrissen ward. Endlich

lich mußte er den Zügel fahren lassen, da denn der ganze Schlitten über ihn weg gieng. Nichts desto weniger kam er durch GOttes gnädige Beschützung gesund davon. Die Frau Generalin Campenhausen trug ihm an, ihr Hausprediger und Lehrer ihrer Söhne zu werden. Er nahm diese Verrichtungen auf ein halbes Jahr an. Während derselben höreten ihn einige vornehme Personen, die auf Wasili-Ostrow wohneten, predigen, und trugen ihm in des General Hochmuths Hause das Pastorat bey der neuen lutherischen Gemeine an, welche damals auf Wasili-Ostrow errichtet werden sollte. Insonderheit ermahnte ihn der Vicepräsident von Wolf zur Annehmung desselben, und er empfieng einen ordentlichen Beruf dazu, der am 18ten May geschrieben, und von den vornehmsten Mitgliedern der Gemeine, auch einigen Professoren und bürgerlichen Leuten unterschrieben war. Er reisete auf Kosten der Gemeine nach Reval, ließ sich daselbst von dem Consistorio prüfen, und am 5ten Jun. zum Predigtamt einweihen. Am 10ten Jun. kam er wieder zu St. Petersburg an, und am 16ten hielt er seine Antrittspredigt in des Vicepräsidenten von Wolf Hause, woselbst er so lange wohnte und predigte, bis die Gemeine in der 2ten Linie ein hölzernes Haus kaufte, und zur Versammlung

lung sowol als Wohnung des Pastors einrichtete. 1734. am 1ten Jul. verheyrathete er sich mit Jungfer Anna Cathrina Engelhardts, ältesten Tochter Nic. Fried. Engelhardts, Doctors der Arzneywissenschaft, und Directors des kayserl. General-Landhospitals, welche ihm 4 Söhne und 5 Töchter gebohren hat, und am 22sten Hornung 1765. gestorben ist. Ich habe sie beerdiget, und meine bey ihrem Sarge gehaltene Standrede ist gedruckt. 1740. nach des Pastor Severins Tode, ward Herr P. Trefurt zum zweyten Pastor der St. Petersgemeine erwählet und berufen, hielt am 5ten Sonntag nach dem Fest der heil. Dreyeinigkeit auf Wasili-Ostrow seine Abschiedspredigt, und am 7ten Sonntag in der St. Peterskirche seine Antrittspredigt. Als P. Nazzius 1751. starb, hielt er demselben die Leichenpredigt, welche in Folio zu Halle gedruckt worden, und ward von dem Kirchenconvent für den ersten Prediger der Kirche und Senior des evangel. Ministerii erkannt. 1753. am 12ten Dec. weihete er die neue evangelische Kirche zu Cronstadt ein, und seine bey dieser Gelegenheit gehaltene Rede ist in des Herrn Pastor Boggemells Nachricht von der evangelischen Gemeine in Cronstadt, gedruckt. Er hat bis 1765. als Senior 7 Candidaten ordinirt, und 6 Pastores
intro-

introducirt, sonst aber 9 Predigern, darunter auch ein reformirter ist, die Leichenpredigten gehalten, und

auf Wasili- Ostrow von 1728. bis 1740. = 354 Kinder 271 Personen 107 Paare.

in der St. Peters Gemeine von 1740. bis 1764. = 2136 Kinder 1922 Personen 566 Paare.

Also hat er in 37 Jahren 2490 Kinder getauft, 2193 Personen begraben, und 673 Ehepaare getrauet. GOtt lasse ihn zur Erbauung der St. Petersgemeine noch lange leben und lehren.

§. 66. *Nicolaus Bützow.*

Ich kann von diesem rechtschaffenen Mann sehr vieles melden. Er ist 1707. auf der pommerschen Insel Hiddensee bey Rügen geboren. Er war bey der deutschen Gemeine zu Wiburg in Finnland Pastor, als er 1752. nach des Pastor *Nazzius* Tode zum 2ten Pastor unserer St. Petersgemeine berufen ward. In derselben hielt er am 2ten Hornung seine Antrittspredigt, starb aber zum Leidwesen der Gemeine schon am 4ten Hornung 1754. nachdem er ein

Alter

Alter von 46. Jahren, 2 Monaten und 4 Tagen erreicht hatte. Herr Pastor Trefurt hielt ihm am 9ten Hornung die Leichenpredigt, und ich habe ihm 1765. auf meine Kosten, zum Zeichen meiner Hochachtung, einen Leichenstein mit einer Inschrift legen lassen, auch sein Bildniß in der Sacristey der St. Peterskirche aufgestellet. Es sind noch 3 Söhne und 1 Tochter von ihm im Leben.

§. 67. M. Caspar Friederich Lange.

Er ist im Herzogthum Holstein zu Neumünster am $\frac{1}{14}$ Nov. geboren. Sein Herr Vater war Lorenz Lange, und seine Frau Mutter Cathrina Dorothea Dunkers. Nachdem er die Schule zu Preetz und Rendsburg besucht hatte, gieng er 1742. nach Kiel auf die dasige Universität. Hier ward er Hofmeister eines jungen Herrn von Kettenburg, der jetzt hochfürstlich-brandenburg-culmbachischer Kammerherr und Regierungsrath ist. 1749. ward er Magister, und disputirte unter dem Vorsitz des Herrn D. Hahn, de custodia sancti sepulcri, und hierauf ohne Vorsitz, de mysteriis in theologia naturali, welche Abhandlungen in gutem Latein geschrieben sind. Er las mit grossem Fleiß und Beyfall Collegia, und hatte beynahe alle damals auf der Universität befindliche

liche Studenten zu Zuhörern. Seine Vorlesungen betrafen nicht nur die philosophischen Wissenschaften, sondern er hatte auch die Erlaubniß in den theologischen Unterricht zu ertheilen. Er übete sich auch oftmals im Predigen. Er hatte an dem berühmten Domprobst und Syndicus zu Lübeck Herrn Dreyer einen freundschaftlichen Gönner, durch dessen Vermittelung er 1753. am Gymnasio zu Lübeck Subrector ward. In eben demselben Jahr verheyrathete er sich zu Kiel mit Jungfer Cathrina Ursula Christophersen, eines dasigen Wundarztes Tochter. Zu Lübeck ließ er ausser ein paar lateinischen Gedichten, auch eine deutsche Abhandlung drucken, welche die Aufschrift hat: Beweis, daß die vollkommenste Ehe nur zwischen zwo Personen möglich sey. 1754. in Quart 2½ Bogen. Die Veranlassung zu derselben gab seines Gönners, des oben gerühmten Herrn Dreyers Verheyrathung. 1754. ward er nach St. Petersburg als zweyter Pastor der St. Petersgemeine berufen, dahin ihn der Herr Licentiat und Rector von Seelen mit einem Glückwunsch begleitete, welcher auf einem Quartbogen gedruckt ward, und die Aufschrift hat: De augustanæ confessionis editione Petroburgi anno Iubilæo, MDCCXXX. excusa, memorabilibus accensenda Petroburgensibus, epistola.

epistola. Er trat sein Predigtamt am zweyten Sonntag nach Advent an, und wurde wegen seines erbaulichen und lebhaften Vortrags auch rechtschaffenen Sinnes und Wandels, sehr beliebt. Ausser einer gelehrten Leichenrede, welche er 1756. bey der Beerdigung des kayserl. Archiaters Blumentrost gehalten, hat er, meines Wissens daselbst nichts drucken lassen. Er starb zum Leidwesen der Gemeine schon am 15ten May 1758. und hinterließ von 3 gezeugten Kindern, einen Sohn und eine Tochter. Für seine Witwe und Kinder, wurden in der Gemeine 3000 Rubel gesammlet, und als ein denenselben eigenthümliches Capital auf Zinsen ausgethan, ausser welchen Zinsen die Frau Witwe auch jährlich 80 Rubel Hausmiethe bekommt. Sie hat sich zu Preetz im Herzogthum Holstein wohnhaft niedergelassen. Um meine Hochachtung gegen den seligen Mann zu bezeigen, habe ich nicht nur sein Bildniß in der Sacristey der Kirche aufgestellet, sondern ihm auch auf dem Kirchhofe einen Leichenstein mit einer Inschrift legen lassen. Die obigen Nachrichten von seinen Lebensumständen, habe ich grossen theils der gütigen Mittheilung des Herrn Domprobst Dreyers, und Herrn Rector Overbecks zu Lübeck, zu danken.

§. 68.

§. 68. Johann Wilhelm Zuckemantel.

Die meisten Nachrichten, welche ich von diesem gelehrten und beredten Mann ertheile, sind aus seinem eigenhändigen Aufsatz genommen. Er ist am 28. Dec. 1712. zu Kloster Auhausen im Fürstenthum Anspach, geboren. Sein Vater Johann Zuckemantel, war daselbst Prediger. Seine Mutter Maria Magdalena, geborne Hußwedlin, hatte zum ersten Mann den Prediger Johann Samuel Gesner zu Auhausen gehabt, und demselben den grossen Gelehrten, Johann Matthias Gesner, geboren. 1717. zogen seine Eltern von Auhausen nach Obermögersheim. 1724, brachte ihn sein Vater nach Weimar, und untergab ihm der Aufsicht und Unterweisung seines Halbbruders, des eben gerühmten Gesners, welcher damals Conrector und Bibliothecarius zu Weimar war. Er genoß den hochfürstlichen Freytisch, und that einige Dienste auf der Bibliothek. Als Gesner 1729. zum Rector nach Anspach berufen ward, bezog Zuckemantel die Universität zu Jena, und lernte 3 Jahre lang von den berühmten Männern, Buddeus, Walch, Rus, Hofmann, Kromayer, Köhler, Wucherer und Halbauer. 1731. that er eine kurze Reise zu seinem Halbbruder Gesner,

ner, der damals Rector an der dasigen Thomasschule war. 1732. im Märzmonat wurde er wegen eines seinem Vater zugestossenen Unglücks nach Hause gefordert, und am 22 August nach vorhergegangener Prüfung zum Adjunct seines Vaters ordinirt, dem er ins 9te Jahr Hülfe leistete. 1740. ward er von dem Freyherrn von Rotenhan zum Pfarrer nach Rentweinsdorf berufen, und trat dieses Amt am 18ten Sept. an. 1749. erhielt er den Beruf, mit dem Erbprinzen von Anspach als Reiseprediger nach den Niederlanden zu gehen. Er verließ Rentweinsdorf und kam am 28 Sept. zu Utrecht an. Als der Erbprinz 1750. nach seinen Landen zurückkehrete, erhielt Herr Zuckemantel die Erlaubniß, eine Reise durch Flandern nach Paris und London zu thun. Er gieng von Utrecht am 25 August ab, und kam am 30 November wieder nach Anspach. 1751. trat er mit dem Erbprinzen eine Reise nach Italien an. Sie giengen am 4ten October von Gunzenhausen ab, und über Straßburg durch die Schweitz nach Turin, woselbst sie am 4ten Nov. ankamen. 1752. am 7ten Jenner verliessen sie Turin, besahen Mayland, Venedig, Ferrara, Bologna, Rimini, Loreto, und Rom, konnten aber wegen einiger Unpäßlichkeit des Erbprinzens den Aufenthalt am letztern Ort sich nicht ganz nach Wunsch

zu

zu Nutze machen, reiseten auch 1752. über Florenz, Bologna, und Mantua zurück, und kamen am 18ten May zu Triesdorf im Fürstenthum Anspach an. Als der Erbprinz am Ende dieses Jahrs von Berlin und einigen fürstlichen Höfen zurückkam, ward er von den Blattern überfallen, nach erfolgter Besserung aber hatte Herr Zuckemantel den Gottesdienst zu Triesdorf von neuem zu versehen. Im Anfang des 1753sten Jahrs ward das bisherige Gefolge des Erbprinzen seiner Dienste entlassen, Herrn Zuckemantel aber wurden einige Verrichtungen beym fürstlichen Gymnasio zu Anspach, in Unterweisung der Jugend, angewiesen. 1754. und 1755. versahe er aufs neue zu Gunzenhausen den Gottesdienst für den Erbprinzen. 1756. trat er im Maymonat eine Reise durch Böheim, Schlesien, Pohlen, Preussen, Liefland, Esthland, Ingermanland, Finnland, Schweden und Dänemark an, und kam über Hamburg, Lübeck, Berlin, Göttingen, und Coburg, am 18ten Jenner 1757. zurück. Auf dieser Reise hielte er sich 2 Monat lang zu St. Petersburg auf, predigte auch daselbst in der St. Peterskirche. 1757. trat er das Hofpredigeramt zu Triesdorf an, und verwaltete dasselbe bis an den Tod des Markgrafen, oder bis zum 4ten August. Noch während desselben empfieng er im Julio den

den Antrag, nach Thoren als Senior Ministerii zu kommen, mußte ihn aber auf Sr. Durchlauchtigen Herrschaft Gutfinden, ausschlagen. Hingegen als er im Junio 1758. an des sel. Pastor Langens Stelle nach St. Petersburg berufen ward, nahm er diesen Ruf an, begab sich am 27. Jun. auf die Reise, und gieng über Lübeck zu Wasser nach St. Petersburg, woselbst er am 29sten September anlangte, und am 4ten October seine Antrittspredigt hielt. Hier machte er sich beliebt, ermunterte auch die Gemeine zur Verbesserung ihrer Schule, und zur Erbauung eines neuen Schul- und Pensionshauses, verfertigte den Grundriß desselben und die Inschrift, welche am 11ten May 1760. in den Grundstein dieses Gebäudes gelegt ward, starb aber zur grossen Betrübniß der Gemeine schon am 13ten Jul. dieses Jahrs an einem Gallenfieber. Ich habe zum Zeichen meiner Hochachtung gegen ihn, sein Bildniß sowol im Saal des Schulhauses, als in der Sacristey der Kirche aufgestellt, ihm auch auf meine Kosten 1765. einen Leichenstein mit einer Inschrift legen lassen. Von seinen Reisetagebüchern, welche er in französischer Sprache geführet hat, ist der Theil in meinen Händen, welcher seine Reise durch St. Petersburg, Schweden und Dänemark, und durch einen Strich von Deutschland zurück, nach Anspach, sprach, enthält, aber nicht so erheblich ist, daß er gedruckt zu werden verdiente.

§. 69. D. Anton Friederich Büsching.

Ich bin zu Stadthagen in der Grafschaft Schauenburg am 27sten September 1724. geboren. Mein Herr Vater Ernst Friederich Büsching, eines Predigers Sohn, welcher mich mit seiner Ehefrau Philippine Margarethe Sellmann erzeuget hat, war ein gründlicher und erfahrner Rechtsgelehrter, der aber als Advocat, bey seiner sehr hitzigen Natur, eine so verdrußvolle Lebensart hatte, daß er sich gegen mich und meine Brüder oft dahin äusserte, er wünsche, daß keiner von uns sich der Rechtsgelehrsamkeit widmen möchte. Ob ich nun gleich von Jugend an in Acten las, so gieng doch meine Neigung weit mehr auf die Theologie, als auf die Rechtsgelehrsamkeit. Ich hatte aber bey meinem Studiren viele Schwierigkeiten zu überwinden. Die öffentliche Schule meiner Vaterstadt war schlecht bestellt, und doch konnte ich sie nicht einmal ordentlich und anhaltend besuchen. Es hielt auch schwer, daß ich die mir nöthigen neuen Bücher bekam, daher ich aus grosser Begierde nach denselben, einige abschrieb, z. E. kleine hebräische, chaldäische, syrische und arabische Grammatiken, welche Bemühung mir

aber

aber die Erlernung dieser Sprachen erleichterte. Jedoch es würde meiner grossen Lehrbegierde ungeachtet, mein Studiren einen schlechten Fortgang gehabt haben, wenn nicht in den letzten Jahren meines Aufenthalts an meinem Geburtsort, Herr D. Hauber, und Herr Pastor Edler, der letztere zwar nur in der hebräischen, der erstere aber in unterschiedenen Sprachen und Wissenschaften mich und meinen nachmaligen Schwager, den jetzigen Herrn Pastor Dilthey, gründlich und angenehm unterrichtet hätten, so wie sie uns auch auf die rührendste Weise zur christlichen Gottseligkeit ermunterten. Herr D. Hauber, damaliger Superintendent der Grafschaft Schauenburg lippischen Antheils, war nicht nur ein Mann von sehr weitläuftiger und zugleich gründlicher Gelehrsamkeit, sondern auch ein Weiser, ein unpartheyischer Menschenfreund ohne alle Sectirerey, und ein vieljähriger und aufrichtiger Verehrer, Nachfolger und Bekenner JEsu Christi. Ich habe, ungeachtet meiner ziemlich grossen persönlichen Bekanntschaft mit Gelehrten, seines gleichen nicht gefunden. Er hat mich durch Unterricht und Beyspiel zur ehrerbietigen Liebe GOttes, JEsu Christi und seines Evangeliums, zur Liebe aller nützlichen Wissenschaft, zur unpartheyischen Untersuchung der göttlichen Wahrheiten, die uns zur ewigen

Glück=

Glückseligkeit weise machen, und zur allgemeinen und uneigennützigen Menschenliebe, gereitzet. Der Unterricht, den er mir in Sprachen und Wissenschaften ertheilet, hat nicht nur dasjenige ersetzt, was mir in der öffentlichen Schule abgegangen, sondern auch meine Aussichten in das grosse Reich der Wissenschaften sehr erweitert, und mich gelehret, das Wichtige und Nützliche von dem Entbehrlichen und Unnützen zu unterscheiden, alle Erkenntniß aber zur Ehre GOttes, und meiner Glückseligkeit anzuwenden. Die starken Rührungen und Erweckungen, welche mir 1740. und 1741. durch seine Ermahnungen wiederfahren sind, und zur Sinnesänderung gedienet haben, sind mir unvergeßlich. Die theologische Moral des Herrn D. Baumgartens, welche ich von dem Herrn Pastor Edler zum Neujahrsgeschenk erhielt, war mir in den beyden letzten Jahren meines Aufenthalts zu Stadthagen ein so wichtiges und angenehmes Buch, daß ich nicht nur fleißig darinn las, und mir die Denkungs- und Schreibart des Verfassers bekannt machte, sondern auch den fruchtbaren Inhalt einzelner Stücke in besondern Abhandlungen weiter ausführete.

§. 70. Im 1743sten Jahr bahnte mir GOtt zu meiner grossen Freude den Weg nach

Halle, dahin ich im April abreisete, und beschloß, daß ich erst noch ein Jahr in die berühmte Schule des Waysenhauses zu Glaucha bey Halle, und alsdenn auf die Universität zu Halle gehen wollte. In der Schule suchte ich vornemlich in der lateinischen Sprache weiter zu kommen, als ich zu Stadthagen Gelegenheit gehabt hatte. Ob nun gleich die Zeit, welche ich dazu widmen konnte, zu kurz war, so wandte ich sie doch nicht ohne Nutzen an; der größte Vortheil aber, den mir dieses letzte Schuljahr brachte, war dieser, daß ich die vorzüglich gute Ordnung und Lehrart der Schule des Waysenhauses erlernete. Ein Register, welches ich zu meiner eigenen Bequemlichkeit zu dem ersten und zweyten Theil der Kirchengeschichte des Herrn D. Baumgartens verfertigte, verschafte mir im April des 1744sten Jahrs, da ich die Universität zu Halle bezog, die Gewogenheit dieses grossen und leutseligen Gelehrten, welche er mir sogleich von dem ersten Besuch an, den ich bey ihm ablegte, mündlich und thätig bezeigte. Er faßte auch eine so gute Meynung von mir, daß er mich sogleich zu einem künftigen academischen Lehrer bestimmte. Weil ich seiner Denkungs- und Schreibart aus seiner theologischen Moral schon kundig war, und mir beyde ungemein gefielen, so erwählte ich ihn zu meinem einzigen Lehrer in den theologischen

Wissenschaften, und hörte ihn mit solchem ununterbrochenen Fleiß, daß ich keine einzige seiner Lehrstunden versäumte, und mit einer solchen Aufmerksamkeit, daß mir keins seiner Worte entwischte. Seine Beweise und Erläuterungen theologischer Wahrheiten, überzeugten und vergnügten mich solchergestalt, daß ich glaubte, man könne nichts vollkommeneres in dieser Art gedenken, aber auch oft betrübt darüber war, daß, meiner damaligen Meynung nach, nichts meinen eigenen Untersuchungen übrig bliebe, sondern daß mein ganzes Verdienst nur darinn bestehen werde, den gründlichen Vortrag meines Lehrers wohl zu begreifen und gut zu behalten. Ungeachtet seine Schreibart dunkel war, so gefiel sie mir doch, und ich gerieth in die Versuchung sie nachzuahmen. Endlich aber erwählte ich das Mittel zwischen der zu weitläuftigen Schreibart des Herrn D. Haubers, und der zu gedrungenen Schreibart des Herrn D. Baumgartens, und solchergestalt ist die in meinen Schriften herrschende Schreibart entstanden. So lange ich Baumgartens Zuhörer war, gefielen mir desselben Meynungen und Erklärungen von unterschiedenen Schriftstellen und Lehrsätzen besser, als die Hauberischen, nachher aber habe ich erkannt, daß die letzten den ersten vorgezogen werden müssen. Hauber ist mir noch jetzt in unterschiedenen sittlichen Fällen das Muster, dessen ich mich zur Nachahmung erinnere, und ich habe mir einige gelehrte Materien, welche er ausarbeiten wollen, aber nach seiner starken Neigung zur Abwechselung, (von der ich auch eine Zeit lang beherrschet worden) nicht ausgeführet hat, zum Ziel meines gelehrten Fleisses mit Standhaftigkeit erwählet. Von Baumgarten habe ich zu erlernen gesucht, wie man eine Materie scharfsinnig ergründen und entwickeln, gründlich beweisen, und fruchtbarlich erläutern müsse. Weil er mir aber, nachdem ich aufgehört, ihn zu hören, scholastisch vorgekommen ist, habe ich eine genaue Nachahmung desselben für schädlich gehalten, und seine Abhandlung der dogmatischen Theologie hat in meiner Ueberzeugung den Vorzug nicht behalten, den ich ihr ehedessen beygelegt. Er hat dieses an mir destoweniger mit Zufriedenheit ertragen können, da er mich in meinen academischen Studirjahren für einen seiner besten Schüler und getreuesten Nachahmer geachtet, und in seiner Vorrede zu meiner Einleitung in den Brief an die Philipper, in seiner Epistel, die er meiner unter seinem Vorsitz vertheidigten Disputation beygefüget, in der Vorrede zu meiner deutschen Uebersetzung seiner Lehrsätze der dogmatischen Theologie, und an andern Orten, seine sehr vortheilhafte Meynung

von

von mir öffentlich geäussert hatte. Allein ich entschuldige nicht nur diese, sondern auch die noch grössere menschliche Schwachheit, daß er 1756. durch einen Brief einem grossen Staatsminister Vorurtheile wider mich einzuflössen gesucht hat: ja ich habe aus wahrer Hochachtung und Dankbarkeit gegen ihn, vor und nach des Herrn von Mosheims Tode, das gnädige Vorhaben, ihn zum Kanzler der Universität Göttingen zu berufen, bestens unterstützt, als mir gnädig anbefohlen worden, meine Meynung darüber zu eröfnen. Ich komme aber wieder zu seinen Verdiensten, um mich. Der leutselige Mann verlangte, als ich sein Zuhörer war, nicht nur für seine Vorlesungen, denen ich beywohnete, nichts von mir, sondern er zog mich auch oft an seinen Abendtisch, ich hatte die Erlaubniß, mich seiner vortreflichen Büchersamnlung zu bedienen, er verschafte mir Gelegenheit, durch Uebersetzungen und Register zu einigen seiner Bücher, Geld zu verdienen, und er ermunterte und trieb mich 1747. Magister zu werden, dazu mir D. Hauber aus Kopenhagen 50 Rthlr. zum gütigen Geschenk übersandte. Baumgarten widerrieth mir 1746. Lehrer der Pædagogiorum zu Glaucha bey Halle und zu Kloster Bergen bey Magdeburg zu werden, hingegen billigte ers sehr, daß ich schon 1745.

in einer der deutschen Schulen des Wansenhauses zu Glaucha, und 1746. in deſſelben lateiniſchen Schule zu lehren anfieng, davon ich auch eine ſehr nützliche Uebung hatte, ſo wie es mir auch mein Mittags- und Abendeſſen verſchafte. Hieran war mir um deſto mehr gelegen, je weniger Geld ich von meinen Eltern verlangen und erwarten konnte, denen auch mein Studiren ein ſehr geringes gekoſtet hat. Hingegen habe ich mich, ſowol um von meiner Studirzeit, von der ich beſorgte, daß ſie ſehr kurz ſeyn werde, deſto gröſſern Nutzen zu haben, als auch um mir etwas zu meinem Unterhalt zu verdienen, von 1744. an gewöhnet, täglich 14 Stunden zu arbeiten. GOtt hat auch nicht nur dieſen meinen Fleiß geſegnet, ſondern auch für meine Bedürfniß alſo geſorget, daß mir dasjenige, was noch zu meiner Nothdurft gefehlet, von einigen milden Wohlthätern zu Stadthagen und Hannover, geſchenket worden, ich habe auch gelernet mit wenigem vergnügt zu ſeyn, und mich zu behelfen. Das freudige Vertrauen auf GOtt, hat mich vor ängſtlichen Sorgen, und die Liebe zu GOtt, nebſt dem ſtrengen Fleiß, vor den mannigfaltigen und gefährlichen Verſuchungen des jugendlichen Alters, bewahret. Ich habe nicht nur wider mein eigenes, der Meinigen und anderer Perſonen Vermuthen, mich 5 Jahre

Jahre lang zu Halle aufhalten können, sondern mir auch während dieser Zeit einige 100 nützliche Bücher angeschaft, — und auf meine Kosten zweymal, nemlich 1746. und 48. eine Reise zu meinen Eltern vorgenommen, auf welcher ich zu Braunschweig, Hannover und Rinteln mit dasigen Gelehrten persönliche Bekanntschaft errichtet, dergleichen ich auch 1747. auf einer kleinen Reise nach Magdeburg, daselbst, zu Kloster Bergen, Kalbe und Cöthen, gestiftet.

§. 71. Ich habe vorhin schon angemerkt, daß ich 1747. auf Antrieb meiner vornehmsten Lehrer derer Herren Doctoren Hauber und Baumgarten, und durch die väterliche Geldhülfe des ersten, Magister geworden bin. Diese erste Promotion, welche an dem Tage da ich gerade 23 Jahr alt war, erfolgte, war mir und meinen Eltern unvermuthet, ja letztere waren aus Furcht, ob sie auch wegen der dazu nöthigen Geldunkosten, daran es mir fehlete, zum Stande kommen würde, so zaghaft, daß sie eine geraume Zeit nicht an mich schrieben, um mich nicht irre zu machen. Des Herrn D. Baumgartens Absichten mit mir, giengen vermöge seiner schon 1744. gemachten Bestimmung darauf, daß diese Promotion mein erster Schritt zum academischen Lehramt seyn sollte; ich fieng auch an, ein paar

Collegia zu lesen: allein zu meinem grossen Glück führete mich GOtt 1748. von der Universität weg, und ich bekam Gelegenheit die Welt, und in derselben mich besser kennen zu lernen. Ich nahm den Antrag dazu auf Baumgartens Rath an, weil derselbige nicht ohne Grund dafür hielt, daß er mir zu einem academischen Amt, dazu er mich bestimmt hatte, mehr förderlich als hinderlich sey, und nachdem ich vorher, nicht nur mein Vaterland, sondern auch Wittenberg besucht, und dasige Gelehrte kennen gelernet hatte, reisete ich nach Köstritz im Vogtlande, woselbst der mir zur Erziehung und Unterweisung anvertrauete Herr Friederich Ulrich, Graf zu Lynar, jetziger königlich-dänischer Kammerherr und Regierungsrath zu Oldenburg, bey seinem Herrn Großvater dem preiswürdigsten und hochberühmten Herrn Grafen Heinrich dem XXIV. jüngern Reuß zu Plauen rc. und Frau Großmutter der verehrungswürdigsten Gräfin, Maria Eleonora Aemilia, gebornen Baronin von Promnitz, lebte. Ich habe an diesem zwar kleinen, aber sehr regelmäßig eingerichteten, schöne Sitten, Gelehrsamkeit und christliche Gottseligkeit liebenden Hofe, vieles gelernet, auch an demselben vieler Gnade genossen, dergleichen mir auch zu Obergraitz von dem regierenden Herrn Grafen Heinrich dem XI. ältern Reuß, und desselben Frau

Frau Gemahlin, und zu Pölzig, von dem gottseligen Herrn Grafen, Erdmann Heinrich Henkel, und desselben Frau Gemahlin, erwiesen worden. Zu Köstritz war mir insonderheit der lehrreiche Umgang des der grossen Welt sehr kundigen, und zugleich sehr gelehrten und gottseligen Rath und Hofmeisters, Herrn Anton von Geusau, eben so vortheilhaft, als sein in meinen Armen erfolgter leiblicher Tod mir rührend und erbaulich war. Ich verfiel zwar im Monat Junius des 1749sten Jahrs in eine gefährliche Krankheit, welche die Blutstürzung werden wollte: allein durch die Gnade meines HErrn und Heylands JEsu Christi gereichte sie nicht zu meinem Verderben, sondern zur Stärkung meines leib- und geistlichen Lebens; und kaum hatte ich mich davon erholet, als ich unvermuthet am Ende des Jahrs eine grosse Reise antrat, an die ich niemals gedacht hatte. Se. Excellenz, Herr Rochus Friederich, Graf zu Lynar, Vater des mir damals anvertraueten jungen Herrn Grafens, wurde von dem Könige von Dänemark als Sr. Majestät ausserordentlicher Envoye und bevollmächtigter Minister an den rußisch-kayserlichen Hof gesandt, und nahmen Dero ältesten Herrn Sohn und mich mit dahin. Die persönliche Bekanntschaft, welche ich zu Halle, Köthen, Berlin, Stargard, Danzig, Heiligenbeil,

Königs-

Königsberg, Memel, Mitau, Riga, Dörpat und Narwa mit gelehrten und gottseligen Männern, theils erneuerte, theils zum erstenmal errichtete, der Umgang mit hohen Standespersonen, zu Berlin, Schlodien in Preussen, Königsberg und Riga, und die Merkwürdigkeiten der länder und Oerter, durch welche ich reisete, waren mir auf mancherley Weise angenehm und nützlich, und von meinem 6 monatlichen Aufenthalt zu St. Petersburg suchte ich so viel Vortheil zu ziehen, als Zeit und Gelegenheit es verstatteten. Der vornehmste Nutzen aber den mir die Reise nach St. Petersburg und der Aufenthalt daselbst verschaft hat, ist dieser gewesen, daß ich die Fehler und Mängel der Geographien besser eingesehen, und sogleich beschlossen habe, eine neue und bessere Erdbeschreibung zu schreiben, und daß meine eigene Kenntniß der Stadt St. Petersburg und der dasigen evangelischen Gemeinen, mir nachmals die Annehmung des Berufs zum Predigtamt bey der dasigen St. Peterskirche, erleichtert hat, ob man gleich dazumal nicht gedenken können, daß dergleichen dereinst an mich ergehen werde. So sonder- und wunderbar sind oftmals GOttes Vorbereitungen zu den künftigen Umständen, in welche er uns versetzen will, beschaffen. Im Anfang des Augustmonats 1750. verließ ich St. Petersburg, und

und trat mit dem jungen Herrn Grafen zu Lynar die Rückreise nach Deutschland zur See an. Sie währete 6 Wochen, und war sehr gefährlich und beschwerlich; allein die grosse Gefahr, darinn mich die heftigen und lang anhaltenden Stürme versetzten, der Hunger den ich ausstand, und der Genuß schlechter Nahrungsmittel, verschaften mir nüzliche ja wichtige Erfahrungen, die mir bis in den Himmel schäzbar bleiben werden. Ich kam endlich mit Freude und Lobe GOttes am 12ten September zu Lübeck an, errichtete daselbst, zu Rheinfeld, Segeberg und Bramstedt mit würdigen Personen Bekanntschaft, und war schon am 14ten September zu Itzehoe, woselbst ich den Herrn Grafen zu Lynar ließ, und über Altona, Hamburg, Haarburg, Celle und Hannover nach Stadthagen, von dannen aber nach Hameln und Rinteln reisete, an allen diesen Orten aber die Gelehrten besuchte. Es war für mich sehr rührend, daß ich zu Stadthagen meinen Vater nicht nur an einem auszehrenden Fieber tödtlich krank, sondern zugleich als einen bekehrten und gläubigen Mann antraf; und ihn also in der frölichen Hofnung verlassen konnte, daß wir uns im Himmel wiedersehen würden. Durch diese Versicherung wurde meine größte Sorge gehoben, welche ich bis dahin gehabt hatte. Nicht lange

nach

nach meiner Zurückkunft gen Itzehoe, endigte ich meinen Auszug aus Vitringa Erklärung der Weissagungen Jesaid, und fieng hierauf meine neue Erdbeschreibung an, zu deren Behuf ich von meiner Hofmeisterschaft gern befreyet gewesen wäre. Da solches aber vor Sr. Excellenz des Herrn Grafen von Lynar Zurückkunft aus Rußland nicht füglich angieng, so hielt mich der oftmalige Umgang mit vorzüglichen hochadelichen und hochgräflichen Personen beyderley Geschlechts, dessen ich zu Itzehoe, Glückstadt, Bramstedt und Ranzau genoß, und zuweilen auch der Besuch eines gelehrten Mannes, für dasjenige schadlos, was mir in Ansehung meiner blos gelehrten Liebhaberey abgieng.

§. 72. Als endlich 1752. im Frühjahr der Herr Graf zu Lynar aus St. Petersburg zurückkam, ließ ich mich bewegen, bey desselben Herrn Sohn annoch ein halbes Jahr zu bleiben, und dasselbige mit ihm auf der Ritteracademie zu Sorde in Dänemark zuzubringen, nach dessen Endigung ich mich nach Kopenhagen begab, woselbst mich Herr D. Hauber, damaliger Pastor an der deutschen Peterskirche, aufs freundschaftlichste in sein Haus aufnahm, und mir Wohnung und Nahrung umsonst gab. Der tägliche Umgang mit diesem vortreflichen Mann

Mann war mir jetzo noch vortheilhafter als er mir in meiner Jugend gewesen war. Seine bald im Anfang desselben erfolgende schwere Krankheit gereichte uns zu einer ausserordentlichen gemeinschaftlichen Erbauung, und gab mir zugleich Gelegenheit, diesem meinem theuren Lehrer und Wohlthäter durch Dienstleistungen meine Ehrerbietung zu bezeigen. Seine ansehnliche Sammlung an Büchern und Landcharten, war mir zu den ersten beyden Theilen meiner Erdbeschreibung, welche ich in seinem Hause ausarbeitete, nach Wunsch behülflich. Die Nachrichten vom Zustande der Wissenschaften und Künste in den königlich-dänischen Reichen und Landen, welche ich zu schreiben anfieng, versetzten mich nicht nur in stärkere persönliche Bekanntschaft mit kopenhagener Gelehrten, sondern auch in Briefwechsel mit andern Gelehrten in Dänemark und Norwegen, und erwarben mir das Zutrauen der Nation. Unter den Standespersonen beehrten mich insonderheit der Minister vom hohen geheimen Etatsconseil, des Herrn Johann Ludewig Holstein, Grafen zu Lethraburg, und Herrn Johann Hartwig Ernst, Freyherrn von Bernstorf Excellenzen, mit ihrer Gewogenheit. Am allermeisten aber habe ich die ausnehmend grosse Gewogenheit Sr. hochfreyherrlichen Excellenz, Herrn Johann

hann Albrecht Korfs, rußisch-kayserlichen wirklichen Geheimeraths und Kammerherrn, auch bevollmächtigten Ministers am königlich-dänischen Hofe, zu preisen, indem dieser eben so leutselige als gelehrte Herr, mir seine sehr zahlreiche und wichtige Bibliothek zum freyen Gebrauch solchergestalt bewilligte, daß ich sie wie meine eigene gebrauchen konnte, seine anderweitigen mannigfaltigen Gunstbezeigungen zu geschweigen.

§. 73. So angenehm mir auch der Aufenthalt zu Kopenhagen war, so war doch wegen des Briefwechsels zum dritten Theil meiner Erdbeschreibung nöthig, daß ich nach Deutschland zurückkehrete. Ich bewerkstelligte diesen wohlübedachten Entschluß, ungeachtet er sehr viele befremdete, und der Erfolg zeigte, daß GOtt mich dabey regieret habe. Denn ich war kaum ein paar Wochen in Halle, dahin ich mich von neuem begeben hatte, gewesen, als ich von Sr. Excellenz dem Herrn Geheimerath und Kammerpräsidenten von Münchhausen zu Hannover, nach Göttingen als ausserordentlicher Professor der Philosophie und Adjunct der theologischen Facultät berufen ward. D. Baumgarten wiederrieth mir zwar die Annehmung dieses Berufs, und erbot sich, mir eine gleiche Stelle

zu

zu Halle zu verschaffen: weil aber diese ohne Gehalt gewesen wäre, hingegen jene damit versehen war, ich auch meines GOttes sonderbare Führung bey dem Beruf nach Göttingen wahrnahm; so folgte ich demselben mit Freudigkeit. Ich erkannte jetzt mit noch grösserer Deütlichkeit und Ueberzeugung die Weisheit und Güte GOttes in seinen bisherigen Führungen, durch welche ich zu dem nunmehrigen Amt war zubereitet worden. Ich habe aber auch zu Göttingen allezeit geglaubt, daß mich GOtt eigentlich zur Beförderung meiner Erdbeschreibung und nur auf eine zeitlang dahin geführet habe, welches auch durch den Erfolg bestätigt worden. In Ansehung meiner Erdbeschreibung hätte kein bequemerer Ort und Zustand für mich seyn können, als der Göttingische, weil ich daselbst mit allen nöthigen gedruckten Hülfsmitteln versehen war, durch die Gnade des unvergleichen Beförderers der Wissenschaften Sr. Excellenz des Herrn Geheimenraths und Kammerpräsidenten Freyherrn von Münchhausen, der Postfreyheit auf den churbraunschweigischen und kayserl. Posten genoß, und die gnädige Erlaubniß hatte, meine Zeit blos nach meiner Willkühr anzuwenden. Ich war kaum einen Monat zu Göttingen gewesen, als mich der Herr Graf Johann Ludewig Holstein zu Lethraburg (§. 72.)

O nach

nach Dänemark zurück rief, um als Professor der Universität zu Kopenhagen die adeliche Schule zu Herlufsholm einzurichten, und derselben einige Jahre lang vorzustehen. Se. Excellenz der Herr Geheimerath und Kammerpräsident Baron von Münchhausen, welche dieses eher als ich erfuhren, trugen mir zur Verbesserung meiner Umstände, zu meinem Professorat auch ein Pastorat an einer Kirche zu Göttingen an: ich nahm aber weder diesen noch den dänischen gnädigen Antrag an. 1755. vollzog ich meine schon 1749. beschlossene Heyrath mit der zu Cöthen gebornen, aber in meiner Vaterstadt erwachsenen Jungfr. Polyxene Christiane Auguste Dilthey, mit der und ihrem Bruder ich mich in unserer ersten Jugend in der Anbetung unsers GOttes und Heylandes gemeinschaftlich geübet hatte, und welche des erwecklichen Unterrichts des Herrn D. Haubers gleichfalls theilhaftig geworden war, ob sie gleich damals noch zu der reformirten Kirche gehörte. Unser gemeinschaftlicher vortreflicher Lehrer dankte uns im Anfang des jetzigen 1765sten Jahrs, in seinem kurz vor seinem Tode an uns abgelassenem Abschiedsschreiben, auf die zärtlichste Weise, nicht nur für die Liebe und das Zutrauen, so wir ihm erwiesen, sondern auch für die Freude, welche wir ihm verursacht hätten.

Im

Im 1756sten Jahr geschahe mir von dem Hochlöbl. Magistrat der Stadt Riga der Antrag, die dasige Stadtschule in ein Gymnasium zu verwandeln, und demselben als Inspector vorzustehen; es hielt mich aber vornemlich meine Erdbeschreibung von der Annahme desselben ab. Hingegen wurde ich in eben demselben Jahr veranlasset, die theologische Doctorwürde bey der Hochlöbl. theologischen Facultät zu Göttingen zu suchen, welche mir auch von derselben ertheilet ward. Es ist bekannt, daß ich bey dieser Gelegenheit meinen kurzen Entwurf einer blos biblischen dogmatischen Theologie ans Licht gestellet habe. Obgleich dieser Versuch unvollkommen ist, und ich noch keine Zeit und Gelegenheit gehabt habe, ihn fortzusetzen, und völlig auszuführen: ja ob er gleich theils von bösartigen, theils von unbedachtsamen Eiferern angefochten ist: so erfreuet es mich doch, daß seit der Zeit, da ich aus rechtschaffener Absicht die dogmatische Theologie unserer Kirche von Menschensatzungen zu reinigen versucht habe, mehrere gelehrte Männer zur wahren Verbesserung der dogmatischen Theologie gearbeitet haben. Es sind zwar alle diese Bemühungen auf unterschiedene Weise fehlerhaft gewesen, allein dieses ist die allgemeine Beschaffenheit aller menschlichen Werke, und es ist nichts destoweniger manche gute Wirkung davon zu hoffen. Im 1758sten Jahr trug mir der Herr Graf Holstein zu Lethraburg das theologische Professorat beym academischen Gymnasio zu Odense auf Fünen, mit der Anwartschaft zu einem gleichen Professorat auf der Universität zu Kopenhagen an; setzte aber, als ich dasselbige ausschlug, den Herrn D. Nannestadt dahin. Im 1759sten Jahr machten mich Se. Excellenz der Herr Geheimerath und Kammerpräsident Baron von Münchhausen zum ordentlichen Professor der philosophischen Facultät zu Göttingen. Vom Septembermonat 1760. bis ins Frühjahr 1761. prüfte mich GOtt durch die Kriegsunruhe und Noth, durch Mangel und Krankheiten, die mir und den Meinigen wiederfuhren, sehr stark, aber er stärkte und segnete mich auch augenscheinlich, und bereitete mich durch alle diese Prüfungen noch mehr zum Predigtamt, dazu er mich unvermutheter Weise berufen ließ.

§. 74. Ich erhielt nemlich am 24sten Dec. 1760. welcher der 7te Tag meiner hitzigen Fieberkrankheit war, von der evangelisch-lutherischen St. Petersgemeine zu St. Petersburg den Beruf zu ihrem zweyten Pastorat. Ob mir gleich dieser niemals vermuthete Beruf grosse Verwunderung verursachte, so fand ich mich doch

so-

sogleich in meinem Gewissen zur Annehmung desselben also verpflichtet, daß ich mich schon am folgenden Tage in meiner Antwort willig erklärete, demselben zu folgen. Ich unterredete mich darüber blos mit GOtt, und verschwieg, um viele Unruhe von mir abzuhalten, die ganze Sache bis gegen das Ende des Märzmonats 1761. da ich sie auf einmal öffentlich bekannt machte, und zugleich bey der hohen königl. Landesregierung zu Hannover auf die dringendste Weise um gnädige Entlassung geziemend ansuchte. Hochdieselbe ertheilte mir endlich meinen Abschied in Gnaden, beschenkte mich auch noch mit einem halbjährigen Gehalt, und ich reisete mit meiner Ehegattin und Kindern, darunter ein nur 6 Wochen alter Sohn war, am 2ten Jun. von Göttingen ab. Mein Herz und Mund waren von Dankbarkeit gegen GOtt und Lobe seines Namens voll, weil er mir zu Göttingen grosse Barmherzigkeit erwiesen hatte. Es wurde zwar eins meiner Kinder sogleich am ersten Tage der Reise krank, und die Krankheit verschlimmerte sich unterwegs dergestalt, daß keine Hofnung zu seiner Genesung übrig zu seyn schien: allein auch diese Prüfung erhielt mit der Genesung des Kindes ein erfreuliches Ende. Ich ließ mich unterwegs zu Elmshorn in der Grafschaft Ranzau, von meinem Freunde dem rechtschaffenen und ehrwürdigen Herrn Consistorialrath und Probst Gruner, zum Predigtamt einweihen, gieng hierauf über Lübeck nach Travemünde, und von dannen zu Schif in 10 Tagen nach Cronstadt, und ward hierauf aus Oranienbaum nach St. Petersburg abgeholet, woselbst ich am 24sten Jul. unter herzlichem Lobe GOttes vergnügt ankam, und eine sehr liebreiche Aufnahme erfuhr. Ob ich gleich dazumal seit einigen Jahren nicht geprediget hatte, so hatte ich doch in den vorhergehenden Zeiten zu Halle, Köstritz, St. Petersburg, Itzehoe, Kopenhagen und Göttingen oft geprediget, und die Verkündigung des herrlichen Evangeliums des seligen GOttes, welche mir allezeit als ein höchstwichtiges und angenehmes Geschäft vorgekommen, wurde von mir auch als ein solches zu St. Petersburg geachtet. GOtt ist mein Zeuge, wie sehr es mir daselbst bey einer jeden Predigt am Herzen gelegen hat, das Evangelium würdig zu verkündigen, und nicht allein meine Zuhörer, sondern auch mich selbst dadurch zu erbauen. Allein es hat mich auch sehr betrübet, daß ich wegen der unbeschreiblich grossen Unruhe, Zerstreuung, und daraus entstandenen Betäubung, darinn ich täglich gelebet, zur Vorbereitung zu meinen Predigten überhaupt, insonderheit aber zu dem vorzüglichsten Stück derselben, welches ich in die

vor=

vorläufige starke Beschäftigung meines Herzens mit der abzuhandelnden Materie, gesetzt, sehr selten einige, geschweige denn hinlängliche Zeit gehabt. Es sind noch die sogenannten Amtsverrichtungen, als Taufen, Copulationen und Begräbnisse, welche zu St. Petersburg insgesammt in den Häusern geschehen, wegen des grossen Zeitverlustes, den sie mir verursacht, und der eingeführte Gebrauch, durch dieselben und die Beichthandlungen oder vielmehr Vorbereitungen zum heil. Abendmahl, den größten Theil der Einkünfte zu verdienen, durchaus wider meine Gemüthsneigung gewesen. Ich will hier nicht beschreiben, wie ich mich während meines Predigtamts durch die Kraft GOttes in allen Stücken gewissenhaft, insonderheit aber erbaulich, dienstfertig, uneigennützig, gutthätig und geduldig zu beweisen gesucht, und vornemlich zur Erweckung und Tröstung der Kranken, und zur Hülfe für die Armen und Nothleidenden bemühet habe: denn dieses waren lauter wesentliche Pflichten meines Amts, deren Verabsäumung mich verwerflich und strafbar gemacht hätte. Was ich aber anderweitig zum Nutzen der St. Peterskirche und Gemeine und zum allgemeinen Besten vorgenommen, bestehet vornemlich in folgenden Stücken: Ich habe die Kirchenacten zusammen gesucht, in Ordnung gebracht,

bracht, und, um sie darinn zu erhalten, in 4 Foliobänden zusammenbinden lassen. Aus denselben und andern Hülfsmitteln, habe ich Jahrbücher der Kirche und Gemeine von 1704. bis ans Ende des 1764sten Jahrs zusammengetragen, die Einnahme und Ausgabe von allen diesen Jahren, die Anzahl der Gebornen, Gestorbenen und Copulirten berechnet, und die Geschichte der alten und neuen Schule beschrieben, welches alles in einem besondern Bande enthalten ist. In der Kirchenconventsstube habe ich die Bildnisse der 4 Patronen der Gemeine, und in der Kirchenstube, wo die Prediger sitzen, die Bildnisse derer verstorbenen Pastoren aufgestellet, auch meinen 3 letzten Vorwesern im Amt, auf meine Unkosten auf dem Samsonischen Kirchhofe Leichensteine mit Inschriften legen lassen. Meine in Ansehung der Schule gethane Vorschläge und gemachte Entwürfe haben der Kirchencasse gar keine Unkosten verursacht, hingegen bin ich eifrigst darauf bedacht und dahin bemühet gewesen, daß die vor meiner Zeit und ohne mein Zuthun, der Kirche durch den Bau des grossen Schulhauses verursachte Schulden, geschwind getilget werden möchten, und habe daher nicht nur aufs fleißigste von der Kanzel um milde Gaben für die Kirche gebeten, sondern auch den Herrn Generalfeldmarschall Reichsgrafen

grafen von Münnich faſt täglich zu Collectirungen ermuntert, 1764. perſönlich von einzelnen Perſonen in ihren Häuſern ein paar tauſend Rubel geſammlet, und die Meiſter und Geſellen einzelner Handwerker überredet, daß ſie unter ſich für die Kirche und Schule beträchtliche Geldſummen zuſammengetragen. — GOtt hat auch die Kirche während meines vierjährigen Lehramts ſo geſegnet, daß ſie zur Zeit deſſelben über 46000 Rubel Einkünfte gehabt, ſo wie auch die Anzahl ihrer Mitglieder um 5 bis 600 Perſonen gewachſen iſt. Die der St. Peterskirche und Gemeine allein zugehörige und von ihr allein abhangende Schulanſtalt, welche ich entworfen, angefangen, zum Stande und in Flor gebracht, und drittehalb Jahr regieret habe, hat der Kirche kein Geld, mir aber unbeſchreiblich viele und groſſe Mühe, Sorge und Geduld, auch nicht wenig baares Geld und groſſen Schaden in Anſehung meiner Privatangelegenheiten, gekoſtet. Sie hat der Kirche die Beſoldungen, welche ſie vorher denen 4 Lehrern ihrer alten Schule gegeben, und das Schulgeld für arme Kinder erſparet, ſie hat auch die Büchſengelder, welche bey Kindtaufen, Copulationen und Begräbniſſen geſammlet werden, behalten, ob ſie gleich der Schulcaſſe gehören. Dennoch hat die Schule während meiner Zeit über 20000 Rubel

Rubel Einkünfte gehabt, die auch zu ihrer Unterhaltung wieder ausgegeben worden. Ich habe von 400 Rubeln, die mir der Kirchenconvent 1763. wider meinen Willen zum Geschenk aufgedrungen, (denn ich habe für meine ausserordentlichen Bemühungen zum Besten der Kirche niemals die geringste Belohnung annehmen wollen,) 300 Rubel zum Anfang eines immerwährenden Fonds für die Schule gewidmet, der durch den Segen GOttes bey meiner Abreise von St. Petersburg schon auf 5100 Rubel angewachsen war, und darüber ich am 25sten Nov. 1764. im Kirchenconvent eine GOtt gebe beständige Fundation zum Stande gebracht habe. Zum Nutzen aller evangelischen Gemeinen im rußischen Reich aber habe ich 1764. eine allgemeine historische Nachricht von ihrem Ursprung und denen ihnen von den rußischen Monarchen ertheilten und verstatteten Freyheiten aufgesetzt, drucken lassen, und verschenket.

§. 75. Ob ich gleich wegen Schul= und Kirchensachen vielmals den schmerzhaftesten Verdruß, insonderheit im Kirchenconvent in den Monaten October und November des 1764sten Jahrs, nicht allein ausgestanden, sondern auch überwunden hatte: so brachte mich doch das Verfahren des Herrn Patrons und Convents

der

der Kirche, in den Monaten März und April des gegenwärtigen 1765sten Jahrs, dahin, daß ich alle Hofnung verlor, ohne Zuziehung und richterliche Entscheidung der ganzen Gemeine, und also ohne grosse, ärgerliche und schädliche Bewegungen und Unruhen, wieder in den Zustand zu kommen, darinn ich mit Zufriedenheit, Ruhe und Freudigkeit des Gemüths die Schul- und Kirchensachen besorgen könnte. Nachdem ich mich nun genöthiget gesehen hatte am 11ten April a. St. die Direction über die Schule unter den schmerzhaftesten Empfindungen niederzulegen, und den Kirchenconvent auf beständig zu verlassen, so blieb mir nur die Wahl zwischen 2 Uebeln übrig, nemlich entweder die betrübten Zwistigkeiten an die Gemeine zur Entscheidung zu bringen, oder mein Predigtamt niederzulegen, und nach Deutschland zurückzukehren. Ich erwählte nach herzlicher Anrufung GOttes und sorgfältiger Ueberlegung, das letzte Uebel als das kleineste, ungeachtet ich vorhersahe, daß die Gemeine sich diesem meinen Entschluß stark widersetzen würde. Am 14ten April machte ich denselben dreyen an mich vom Convent abgeschickten, und gegen mich freundschaftlich gesinnten Kirchenältesten bekannt, und da ich erfuhr, daß er von ihnen sogleich auch dem Kirchenconvent angezeiget worden, setzte ich selbst noch an eben

diesem

diesem Tage eine schriftliche Anzeige davon an den Convent auf, machte auch der Gemeine meinen Entschluß am nächsten Sonntag auf die gelindeste Weise von der Kanzel bekannt. Ich wandte unter flehentlicher Anrufung GOttes die äuserste Mühe an, das Mißvergnügen der Gemeine zu stillen, das wohlgemeynte Vorhaben der Profeßionsleute, (*) den Kirchenconvent in einer Schrift wegen seines Verhaltens gegen mich, zur Rede zu stellen und allenfalls zu verklagen, zu hintertreiben, (welches mir auch gottlob gelung;) und eine zwar schleunige, aber doch würdige Wiederbesetzung meiner Predigerstelle zu befördern, zu welchem Ende ich auch der Gemeine am ersten May rührende Vorstellungen that, und am 4ten May, da die Wahl meines Nachfolgers angestellet werden sollte, dazu eine Vorbereitungspredigt hielt. Ob nun gleich mein Wunsch nicht völlig erfüllet worden, so haben doch die vielen und starken Liebesbezeigungen der Gemeine, einen ewigen Eindruck in mein Gemüth gemacht, und die vielfältigen Proben und Beweise, daß der HErr meine Verkündigung
seines

(*) Ich kann nicht unterlassen die gutthätige Liebe derselben zu preisen, welche sie darinn bewiesen, daß sie nach meiner Abreise von St Petersburg, 420 Rubel unter sich gesammlet, und mir nachgeschicket haben.

seines Evangeliums gesegnet habe, werden mir allezeit eine starke Reitzung zum Lobe seiner Gnade seyn.

§. 76. Ihro Majestät die Kayserin Cathrina II. hatten vom Anfang an, da mein Entschluß nach Deutschland zurückzukehren bekannt wurde, sowol öffentlich als besonders Dero Mißvergnügen über die Ursachen desselben bezeigt, Sie geruheten aber auch Dero huldreichste Meynung von mir auf die preiswürdigste Art an den Tag zu legen. Sie befahlen nemlich Dero wirklichen Staatsrath und Cabinetsminister, Herrn Teplof, mir anzutragen; daß ich nach Ablegung meines theologischen Characters, in Dero Dienste bey der Academie treten, und die Bedingungen unter welchen ichs thun wollte, Ihro Majestät zur Genehmigung vorlegen möchte. Weil ich aber dafür hielt, daß es der St. Petersgemeine unvermeidlich zum grossen Anstoß gereichen würde, wenn ich nach Niederlegung meines Predigtamts bey derselben, zu St. Petersburg eine andere Person vorstellete, auch mein zur Rückkehr nach Deutschland gefaßter Entschluß damals nicht mehr geändert werden konnte: so lehnete ich den gnadenvollen kayserlichen Antrag mit dem ehrerbietigsten Dank schriftlich ab. Einige Tage hernach gefiel es Ihro Kayserl. Maje-

Majestät an den Herrn Staatsrath Teplof in einigen eigenhändigen rußischen Zeilen zu schreiben: Sie wollten mich vor meiner Abreise sehen. Sie lobten es auch, daß ich ein Mann sey, der bey seinem Vorsatz und Wort bleibe, er solle mich aber fragen, ob ich wieder nach St. Petersburg kommen werde, wenn ich zurückberufen würde? Ich antwortete auf diese Frage, es sey mir leichter wieder zu kommen, als jetzt da zu bleiben. Wenige Tage hernach hatte ich die Gnade und Ehre, von Ihro Majestät der Kayserin und Sr. Kayserl. Hoheit dem Großfürsten Abschied zu nehmen, und dazu von Sr. Excellenz dem leutseligen ersten Staatsminister, dem wirklichen Geheimenrath und Oberhofmeister, Herrn von Panin, eingeführet zu werden. Ihro Kayserl. Majestät unterredeten Sich mit mir einige Minuten auf eine solche Weise, welche mich von Dero unschätzbaren Gnade aufs angenehmste überzeugte.

§. 77. Am $\frac{23}{7}\frac{\text{May}}{\text{Jun.}}$ welcher der 2te Tag des Pfingstfestes war, hielt ich meine Abschiedspredigt, nahm auch hierauf nicht nur von allen Gliedern der Gemeine, welche ich in ihren Wohnungen finden konnte, sondern auch von vielen andern Gönnern, Freunden und Bekannten, besondern Abschied, und reisete am $\frac{31}{11}\frac{\text{May}}{\text{Jun.}}$

von St. Petersburg, begleitet von viel tausend Segenswünschen, ab. Mein zweyter fast vierjähriger Aufenthalt im rußischen Reich, welcher mir 4 meiner lieben Kinder, von denen 3 zu St. Petersburg begraben liegen, und das 4te welches auf der Ostsee zwischen Reval und dem Baltischen Hafen gestorben, zu Travemünde begraben ist, und unbeschreiblich viele Unruhe, Mühe und Kummer gekostet, jedoch auch die Gewogenheit und Freundschaft vieler hohen und geringern Personen, die erfreuliche Ueberzeugung zum gemeinen Besten nicht vergebens gearbeitet zu haben, die Liebe vieler Personen, und für die gelehrte Welt viele erhebliche Nachrichten verschaft hat, wird mir lebenslang wichtig, und in lebhaftem Andenken bleiben. Am 13ten Jun. gieng ich mit den Meinigen von Cronstadt aus und unter Segel, weil aber die Reisen aus Rußland zur See, in diesem Sommer sehr langwierig und beschwerlich waren, und ich am 8ten Jul. erst unter der Insel Rügen ankam: so beschloß ich, daselbst ans Land zu gehen. Solches geschahe auch, und ich reisete durch Rügen nach Stralsund, von dannen aber über Rostock, Wismar, Lübeck, Ratzeburg und Hamburg nach Altona, woselbst ich am 30sten Jul. angekommen bin, und diese in St. Petersburg angefangene Abhandlung der Geschichte der St. Petersgemeine,

gemeine, endige und zum Druck ausfertige. Das Verzeichniß meiner Bücher und Schriften, gehöret nicht in diese Geschichte.

§. 78. **Michael Friederich Großkreutz.** Ich liefere eine kurze Lebensbeschreibung von ihm, mit seinen eigenen Worten.

M. F. Großkreutz, ist im Jahr 1739. den $\frac{4}{15}$ März zu Cößlin in Pommern geboren, und legte in der dasigen Stadtschule unter Anführung Peter Conrad Kniephofs, Rectors derselben, den Grund zu seinen künftigen theologischen Studien. Nachdem er hieselbst seit 1745. sich der lateinischen, griechischen, hebräischen und französischen Sprache beflissen, auch in einigen Theilen der Weltweisheit und schönen Wissenschaften Anführung gehabt hatte; gieng er im Jahr 1755. nach Königsberg in Preussen und genoß daselbst im Collegio Friedericiano ein halbes Jahr hindurch den Unterricht in den erstern Classen, um sich in Sprachen sowol als auch in den Vorübungen der Weltweisheit und Redekunst, in den historischen und geographischen Wissenschaften fester zu setzen, und zu Anhörung academischer Lectionen vorzubereiten. Der Inspector des Collegii, Herr Christian Schiffert, übergab ihn hierauf im Jahr 1756. der königsbergischen Academie.

demie. Er wurde von der theologischen Facultät und ihrem damaligen Decano, Herrn D. Franz Albert Schultz, wie auch von der philosophischen und ihrem Decano, Herrn Christoph Langhansen, geprüfet und hierauf von dem damaligen Rector der Academie, Herrn D. Melchior Philipp Hartmann, unter die academischen Bürger aufgenommen. Die erste Zeit auf der Academie wandte er dazu an, sich in den Wissenschaften umzusehen, die ihm zur nützlichen Anhörung seiner künftigen theologischen Lectionen dienlich seyn konnten. Er besuchte die mathematischen Vorlesungen des Herrn D. Langhansen und D. Buck, hörete Herrn M. Kant in der Metaphysic, Herrn Prof. Watson in der philosophischen Sittenlehre, Herrn Prof. Teske in der Naturlehre, und Herrn D. Bock in der griechischen Sprache, übte sich auch im Disputiren. Er legte sich hierauf besonders auf die dogmatisch-polemische Gottesgelahrheit bey Herrn D. Schultz, und wohnete den catechetischen Uebungen desselben bey. Herr D. Arnold gab ihm Unterricht in der theologischen Sittenlehre und in der Anweisung zum Predigen, und bey Herrn D. Lilienthal und D. Moldenhawer fand er Gelegenheit sich mit Erklärung und Auslegung der heiligen Schrift zu beschäftigen. Im Jahr 1759.

1759. hat er die theologische Facultät um die Erlaubniß sich im Predigen üben zu dürfen, die er auch nach vorhergegangener Prüfung von dem Decano der Facultät Herrn D. Daniel Heinrich Arnold erhielt. Seine Umstände nöthigten ihn hierauf im Jahr 1759. einen guten Theil seiner Zeit dem Unterricht zu widmen, wozu er in Königsberg Gelegenheit fand, und sich dabey zugleich in den Armenschulen wöchentlich im Catechisiren übte. In eben diesem Jahr mußte er auch öffentlich eine Probe seiner angewandten academischen Zeit in Bestreitung eines theologischen Lehrsatzes wider seinen jetzigen Collegen den Herrn Pastor Tornow unter dem Vorsitz des Herrn D. Schultz ablegen. Durch die Vermittelung des Herrn D. Schultz kam er im Jahr 1760. nach Dörpat in Liefland als Informator in das Haus des Herrn Generalmajor von Villebois. Da er hier größtentheils der Einsamkeit auf dem Lande genoß; so konnte er seine übrigen Stunden desto füglicher seinen angefangenen Studien widmen. Die Vorsehung führete ihn im Jahr 1761. mit dem Herrn Generalmajor nach St. Petersburg, und nicht lange darnach ins Predigtamt. Er wurde im Jahr 1762. als Nachmittagsprediger und Schullehrer bey die St. Annengemeine berufen, und von Herrn Pastor Sen.

Sen. Trefurt, Herrn D. Büsching, und Herrn Pastor Hougberg nach vorhergegangener Prüfung in der St. Petri Kirche öffentlich zum Predigtamt eingesegnet, und trat daſſelbe am Sonntage Judica im Namen GOttes an, welches Amt er kurz darauf verließ und bey eben dieser Gemeine die priesterlichen Verrichtungen seines verstorbenen Collegen am 1sten Pfingsttage übernahm. Im Jahr 1763. den 26sten Octobr. verehelichte er sich mit Jungfer Anna Maria Hügen, aus welcher Ehe ihm im Jahr 1764. den 21ten Septembr. eine Tochter Barbara Maria geboren worden.

So weit gehen des Herrn Pastors eigenhändige Worte. Dieser geschickte und redliche Mann, durch den die St. Annengemeine in merkliche Aufnahme gekommen ist, ward am 22sten Aug. a. St. 1765. von der St. Petersgemeine zu meinem Nachfolger erwählet, und nahm den Beruf dazu an. Ich bitte GOtt flehentlich, daß er die werthe Gemeine durch ihn so reichlich erbauen und segnen wolle, daß sein Name darüber in Zeit und Ewigkeit gelobet werden möge!

Siebter Abschnitt.
Von den Räthen, Aeltesten und Vorstehern der Kirche.

§. 79. Ich liefere hier ein Verzeichniß der Räthe, Aeltesten, und Vorsteher der Kirche und Gemeine, welches ich mit Mühe gesammlet habe, kann es aber in Ansehung der ältern Zeiten nicht für vollständig ausgeben.

Peter Sievers, (*) ⎫
Heinrich Wessel, ⎬ Seeofficiers
Christoph Hauch, ⎪ 1710.
Joh. Valch, ⎭
Christian Durup, Apotheker. 1712.
Peter Lau, Lieutenant. 1712.
Christian Wolff, Kaufmann. 1712.
Andreas Seidler, Goldschmidt. 1712.
Gottfr. Hildebrand, Goldschmidt. 1716.
Heinrich Schwerdtmann. 1716.
Johann Gottfried Rockentin. 1717.
Generallieutenant Bohn. 1719.
Siegfrid Snetler. 1720.
Michael Thomsen. 1722.
Peter Böhtlingk, Kaufmann. 1724. (**)

(*) Nachmaliger rußischer Admiral.

(**) Ein wegen seiner vieljährigen Dienste und grossen Bemühungen um die Kirche sehr verdienter Mann.

Werner Wulffert, Kaufmann. 1724.
C. von Hochmuth, Generalmajor,⎤
S. A. von Wolf, Vicepräsident des Kirchen-
 kayserl. Justizcollegii der lief. und räthe.
 esthländischen Sachen. 1728.
von Fick, Staatsrath und Vicepräsi-
 dent des Reichs-Commerzcollegii.⎦
Postdirector Friederich Asch, jetziger Reichs-
 freyherr. 1728.
Jacob Liebhold. 1728.
Gabriel Bacheracht, Kaufmann. 1730.
Heinrich Blissekow. 1730.
Carsten Voigt. 1733.
Albrecht, Major von der Leibgarde.⎤
Glück, Kammerrath. Kirchen-
Hagemeister, Assessor des Justiz- räthe.
 collegii der lief- und esthländi- 1735.
 schen Sachen.⎦
Johann Jost Weber. 1735.
Johann Lindemann. 1735.
Heinrich Garmahz. 1735.
Joh. Nic. Thiel. 1735.
Hans Heinr. Panzer. 1735.
Wassermann. 1735.
Jacob Berens. 1736.
Paul Daniel Schröter. 1736.
Hof-Stallmeister von Fink. 1737.

P 3 Jacob

Jacob Stelling, Kaufmann, von 1737. als Vorsteher, und von 1748. bis 1764. Aeltester. (*).
Levin Rolfink. 1737.
Johann Ludolph Dohm, Kaufmann. 1737.
Gottfried Oeser. 1737.
Joachim Heinr. Reinstorp. 1738.
Ens. 1738.
Johann Christopher Richter, Assessor, 1738. Vorsteher, von 1748. an Aeltester.
Johann Vincent Peidder. 1739.
Christian Wilhelm Cornelius. 1739.
Gottfried Hofer. 1739. Vorsteher, von 1748. bis 1752. Aeltester.
Johann Joachim Lietzmann, Kaufmann, 1741. Vorsteher, von 1748. bis 1760. Aeltester.
Andreas Appelgrän. 1741.
Peter Böckmann. 1741.

Johann

(*) Die vieljährigen und ansehnlichen Verdienste dieses Mannes, müssen bey der Kirche unaufhörlich in dankbarem Angedenken bleiben. Seine Beysteuren zu der Kirchencasse betragen über 2500 Rubel, er hat auch auf den Altar 2 grosse und künstlich ausgearbeitete Weinkannen zum Behuf des heil. Abendmahls, und zum Schulgebäude auf 8000 Rubel geschenket. Ich habe ihm, als er 1764. starb im Namen der Schule ein Denkmal auf 1 Octavbogen gestiftet.

Johann Thomas Möller. 1742.
Andreas Georg Wickhof. 1743.
Johann Trost. 1743.
Joh. Joachim Cossel. 1745.
Everd Johann Ludewig. 1745.
Johann Heinrich Trost. 1745.
Erasmus Paulson Müller. 1745.
Friederich Jacob Wonnenberg, Vorsteher, jetziger Major. 1747.
Johann Pahl, Vorsteher. 1747.
Johann Nagel, Vorsteher. 1747.
Johann Middendorff, Vorsteher. 1748.
Balthasar Sigismund Siedel, Vorsteher. 1748.
Kaufmann, Werner Wulffert, Vorsteher. 1750.
Kaufmann, Benedict Lietzmann, Vorsteher. 1750.
Sattler, Joh. Frid. Vogt, Vorsteher. 1750.
Chirurgus, Rückmann, Vorsteher. 1750.
Kaufmann, Gotthard Wilhelm Middendorf, Vorsteher. 1750.
Kaufmann, Heinrich Christian Stegelmann, kayserl. Hof- und Kammerfactor, zum Aeltesten erwählt 1752. (*)

---

* Die Verdienste, welche sich dieser großmüthige und freygebige Mann um die Kirche und Schule erworben

Kaufmann, Joachim Blandow, Vorsteher. 1753.

Kaufmann, Johann Balthasar Höfferer, Vorsteher. 1753.

Kaufmann, Georg Friederich Michaelis, Vorsteher 1753. Aeltester 1763.

Kaufmann, Carl Christian Bagge, Vorsteher. 1754.

Kaufmann, Hermann Nicolaus Benser, Vorsteher. 1755.

Kaufmann, Nicolaus Grään, Vorsteher. 1755.

Franz Nic. Stuht, Vorsteher. 1755.

Kaufmann, Joh. Rudolph Wackerhagen, Vorsteher. 1756.

Kauf-

worben hat, sind eines ewigen dankbaren Andenkens werth. Seine jährlichen Beyträge zu den ordentlichen Kirchencollecten, die kostbaren Gewande, mit welchen er den Altar geschmücket hat, die Unkosten, welche er an das Pflaster des Kirchhofs und an die Ueberziehung unterschiedener Kirchenstühle mit Tuch, gewendet hat, und seine anderweitigen an die Kirche gemachten Geschenke, betragen einige tausend Rubel, an das Schulgebäude aber hat er über 12000 Rubel baaren Geldes verwandt; seiner grossen Gaben, welche den Predigern, Bedienten und vielen Gliedern der Kirche zu Theil geworden sind, nicht zu gedenken. Ich habe ihm, als er 1763 starb, im Namen der St. Petersschule ein Denkmal auf 2 Octavbogen gestiftet.

Kaufmann, Nicolaus Mollwo, Vorsteher. 1758.

Kaufmann, Levin Fabian Böhtlingk, Vorsteher. 1759.

Kaufmann, Lorenz Bastian Ritter, Aeltester. 1760.

Kaufmann, Christian Jacob Andreä, Vorsteher. 1761.

Kaufmann, Hieronymus Teßin, Vorsteher. 1761.

Kaufmann, Christoph Johann Schulze, Vorsteher. 1762.

Kaufmann, Heinrich Peter Knust, Vorsteher. 1763.

Kaufmann, Andreas Wulfert, Vorsteher. 1763.

Eberhard Johann Schröter, Vorsteher. 1763.

Kaufmann, Friederich Wilhelm Poggenpohl, Aeltester. 1764.

Kaufmann, Friederich Wilhelm Stralborn, Vorsteher. 1764.

Achter Abschnitt.
Von der Schule.

§. 80. Der erste Schulmeister bey der Kirche war Cornelius Cornelissen ein gewesener Matrose. Ihm folgte 1712. Wilhelm Ravenstein, welcher 1716. starb, und den Cantor Weber zum Nachfolger hatte, der 1725. sein Amt verließ, und nach Reval gieng. In eben diesem Jahr ward Jacob Rampau ein Lübecker, aus Wiburg zum Schreib= und Rechenmeister, und im folgenden 1726sten Jahr der noch lebende Herr Sebastian Bosse, aus Halle zum Cantor und Schullehrer berufen. Allein, so brauchbar auch diese beyden Männer in ihrer Art waren, so waren sie doch unzulänglich, der Gemeine für ihre Kinder eine gute Schule zu verschaffen, daher der Kirchenconvent 1735. ernstliche Berathschlagungen anstellete, wie die Schule verbessert, und den armen Kindern freyer Unterricht ertheilet werden könne. Die Kirchencasse war durch den Bau der Kirche und Predigerhäuser ganz erschöpft, und konnte zu der Verbesserung der Schule kein Geld hergeben: daher beschloß man, bey Kindtaufen, Copulationen und Begräbnissen, eine Büchse umhergehen zu lassen, und in derselben freywillige Gaben zur Aufrichtung und Erhaltung der Schule zu sammlen. Dieser Vorschlag ward von der Kanzel bekannt gemacht, auch auf einem halben Octavbogen gedruckt, und von der Gemeine genehmiget, er wird auch noch bis auf den heutigen Tag bewerkstelliget,

doch

doch hat die Schulcasse während meiner Zeit diese Gelder nicht genossen, sondern sie sind der Kirchencasse zu Theil geworden. Der Kirchenconvent beschloß auch eine Schulcasse zu errichten, in welche ausser solchen gesammleten Gelde, auch das Schulgeld, welches die Eltern für den öffentlichen Unterricht ihrer Kinder bezahlen würden, fliessen, und aus welcher die Besoldungen der Lehrer und andere Unkosten der Schule, bestritten werden, die Lehrer aber unmittelbar von den Schulkindern für den öffentlichen Unterricht nichts haben, wol aber dieselben zur Bezahlung des Schulgeldes fleißig anhalten sollten. Im folgenden 1736sten Jahr setzte man diese Berathschlagungen fort. Man beschloß die armen Kinder umsonst unterrichten zu lassen. Man trug dem Pastor Severin auf, die vorhandenen Schulkinder mit Hülfe des Cantors namentlich aufzuzeichnen, zu prüfen und in Klassen zu vertheilen. Man berief auch den Conrector am kayserl. Gymnasio M. Johann Philip Lütken zum Rector der Schule, und errichtete mit ihm einen Vertrag auf 6 Jahre, der noch lebende Herr Daniel Delphin aber ward zum Untermeister bey der Schule bestellet. Der neue Rector stellete dem Kirchenconvent vor, daß wegen sehr ungleicher Geschicklichkeit der Schulkinder, eine grössere Vertheilung derselben

in

in Klassen, nöthig sey, und bat, daß ihm ein Corrector, und dem Cantor zu seiner Klasse ein Subrector zugeordnet werden möchte. Es geschahe aber nicht; und obgleich dem damals zu St. Petersburg sich aufhaltenden Dänen, Peter von Haven, nachmaligen Doctor der Theologie und Professor zu Sorôe, das Conrectorat aufgetragen werden sollte, so hat ers doch nicht wirklich verwaltet. Hingegen verlor die Schule schon im Anfang des 1737sten Jahrs ihren Rector M. Lürken, welcher um seine Entlassung bat, weil ihn die evangelisch-lutherische Gemeine auf dem Stückhofe, zum Gehülfen des Pastor Schattners berufen habe. Um das Rectorat wieder zu besetzen, schrieb der Kirchenconvent an den Doctor und Superintendenten Valentin Ernst Löscher zu Dresden, und bat denselben, der Schule einen tüchtigen Rector zu verschaffen, welcher im Nothfall auch einen Gehülfen der Pastoren abgeben könnte. Er schlug Carl Sigismund Machnitzky, aus Breslau gebürtig, vor, und rühmete denselben als einen gründlich gelehrten Mann, der bisher vornehmer Leute Kinder wohlgeführet habe, und in Schulsachen, insonderheit in der lateinischen Sprache wohl geübt sey, auch predigen könne, wenn es verlanget würde. Man berief diesen angepriesenen Mann, der aber erst 1738.

1738. im April zu St. Petersburg ankam. Aus seinen dem Convent übergebenen schriftlichen Berichten und Vorstellungen, erhellet der elende Zustand, in welchem er die Schule angetroffen, und die Unvollkommenheit der Mittel, welche er zur Verbesserung derselben vorgeschlagen. Sie blieb in ihrer schlechten Verfassung, und der Rector hatte nicht nur Streitigkeiten mit seinen Collegen, sondern auch mit dem Kirchenconvent. Dieser letztere war zur Besorgung, Regierung und Einrichtung der Schule in der That nicht geschickt, denn er bestund gewöhnlichermassen aus ungelehrten Personen, und die Pastoren, welche doch vom Schulwesen etwas mehr verstunden, waren unter des Major Albrechts despotischen Regierung des Kirchenconvents in Abwesenheit des Herrn Generalfeldmarschalls Grafen von Münnich, von den Versammlungen des Convents ausgeschlossen, wurden nur selten dazu eingeladen, und hatten des Rectors Machnitzky Beruf nicht mit unterschrieben, ja ihrer war gar nicht darinn gedacht worden. Daher hielte sie auch der Rector in Ansehung der Schule für nichts mehr als andere Glieder der Gemeine, und bey den öffentlichen Prüfungen der Schulkinder, nur für Zuhörer und Zeugen, für seine Aufseher und Vorgesetzten aber wollte er sie nicht erkennen, als

der

der Kirchenconvent sie endlich dazu ernannte, da er in Ansehung der Schule gar keinen Rath mehr wußte. Die solchergestalt unvermeidlichen Streitigkeiten nahmen also zu, daß der Rector am 1sten Jun. 1739. seinen Abschied bekam. Der Kirchenconvent empfahl hierauf den beyden Pastoren die bestmöglichste Aufsicht über die Schule, und denen 3 Lehrern Treue und Fleiß, das ist, er ließ die Schule in ihrem Verderben stecken. Sie versunk auch immer tiefer darinn. 1741. bestellete der Kirchenconvent Heinrich Siebenmark zum 2ten Schreib- und Rechenmeister der Schule. Weil aber die Schulcasse wegen schlechter Bezahlung des Schulgeldes nicht bestehen könnte, zog der Kirchenconvent 1743. die Besoldungen der Lehrer ein, und wies ihnen anstatt derselben das Schulgeld an, welches sie von den Schulkindern einfordern und heben sollten. Die Lehrer sagten voraus, daß sie dabey verlieren würden, man wollte aber, daß sie es versuchen sollten. 1745. gieng der eben genannte Siebenmark ab, und Herr Johann Friederich Großlaub ward aus Narwa zum Gehülfen des alten Schreib- und Rechenmeisters Rampau berufen, dem er auch, als derselbige 1754. starb, in seinem Amt folgte.

§. 81.

§. 81. Die gemeinen Klagen über die schlechte Beschaffenheit der Schule, veranlasseten den Kirchenconvent, daß er 1751. denen Pastoren Herrn Nazzio und Herrn Trefurt auftrug, sich mit einander zu besprechen, und einen schriftlichen Entwurf zu machen, wie die Aufnahme der Schule befördert, und die Lehrer zur eifrigeren Beobachtung ihrer Pflicht angehalten werden könnten? Als nach des erstgenannten Herrn Pastors bald darauf erfolgten Tode, Herr Pastor Bützow zum zweyten Lehrer der Gemeine berufen ward, wurde ihm nicht nur in seinem Beruf auferlegt, nebst dem Herrn Senior, und Pastor Trefurt für die Aufnahme und Verbesserung der Schule eifrig zu sorgen, sondern es wurde auch am 30sten April 1752. im Kirchenconvent beyden Herren Pastoren von neuem aufgetragen, die dienlichsten Mittel zur Verbesserung der Schule ausfindig zu machen. Herr Pastor Bützow las in einer am 2ten Jun. eben dieses Jahres gehaltenen neuen Versammlung, einen Aufsatz ab, der seine Vorschläge, wie der Schule nach ihrer damaligen unordentlichen Verfassung einigermassen geholfen werden könnte, enthielt, aus welchem auch zugleich erhellete, daß er den Anfang gemacht habe, dem Herrn Cantor in der Unterweisung in der lateinischen Sprache zu helfen. Dieses hörte mit desselben

ben frühzeitigen Tode wieder auf. An seiner Stelle ward 1754. Herr Magister Lange, bisheriger Subrector des Gymnasii zu Lübeck, zum Pastor berufen, welchem gleichfalls auferlegt ward, daß er die Aufnahme und Verbesserung der Schule mit befördern sollte. Am 28sten Decemb. 1756. beschloß der Kirchenconvent im künftigen Sommer ein neues Schulgebäude aufzubauen, und alsdenn geschickte Schullehrer zu bestellen. Allein am 27sten Febr. 1757. änderte er diesen Endschluß dahin, daß er die Schule in den obern Theil eines derer an dem Newskischen Perspectiv stehenden steinernen Kirchenhäuser verlegte, auch zweyen von den damaligen 3 Lehrern in demselben die nöthige Wohnung einräumte. In eben diesem Jahr wurde am 14ten Aug. der Candidatus theologiæ Herr Johann Gustav Luther zum Rector der Schule erwählet, unter dessen Aufsicht die übrigen 3 Lehrer stehen sollten, und welchem in dem gedachten Hause auch die benöthigte Wohnung angewiesen wurde. Herr Pastor Lange starb schon am 15ten May, 1758. und hatte Herrn Pastor Zuckmantel zum Nachfolger, welcher bis dahin Hofprediger des Herrn Markgrafen zu Brandenburg-Onolzbach gewesen war. Diesem wurde in seinem Beruf die Vorsorge für die Schule gleichfalls empfohlen. Er machte

einen

einen Entwurf zur Verbesserung der Schule, und zum Bau eines neuen Schulhauses, und legte denselben sowol am 23sten Decembr. 1759. als am 9 May, 1760. dem Kirchenconvent vor, welcher nach angestellter Ueberlegung, desselben Ausführung beschloß. Sein Vorschlag in Ansehung der Schule war dieser. Sie sollte 4 Lehrer haben, nemlich einen Lesemeister, der zugleich Organist seyn könne, einen Schreib- und Rechenmeister, der zugleich Cantor seyn könne, einen Conrector, und einen Rector. Die beyden letztern oder oberen Lehrer sollten studirte Männer seyn, und jener die christliche Lehre, lateinische und französische Sprache, und die ersten Anfangsgründe der Geographie; dieser aber die christliche Lehre, Geographie und Historie, in deutscher, lateinischer und französischer Sprache, in Privatstunden aber die griechische Sprache lehren. Ein Schüler, der hebräisch lernen wolle, solle von einem Pastor in desselben Hause wöchentlich ein paar Stunden unterrichtet werden. Auſſer diesen Lehrern sollten auch 2 Candidaten als Inspectores angenommen werden, um nicht nur jenen Lehrern in gewissen Stunden zu Hülfe zu kommen; sondern auch das, was öffentlich nicht gelehret werden könne, besonders mit einigen wenigen Schülern auf ihren Zimmern vorzunehmen, auſſerdem aber die Aufsicht

über

über die anzunehmenden Pensionärs zu haben. Denn weil, wegen der Weitläuftigkeit und Witterung der Stadt, eine solche Schule nicht ohne ein Pensionshaus seyn könne, darinnen Kinder, für welche man es begehrte, unter guter Aufsicht mit Wohnung, Essen und Trinken gegen Bezahlung versorget würden: so müßte auf dem Kirchenplatz ein geräumiges steinernes Gebäude für die Inspectores, Lehrer und Pensionärs und für die Schule erbauet werden. Dieses wurde damals von dem Convent genehmiget. Zur Erbauung des neuen Schulhauses war schon ein Geldvorrath von 9 bis 10000 Rubeln vorhanden, man hofte auch auf viele milde Beyträge, dergleichen auch schon einige erfolgten. Am 11ten May 1760. ward der Grundstein zu dem neuen Gebäude feyerlich gelegt. Herr Pastor Zuckmantel hatte eine Inschrift verfertiget, die auf Zinn gegraben wurde, und also lautete:

„Dieser Grundstein zu einer christlichen ev„angelischen Schule der augspurgischen Confes„sion verwandten Gemeine allhier zu St. Pe„tersburg, ist zu Ehren des dreyeinigen GOt„tes, zu Beförderung der Erkenntniß des Heils, „guter Sitten und Wissenschaften unter der „glorwürdigen, milden und siegreichen Regie„rung Ihro Kayserl. Majestät, Selbst-
„herr-

„herrscherin aller Reussen Elisabeth Pe-
„trowna, im 19ten Jahr, bey hohen Wohl-
„ergehen des Kayserl. Hauses, des Großfürsten
„aller Reussen **Peter Feodorowitsch,** regie-
„renden Herzogs zu Schleswig-Hollstein, der
„Großfürstin **Catharina Alexiewna,** und
„des jungen Großfürsten **Paul Petrowitsch,**
„Kayserlicher Hoheiten, durch Veranstaltung
„und Förderung des damaligen Kirchenconverts,
„der beyden gnädigen Herren Kirchenpatronen,
„des Herrn Reichsgrafen Hofmarschalls Carl
„von Sievers, und des Freyherrn Nicolaus
„Korf, jetzo kayserl. rußischen Generalgouver-
„neurs zu Königsberg Excellenz Excellenz, der
„Pastoren Herrn **Ludolf Otto Trefurt** und
„Herrn **Joh. Wilh. Zuckmantel,** der Kir-
„chenältesten, Herrn **Jacob Stelling,** Herrn
„**Heinrich Christian Stegelmann,** Herrn
„**Johann Christoph Richter,** und Herrn
„**Lorenz Bastian Ritter,** und der Kirchen-
„vorsteher Herrn **Nic. Grään,** Herrn **Joh.**
„**Rudolf Wackerhagen,** Herrn **Hermann**
„**Nic. Mollwo,** und Herrn **Levin Börh-**
„**ling,** mit Gebet und Glückwunsch vieler Um-
„stehenden, im Vertrauen auf göttliche Hülfe
„und Segen, freudig gelegt worden, am Chri-
„stianstage den 11ten May a. St. im Jahr

Q 2 „Christi

"Christi JEsu 1760. Zach. 4, 7. Glück zu!
"Glück zu!

"Sæcula bis octo, plus uno, lustraque bis sex
   "Tradita per Christum sancta fides numerat.
"Fundata schola sacra Deo, felicibus ausis,
   "Ingenii culturæ, artibus atque bonis.
"Spes nostras fac Christe ratas, prodire juventam
   "Hinc auctam studiis & pietate jube.
"Serva ædem, pacemque Deus! largire, nec ante
   "Finem orbis lapidem sede moveri sine.

"Das Fundament schenkte und führete den "Bau Herr **Heinrich Christian Stegel-** "**mann,** Kayserl. Hoffactor. Architect war "Herr **Martin Ludewig Hoffmann,** aus "Riga."

Diese Aufschrift las Herr Pastor Zuckmantel vor dem Platz des neuen Schulgebäudes mit lauter Stimme ab, und hierauf wurde sie in den Grundstein, nebst einigen Schaumünzen von der augspurgischen Confeßion, und neuen rußischen Münzen gelegt. Der Stein ward hierauf von den Baumeistern in den Grund gebracht, und Se. Excellenz der Herr Graf von Sievers machten den Anfang denselben einzumauern, welchem die übrigen Mitglieder des Kirchenconvents folgeten. Die ganze Handlung be-

beschloß Herr Pastor Trefurt mit einem inbrünstigen Gebet. Der Bau ward hierauf sowol von dem Herrn Pastor Zuckmantel, als Herrn Hoffactor und Kirchenältesten Stegelmann munter betrieben, allein jener, welcher die eigentliche Triebfeder desselben gewesen war, starb schon am 13ten Julii eben dieses Jahres zum grossen Leidwesen der Gemeine.

§. 82. Durch GOttes wunderbare Regierung ward ich zu seinem Nachfolger erwählet, und GOtt verpflichtete mein Gewissen, solchen Ruf anzunehmen. Das Berufungsschreiben, welches ich empfieng, verlangte insonderheit auch dieses, daß ich mir mit Eifer angelegen seyn lassen sollte, die neuen Anstalten der Gemeine zur Aufnahme der Schule, bewirken zu helfen. Als ich am $\frac{13}{24}$ Jul. 1761. hieselbst ankam, war das neue steinerne Schulgebäude bis unters Dach gekommen, und ward in demselben Sommer durch unermüdeten Betrieb des Herrn Hoffactor Stegelmanns äusserlich bis auf die Tünche nach fertig. Ich fand die oben angeführte Absicht der neuen Schulanstalt schriftlich verfasset, und nach Maßgebung derselben in dem neuen Gebäude 4 grosse Zimmer, die zu den Klassen bestimmt waren. Es dünkte mich aber, man könne und müsse die Absicht der Schule vergrössern und verbessern, und sie darinn setzen, für alle Stände und Lebensarten durch gründlichen Unterricht tüchtige Leute zu bilden und zu erziehen. Mein Vorschlag war also dieser: Kinder und junge Leute männlichen Geschlechts sollten in der neuen Schule lernen, deutsch, lateinisch, französisch und rußisch, lesen und schreiben, rechnen, die christliche Glaubenslehre, die Naturgeschichte, Geographie, Historie, die mathematischen Wissenschaften, die Naturlehre, allgemeine Regeln der Haushaltungskunst und Klugheit, Regeln zur Bildung des Herzens und der Sitten, Zeichnen, die deutsche, rußische und französische Sprache, Singen, Clavierspiel, gute Leibesstellungen, und die, welche sich entweder der Chirurgie und Apothekerkunst widmen, oder zu den Universitäten zubereitet werden sollten, auch die lateinische Sprache, und einen allgemeinen Begrif von dem Umfang aller Wissenschaften, ja wenn sie die Theologie studiren sollten, auch die griechische und morgenländische Sprachen. Kinder weiblichen Geschlechts sollten nicht nur im Lesen, Schreiben, Rechnen und in der christlichen Lehre, sondern auch in den leichtesten und nützlichsten Stücken der Naturlehre, der Gesundheitslehre, und der Wirthschaftslehre, in der deutschen und französischen Sprache, und im Briefschreiben unterrichtet, es

sollte

sollte ihnen auch ein kurzer Begrif von der Erde und Weltgeschichte beygebracht, auch ausserdem eine Anweisung zum Knitten, Nähen, Sticken, Zeichnen, Singen, Clavierspiel und guten Leibesstellungen ertheilet werden. Der Kirchenconvent genehmigte diesen Vorschlag, und trug mir auf, den Plan von einer darnach eingerichteten Schule zu entwerfen. Ich übernahm solches, und bat in einer am 24sten Jenner 1762. unter dem letztmaligen gnädigen Vorsitz Sr. Erlaucht des Herrn Reichsgrafen und jetzigen kayserl. Oberhofmarschalls von Sievers angestellten Versammlung, daß einige erfahrne Männer ernannt werden möchten, denen ich den Plan, so wie ich ihn von Zeit zu Zeit ausarbeitete, vorlesen könnte, um ihr Urtheil darüber zu vernehmen, und nützlich anzuwenden. Man erwählte aus dem Kirchenconvent meinen Collegen den Herrn Pastor Trefurt, den Kirchenältesten Herrn Stegelmann, und den Kirchenvorsteher Herrn Mollwo, aus der Gemeine aber wurden Herr Professor Müller, und die Kaufleute Herr Haack und Herr Wackerhagen, dazu erwählet und gebeten. Diese Herren haben sich, so oft ich sie darum ersucht, bald insgesammt, bald zum Theil bey mir versammlet, und das angehöret und beurtheilet, was ich ihnen vorgelesen habe: vorzüglich aber

hat

hat sich sowol damals, als in der folgenden Zeit, der nunmehrige Herr Collegienrath Müller zum Besten der Schule bemühet, und sich dadurch um dieselbe gar sehr verdient gemacht. Als der Sommer dieses 1762sten Jahres herannahte, war mein eifriger Wunsch, daß während desselben das neue Schulgebäude von innen und auſſen ganz fertig werden, und die Schule am 1sten October eben dieses Jahres wirklich angefangen werden möchte. Für die Vollendung des Bauwesens sorgte der grosse Wohlthäter der Schule Herr Stegelmann aufs eifrigste, und streckte zugleich die darzu nöthigen Summen willig vor. In Ansehung der eigentlichen Schule war die grosse Schwierigkeit vorhanden, daß die durch den Bau entkräftete Kirchencasse kein Geld hatte, welches sie daran verwenden konnte. Ich that dieserwegen, und damit die Schule der Kirche nichts kosten möge, den Vorschlag, daß alle Schüler und Schülerinnen das Schulgeld allemal ein halbes Jahr voraus bezahlen, und ohne geleistete Vorausbezahlung keine angenommen werden sollten, welches auch zum Grundsatz erwählet wurde. Unterdessen hatte der zurückberufene Herr Generalfeldmarschall **Burchard Christoph Reichsgraf von Münnich** das Patronat bey der St. Petersgemeine und den Vorsitz im Kirchenconvent

vent derselben von neuem gnädig übernommen, welches auch der Schule grosse Vortheile brachte.

§. 83. Am 5ten Jun. las ich im Kirchenconvent die erste zum Druck bestimmte Nachricht von der Schule, ihrer Absicht, Einrichtung und Anfang, vor, welche genehmiget, und hierauf nicht nur in deutscher, sondern auch in rußischer Sprache gedruckt wurde. Es ward zugleich in dieser Versammlung beschlossen, daß die Schule am 1sten October dieses Jahres wirklich eröfnet werden sollte. Man behielt die bisherigen 4 Schullehrer der Kirche, nemlich die Herren **Luther, Bosse, Großlaub** und **Delphin** bey, und bewilligte ihnen anstatt des bisher gehobnen Schulgeldes, einen dasselbe ersetzenden Gehalt aus der Schulcasse. Man übertrug mir das Directorium über die Schule, um dasselbe im Namen des Kirchenconvents zu führen, und dem Convent von Zeit zu Zeit den nöthigen Bericht von dem Zustand der Schule abzustatten. Man beschloß auch einen auswärtigen gelehrten Mann zum Inspector der Schule unter einem ansehnlichen Gehalt zu berufen, und die sonst nöthigen Lehrer anzunehmen. Da aber der von mir zum Inspector in Vorschlag gebrachte göttingische Gelehrte Bedenken trug, den Ruf dazu anzunehmen: so verursachte mir dieses keine geringe Bekümmerniß. Ich eröfnete dieselbe am 8ten Aug. dem Kirchenconvent, und weil man vor dem Winter keinen andern zu dem Inspectionsamt tüchtigen Mann erlangen, die Schule aber ohne tägliche und stündliche Aufsicht nicht seyn konnte: so drang mich die Begierde, der Gemeine und ihren Kindern nützlich zu seyn, daß ich mich erbot, zu meiner bisherigen täglichen Mühe in Ansehung der Einrichtungen zur Eröfnung der Schule, und zu der übernommenen Direction derselben, vors erste, und bis man einen besondern Inspector bekommen würde, auch die tägliche und stündliche Aufsicht über die Classen zu übernehmen. Wobey ich mir nur dieses ausbat und ausbedung, daß der Kirchenconvent mir die Gewalt geben möge, die Schule nach meiner Einsicht einzurichten und zu regieren. Dieses ward mir bewilliget. Noch in eben demselben Sommer setzte ich die zweyte Nachricht von der Schule auf, welche vornemlich die mit derselben verbundene künftige Pensionsanstalt betraf, und welche der Kirchenconvent am 22sten August, da ich sie verlas, gleichfalls billigte, worauf sie so wie die erste, gedruckt und ausgetheilet ward. Nachdem ich durch GOttes Gnade viele Schwierigkeiten überwunden hatte, und mein Gemüth in Ansehung derselben beruhiget war, eröfnete ich

die

die neue Schule am 1sten Octobr. wirklich, und die alte ward aufgehoben; Jener Eröfnung aber konnte mit keiner Feyerlichkeit geschehen, weil die erste Einrichtung der Classen mit zu vieler Unruh verknüpft war. Die gesammten damals angeschriebenen Kinder versammleten sich mit den Lehrern in der Kirche, woselbst ich GOtt die Schule in einem inbrünstigen Gebet zum Segen empfahl, hierauf aber die Lehrer, und alsdenn die Kinder anredete und ermahnete. Als ich das Namenverzeichniß der Schüler, und Schülerinnen abgelesen hatte, las ich ihre Namen noch einmal nach der Eintheilung in die Classen, welche in die damalige Stunde fielen, ab, und ließ sie also Classenweise, von ihren Lehrern, in eines der hölzernen Gebäude der Kirche führen, in welchem die Schule damals ihren Anfang nahm, weil das neue steinerne Gebäude noch nicht wohnbar war. Der erste Tag gieng zwar vornemlich auf die Einrichtung, und stündliche Abwechselung der Classen hin, weil die ganze Ordnung den Lehrern und Schülern neu, und unbekannt war: allein es wurde doch schon wirklich Unterricht ertheilet, und in wenigen Tagen hatten sich die Lehrer und Lehrlinge an die von mir eingeführte Ordnung, Zucht und Lehrart gewöhnet. Ich war im ersten halben Jahr täglich Vor- und Nachmittags in der Schule, um alles im guten Gange zu erhalten, die vorkommenden Fehler zu verbessern und so oft es nöthig war, in den untern und obern Classen selbst zu unterrichten. Die ersten Lehrer waren, Herr R. Johann Gustav Luther, Herr Cantor Sebastian Bosse, Herr Just. Heinrich Gebhardi Cand. Jur. Herr Erich Laxmann gewesener adjungirter Prediger, Herr Wüst, französischer Sprachmeister, Herr Joh. Fried. Großlaub, Herr Daniel Delphin, und Herr Joh. Herrmann Christoph Knirim. Als ich am 16ten Nov. im Kirchenconvent Bericht von der Schule abstattete, waren überhaupt 162. Schulkinder vorhanden, nemlich 121 Schüler, und 41 Schülerinnen. Um dieselbige Zeit lernete ich Herrn Johann Bernhard Heinrich Göbel, zweyten Pastor und Rector zu Pernau in Liefland, aus einigen schriftlichen Aufsätzen und mündlichen Nachrichten, als einen geschickten und fleißigen Schulmann kennen, und machte ihn am 25ten Nov. hinwieder dem Kirchenconvent bekannt, welcher ihn einstimmig zum Inspector unserer Schule erwählete, und mir auftrug, das Berufungsschreiben nach den verabredeten Stücken zu entwerfen, welches auch vom ganzen Convent unterschrieben, und am 26sten Novemb. nach Pernau abgeschicket wurde. Die gewünschte

Ant=

Antwort ward am 19ten Decembr. im Kirchenconvent verlesen, noch vorher aber wurde meine dritte Nachricht von der Schule am 2ten Decembr. im Kirchenconvent beurtheilt und hierauf dem Druck übergeben.

Am 8ten Jenner 1763. als die Schule 3 Monate alt war, stellete ich die erste öffentliche Prüfung der Schüler, und Schülerinnen an, damit die eingeführte Lehrart und Ordnung desto besser bekannt würde. Diese Handlung welche ich mit einer kurzen Rede anfieng, und endigte, beehrten Seine Erlaucht der Herr Generalfeldmarschall, Reichsgraf von Münnich, Seine Excellenz, der Herr General en Chef, und Generalpolicendirector, Freyherr von Korf, unser vormaliger gnädiger Kirchenpatron, und viele andere angesehene, gelehrte, erfahrne, gütige, und wohlgesinnete Personen, nicht nur mit ihrer Gegenwart, sondern auch mit ihrem Beyfall.

Am folgenden Tag verlegte ich die Schule in das neue steinerne Gebäude, dessen Wohnbarkeit ich durch alle mögliche Mittel erzwungen hatte. Am 16ten Febr. kam der berufene Herr Inspector Göbel hieselbst an, und am 22sten ward er feyerlich eingeführet. Es waren zu diesem Ende, nicht nur alle Lehrer, Schüler, und Schülerinnen; sondern auch alle Mitglieder des Kirchenconvents versammlet. Seine Erlaucht

laucht der Herr Generalfeldmarschall, Reichsgraf von Münnich, eröfneten die Handlung mit einer zwar kurzen, aber nachdrucksvollen Anrede, und trugen mir auf, den Herrn Göbel als Aufseher über die Schule, einzuführen. Dieses geschahe in einer Anrede an denselben, in welcher ich ihn zugleich an seine gesammten Pflichten erinnerte, und hierauf auch die Lehrer, zum Beschluß aber die Schüler und Schülerinnen, anredete. Nachdem dieses geschehen war, trat der Herr Inspector auf, und beschloß die Handlung, mit einer wohlabgefaßten Erklärung. Am 11ten März erlitte die Schule durch den Tod ihres geschickten Lehrers, Herrn Just. Heinr. Gebhardi, einen empfindlichen Verlust. Ich habe demselben ein gedrucktes Denkmahl gestiftet. Am 31sten März ward die ordentliche halbjährige öffentliche Prüfung der Schüler und Schülerinnen angestellet, wobey abermals eine ansehnliche Gesellschaft von Manns- und Frauenspersonen zugegen war.

§. 84. Am 1sten April fieng das 2te Schulhalbejahr, mit ungefehr 300 Schülern, und Schülerinnen an, die von vielerley Nationen waren, als Deutsche, Russen, Kalmucken, Armenier, Italiäner, Franzosen, Engländer, Schweitzer, Schweden, Finnen, Esthen, Letten ꝛc.

Es nahm zu gleicher Zeit die gedoppelte Pensionsanstalt für Kinder beyderley Geschlechts ihren Anfang, nachdem ich mit der Einrichtung und Ausmeublirung des dazu gewidmeten obern Theils des neuen steinernen Gebäudes, und eines nahe dabey gelegenen hölzernen Hauses, zum Stande gekommen war. Am 26sten April wurde im Kirchenconvent beschlossen, in dem nahe bevorstehenden Sommer öconomische Gebäude hinter dem Schulhause zu errichten. Die Schule erhielt in diesem halben Jahre folgende neue Lehrer, nemlich die Candidaten, Herrn Johann Christian Weber, Herrn Johann Beckmann, Herrn Johann August Stark, Herrn Carl Johann Melart, und Herrn M. Johann Christ. Faust; den Tanzmeister, Herrn Nic. Peslin, den Claviermeister, Herrn Joh. Conrad Haas, Organisten der Kirche, und den Zeichenmeister, Herrn Joh. Bollenthien, welche Männer ich theils zu St. Petersburg gefunden, theils aus Deutschland, Reval und Wyburg berufen habe; es giengen aber auch vor dem Ende dieses halben Jahres die Herren Melart und Wüst wieder ab. Ausserdem wurden zu Hofmeisterinnen der Pensionairinnen, und zu Lehrmeisterinnen im Nähen, die Demoiselles, Isabelle Bourgeois, und Charlotte Gerhardi, angenommen, und

für

für beyde Pensionsanstalten, Herr D. Joh. Heinrich Jänisch, als Arzt, und Herr Joh. Gotthilf Scharf, als Wundarzt bestellet. Anderer für die Pensionsanstalten angenommenen Personen, als eines Speisewirths, Einkäufers, und der Bedienten männlichen und weiblichen Geschlechts, ꝛc. nicht zu gedenken. Am Ende des Septembr. war das zweyte halbjährige öffentliche Examen, zwey Tage vor welchem der grosse Wohlthäter der Schule, Herr Heinrich Christian Stegelmann starb, nachdem er eben die obengedachten öconomischen Hintergebäude zum Stande gebracht hatte.

Im Anfang des dritten Schulhalbenjahres, welches am 1sten Octobr. des 1763sten Jahres anhub, bekam die Schule, so wie mehrere Schüler, also auch noch mehrere Lehrer, nemlich die Candidaten, Herrn M. Gottfried Adam Lehmann, und Herrn Joh. Friederich Heitzig, Herrn Louis Stanislas Carbonnet, als Lehrer der französischen Sprache, Herrn Chorschewsky, als Lehrer der rußischen Sprache, und Herrn Jeremias Husarewsky, einen Mönch aus dem Kloster des heil. Alexander Newsky, als Lehrer der Theologie der griechischen Kirche für die Rußen.

§. 85.

§. 85. Am 24ſten September 1763. ward im Kirchenconvent beſchloſſen, daß man Ihro Kayſerl. Majeſtät Cathrine II. um ein allergnädigſtes Privilegium für die Schule, geziemend bitten wolle, und der gnädige Herr Patron der Gemeine erklärte ſich willig, die Bittſchrift der Monarchin zu überreichen. Solches geſchahe, nachdem ich die Bittſchrift aufgeſetzt, der ganze Convent aber dieſelbige unterſchrieben hatte. Im 1764ſten Jahr trug ſich in Anſehung der Schule viel erhebliches zu. Das wichtigſte war, daß der Convent am 6ſten März das allergnädigſte kayſerl. Privilegium über die Schule empfieng, welches in rußiſcher Sprache auf Pergament aufs ſchönſte geſchrieben, und mit vielen Zierrathen verſehen war, daran auch das in Wachs abgedruckte groſſe Reichs-Inſiegel in einer vergoldeten ſilbernen Capſel hieng. Es lautet aus der rußiſchen Sprache überſetzt alſo:

„Von GOttes hülfreicher Gnade, Wir Ca-
„thrina II. Kayſerin und Selbſtherrſcherin
„von ganz Rußland, von Moscau, Kiew, Wo-
„lodimer, Nowgorod, Zarin von Caſan, Zarin
„von Aſtrachan, Zarin von Sibirien, Frau von
„Pleskow, und Großfürſtin von Smolensk,
„Herzogin von Eſthland, Liefland, Careten,
„Twer, Jugorien, Permien, Wiatken, Bulga-
„rien

„rien und von anderen Ländern, Frau und Groß-
„fürstin von Nischnei-Nowgorod, Tschernigow,
„Resan, Rostow, Jaroslawl, Belosero, Udo-
„rien, Obdorien, Condinien, und der ganzen
„nordlichen Gegend Beherrscherin, Frau des
„Landes Iberien, der cartalinischen und geor-
„gianischen Zaren, und des cabardinischen Lan-
„des, der tschirkaßischen und im Gebirge woh-
„nenden Fürsten, und anderer, Erbfrau und Be-
„herrscherin:

„Thun hiermit kund, daß die Gemeine sammt
„den Pastoren und übrigen Kirchenbedienten
„der evangelischen Kirche des heil. Apostels Petri
„in unserer Residenzstadt St. Petersburg, un-
„sere Kayserl. Majestät alleruntertänigst gebe-
„ten haben, die bey selbiger Kirche im Jahr
„1762. neu errichtete Schule für Sprachen,
„Künste und Wissenschaften, in unsern allerhöch-
„sten besondern Schutz zu nehmen, dergestalt,
„daß wir derselben als einer zum allgemeinen
„Besten gereichenden Stiftung ein allergnädig-
„stes Privilegium ertheilen möchten, damit sie
„zu ewigen Zeiten so wie jetzt unter unserer Kay-
„serl. Majestät Regierung, also auch inskünftige
„von unsern allerdurchlauchtigsten Nachfolgern
„auf dem rußisch-kayserlichen Thron, als ein
„mit alle ihren Gebäuden der St. Petrikirche
„und Gemeine allein zugehöriges, und von ihr
„allein

„allein abhangendes Eigenthum, in ihrer sowol
„gegenwärtigen, als etwa inskünftige bey zu:
„nehmender Anzahl der Schüler und Schülerin:
„nen von dem Kirchenconvent zu veranstalten:
„den Einrichtung und Verfassung, geschützet,
„und gegen alle Anfechtungen vertheidiget wer:
„den, auch zu ewigen Zeiten von allen Policey:
„oneribus frey bleiben möge. Daher hat
„unsere Kayserl. Majestät gedachte Schule nach
„Inhalt der allerunterthänigsten Bitte der Ge:
„meine der St. Peterskirche, in allen Stücken
„so wie solche hier oben enthalten sind, in un:
„sern allergnädigsten besondern Schutz aufge:
„nommen, und wir gebieten hiermit, dieselbe
„Schule vor allen Anfechtungen zu schützen, und
„von allen Policey:oneribus zu befreyen. Zur
„mehrern Bekräftigung und Erfüllung dessen,
„haben wir diesen unsern Gnadenbrief eigen:
„händig unterschrieben, und mit unserm Reiches
„Insiegel verwahren lassen. Gegeben in unse:
„rer Kayserl. Residenz St. Petersburg, im Jahr
„nach Christi Geburt 1764, den 31sten Jenner,
„unserer Regierung im 2ten Jahr. „

Cathrina.

Im Collegio der ausländischen
Staatssachen registrirt unter
Num. 801.   Vicekanzler
            Fürst Alexander Golizin.

Am 7ten März, welcher ein Sonntag war, ward dieses kayserl. Privilegium der Gemeine von der Kanzel vorgelesen, GOtt dafür gedanket, und Ihro Majestät der Kayserin und dem Großfürsten dafür Segen gewünschet. Weil aber ein paar Schreibfehler darinn waren, (davon ein Privilegium ganz frey seyn muß,) mußte es von neuem abgeschrieben, und von der Kayserin unterschrieben werden, dazu Sich auch Ihro Majestät durch des Herrn Generalfeldmarschalls Grafen von Münnich unterthänigste Bitte, im Anfang des Juniimonats bewegen liessen. Um eben diese Zeit schenkte die Kayserin zu den Schulgebäuden 3000, und der Großfürst 1000 Rubel.

§. 86. Diese allermildeste Geschenke waren desto erfreulicher, je schmerzhafter es für die Schule war, daß sie, die durch des Herrn Stegelmanns Tod schon einen so grossen Verlust erlitten hatte, am 17ten April an dem Kirchenältesten Herrn Stelling abermals einen grossen Wohlthäter verlor. Die Anzahl ihrer Lehrer vermehrete ich durch Herrn Nardin, Licent. juris, welcher die französische Sprache lehrete, und Herrn Uhthof, Candidaten der Theologie. Es giengen aber auch in diesem Jahr 4 Lehrer wieder ab, nemlich Herr Laxmann, welcher

nach

nach Sibirien als Prediger der evangelischen Bergleute bey den koliwanschen Bergwerken gieng, Herr M. Lehmann, der Mönch Herr Arsenius, welcher Archimandrit oder Abt des Klosters zu Jaroslawl ward, und Herr Heitzig.

Mit Genehmigung des Kirchenconvents hieng ich in dem grossen Schulsaal die Bildnisse einiger um die Schule, und besonders derselben Gebäude verdienter Personen auf, nemlich des Herrn Generalfeldmarschalls Grafen von Münnich, des sel. Pastor Zuckmantels, und des sel. Kirchenältesten Stegelmanns, welche der wohlthätige und verdiente Kirchenälteste Herr Michaelis auf seine eigene 3 bis 400 Rubel betragende Unkosten hatte ansehnlich mahlen und einfassen lassen. Es ward auch zu gleichem Zweck mit den Bildnissen Ihro Majestät der Kayserin Cathrina II. und des sel. Kirchenältesten Stellings, der Anfang gemacht.

Im Octobermonat, als die Schule 2 Jahre gedauret hatte, stattete ich dem Kirchenconvent einen sehr genauen Bericht nicht nur von dem damaligen Zustande der Schule, sondern auch von meinen Grundsätzen, nach welchen ich sie eingerichtet, und bis dahin verwaltet hatte, ab, und bat, daß dieser Bericht den Kirchenacten beygefüget werden möchte, damit die Nachkommen beurtheilen könten, wie ich in Ansehung der

Schule gedacht und gehandelt hätte. Ich bat mir zugleich eine dem Protocoll einverleibte Erklärung über folgende 2 Fragen aus: 1) ob der Convent mit meiner bisherigen Einrichtung und Regierung der Schule zufrieden sey, und dieselbe genehmige? und 2) ob er, die mir 1762. ertheilte Gewalt, sie nach meinem besten Wissen und Gewissen allein zu regieren, auf Lebenslang oder so lange ich zu St. Petersburg seyn werde, erneure und bestätige, und wenn ich sie, wie ich durch GOttes Hülfe es zu leisten hoffe, fernerhin gewissenhaft und klüglich gebrauche, mich mit Mißtrauen, und Ein= und Vorwürfen, verschonen wolle? Ich entfernete mich aus der Versammlung, damit der Convent desto mehr Freyheit zu seinen Berathschlagungen haben möchte. Dieses aber gab einigen übelgesinneten Personen Gelegenheit ihre Mißdeutungen meiner Worte und Absichten, desto umständlicher anzubringen, und der Convent konnte nicht nur nicht an diesem Tage, sondern auch in 2 folgenden vielstündigen Versammlungen nicht zum Schluß kommen, es wären auch die an mir schon ausgeübten Kränkungen und Beleidigungen noch weiter fortgesetzt und höher getrieben worden, wenn ich nicht am 4ten Nov. in die damalige Versammlung gegangen wäre, und mit grosser Lebhaftigkeit darauf gedrungen hätte, daß meine Fragen

noch

noch in derselben Stunde mit Ja! oder Nein! beantwortet werden möchten. Durch diesen Ernst pressete ich ein Ja! aus, welches mich aufs zukünftige nicht viel Gutes hoffen ließ. Unterdessen hatte ich doch das Vergnügen, am 25sten November im Kirchenconvent die Stiftung eines immerwährenden Fonds zur beständigen Unterhaltung der Schule, zum Stande zu bringen. Diesen Fonds hatte ich 1763. mit 300 Rubeln, die mir von dem Kirchenconvent wider meinen Willen geschenkt waren, gestiftet, und er war durch andere milde Beyträge am 25sten Nov. 1764. schon auf 1711 Rubel angewachsen. An diesem Tage verpflichteten sich die damaligen Mitglieder des Kirchenconvents auf lebenslang zu jährlichen Beyträgen zum Schulfonds und zum Schulgeld für 50 Freyschüler und Freyschülerinnen der Schule, es wurden auch noch einige andere Zuflüsse zu dem Schulfonds bestimmt, und festgesetzt, daß er zur Unterhaltung und Aufnahme der Schule beständig erhalten werden solle.

§. 87. Auf die Freude, welche mir diese Stiftung verursachte, erfolgte eine grosse Traurigkeit. Ich wurde schon in dem berüchtigten Protocolle des unregelmäßigen Kirchenconvents vom 10ten März a. St. des 1765sten Jahin Ansehung der Schule stark beleidiget und gekränket, und es entstunden daraus sowol als aus noch viel schädlicheren Uebereilungen, solche Streitigkeiten, deren traurige Folgen ich gleich vorhersahe. GOtt fieng an sie zu bestrafen, (denn ich glaube Grund zu dieser Meynung zu haben,) als er am 9ten April durch eine Feuersbrunst, ein der Kirche zugehöriges hölzernes Wohnhaus verzehren, und zugleich das neue steinerne Schulgebäude in die größte Gefahr gerathen ließ, wiewol seine verschonende Güte das letztere vor grossem Schaden bewahrete. Am 11ten April sahe ich mich im Kirchenconvent genöthiget, die Direction über die Schule niederzulegen, weil der Herr Kirchen- und Schulpatron mit derselbigen nicht zufrieden war, der Convent desselben Meynung wenigstens stillschweigend beytrat, und alle Vorstellungen gegen die ungegründetesten Urtheile vergeblich waren. Ich kündigte solche Niederlegung am folgenden Tage dem Herrn Inspector und den Lehrern durch ein Schreiben an, dankte ihnen für die Gütigkeit, Freundschaft und Liebe, welche sie mir während meiner Direction durch Zutrauen, Willigkeit und Eifer in ihren Aemtern erwiesen hatten, bat mir von ihnen zur letzten und größten Gefälligkeit aus, daß sie nicht aufhören möchten,

zum

zum Nutzen und zur Erhaltung der Schule mit möchlichster Treue und Weisheit zu arbeiten, und verwies sie an den Kirchenconvent. Dieser erklärte ein paar Tage hernach den bisherigen geschickten, und der Einrichtung der Schule ausser mir allein recht kundigen Herrn Inspector Göbel zum Director der Schule, doch so, daß er die Inspection auch noch fernerhin verwalten solle. Auf Verlangen des Convents setzte ich in desselben Namen die Vollmacht und Anweisung auf, welche dem neuen Director ertheilet wurde, unter dessen Direction die Schule verhoffentlich einen gesegneten Fortgang haben wird, welches ich auch inbrünstig wünsche.

Als ich die Direction über diese mir so sauer gewordene, aber von GOtt bewundernswürdig gesegnete, und von mir deswegen zärtlichst geliebte Schule, mit wehmüthigen Herzen niederlegte, war sie in folgenden Zustande. So wie sie ohne Unkosten der Kirche, und ohne einen Fonds entstanden und eingerichtet war, also war sie auch bis dahin blos vom Schulgelde unterhalten worden, hatte einen Inspector und 18 Lehrer, deren jährliche Besoldungen fast 5000 Rubel betrugen, eine kleine Bibliothek, einen starken Vorrath von neuen Schulbüchern, welche den Schülern und Schülerinnen verkauft werden,

den, dreyhundert und einige Schüler und Schülerinnen, von denen 50 umsonst unterrichtet wurden, einen Fonds von 5104 Rubeln, und das ganze Schulgebäude war mit allen nöthigen Geräthschaften reichlich angefüllet. Die Einnahme der Schul- und Pensionsanstalt hatte bis dahin über 20000 Rubel betragen, welche auch zur Unterhaltung der Anstalt wieder ausgegeben waren.

Weil ich die Schule am 1 October eröfnet hatte, fiengen die halben Schuljahre am ersten October und ersten April an: da aber alsdenn zu St. Petersburg die schlimmste Jahrszeit ist, so veränderte ich mit dem Anfang des 1765sten Jahres die halben Schuljahre also, daß sie am ersten Jenner, und ersten Julio anfiengen. An die Stelle des 1764. abgegangenen rußischen Mönchs, Herrn Arsenii, kam im Märzmonat des 1765sten Jahrs der Mönch, Herr Joseph, und an die Stelle des nach Narwa gegangenen Schreib- und Rechenmeisters, Herrn Großlaubs, kam Herr Eichler, der vorhin in Wiburg gestanden hatte. Nach meiner Niederlegung des Directorats, haben die Herren Becmann, Stark, Weber und Nardin, ihre Lehrämter aufgegeben, und der erste ist um der Naturhistorie willen nach Upsola, der zweyte um der Alterthümer willen nach Rom, der dritte nach Preussen zu seinem Herrn Vater gegangen, und der 4te hat ein Lehramt beym kayserl. Land-cadettencorps zu St. Petersburg angenommen. Von den beyden ersten hat die gelehrte Welt viel zu erwarten.

Ausser 4 Nachrichten von der Schul- und Pensionsanstalt, habe ich für die Schule, und im Namen derselben folgende Schriften drucken lassen: 1) Introduction aux principes de la lecture pour l'Ecole de S. Pierre á S. Petersbourg. 1763. ein Bogen von 12 Blättern. Der Herr Insp. Göbel hat sie verfertiget. 2) D. Martin Luthers kleiner Catechismus nach den 5 Hauptstücken besonders gedruckt, für die St. Petersschule zu St. Petersburg, 1764. auf einen Bogen von 12 Blättern. Ich habe den etwas dunkeln Wörtern und Redensarten kurze Erläuterungen beygefügt. 3) Zum Andenken des Herrn Just Heinrich Gebhardi, Candidatens der Rechte und Lehrers der Schule, 1763. 2 Bogen in Octav. 4) Denkmal welches die St. Petersschule ihrem grossen Wohlthäter, Herrn Heinrich Christian Stegelmann, gestiftet. 1763. 2 u. 1 viert. Bogen in Octav. 5) Denkmal welches die St. Petersschule ihrem grossen Wohlthäter,

thäter, Herrn Jacob Stelling, gestiftet, 1764. 1 Bogen in Octav. 6) Gelehrte Abhandlungen und Nachrichten aus und von Rußland, geliefert von der St. Petersschule, erstes Stück, 1764. 15 Bogen in grossem Octav. Herr Inspector Göbel, und die Herrn Becmann und Stark, sind meine Mitarbeiter an denselben gewesen. 7) Sendschreiben an die Herren Verfasser des Berlinischen Wochenblatts zum Besten der Kinder, über die Schule der Sprachen, Künste und Wissenschaften bey der St. Peterskirche zu St. Petersburg. 1 Bogen in klein Octav. Die 5 ersten Schriften sind zu St. Petersburg in der Buchdruckerey der kayserlichen Académie der Wissenschaften gedruckt.

GOtt, der demüthig gelobet sey, daß er mich gewürdiget und gestärket hat, diese Schulanstalt zu stiften, erhalte und segne sie unaufhörlich. Ich hänge diesem letzten Kapitel meine letzte kurze Nachricht von der Schule an, welche ich habe 1764. drucken lassen.

Kurze Nachricht
von der
durch Kayserliche Majestät
allergnädigst
privilegirten Schule
der Sprachen, Künste und
Wissenschaften
bey der
evangelischen St. Peterskirche
in St. Petersburg.

Verzeichniß
der täglichen Lehrstunden
in dieser Schule.

I. Für Kinder männlichen Geschlechts.

Vormittags.
Von 8 — 9.

Deutsche Leseklasse.
Deutsche Schreibklasse.
Deutsche Sprachklasse für Russen.

Klasse

Klasse für die gute deutsche Schreibart.
Dritte lateinische Klasse.
Klasse der christlichen Lehre.
Erste Rechenklasse.
Zwente mathematische Klasse.
Erste historische Klasse für die Historie der europäischen Staaten, der Künste und Wissenschaften.

Von 9 — 10.

Deutsche Leseklasse.
Deutsche Schreibklasse.
Rußische Sprach- und Schreibklasse für Deutsche.
Zwen französische Klassen.
Erste mathematische Klasse.
Klasse der christlichen Lehre für Russen.
Zwente lateinische Klasse.

Von 10 — 11.

Deutsche Leseklasse.
Deutsche Schreibklasse.
Deutsche Sprachklasse für Russen.
Erste französische Klasse.
Klasse für einen kurzen Begrif von Himmel und Erde.
Zwente geographische Klasse.
Zeichnungsklasse.

Sonnabends in dieser Stunde ein Unterricht zur Bildung des Herzens und der Sitten für alle Schüler.

Von 11 — 12.

Zeichnungsklasse.
Clavierklasse.

Nachmittags
Von 2 — 3.

Deutsche Leseklasse.
Deutsche Schreibklasse.
Rußische Sprach- und Schreibklasse für Deutsche.
Zwey französische Klassen.
Klasse für morgenländische Sprachen.
Zeichnungsklasse.
Zweyte Rechenklasse.
Physicalische Klasse.

Von 3 — 4.

Deutsche Leseklasse.
Deutsche Sprachklasse für Russen.
Französische Klasse.
Dritte Rechenklasse.
Klasse der griechischen Sprache.
Klasse der Naturhistorie.

Erste

Erste geographische Klasse.
Klasse für Regeln der allgemeinen Haushaltungskunst und der Gesundheit.

Von 4 — 5.

Deutsche Leseklasse.
Rußische Lese und Schreibklasse.
Klasse für die deutsche Orthographie.
Französische Klasse.
Erste lateinische Klasse.
Zwente historische Klasse für die allgemeine Welthistorie.
Klasse der christlichen Lehre.

Von 5 — 6.

Singeklasse.
Clavierklasse.

Mittewochens und Sonnabends Nachmittags fallen die Klassen weg, und es wird nur von 2—4 von dem Tanzmeister Unterricht ertheilet. In den Wintermonaten, da die kürzesten Tage sind, fängt die Schule früh um 9 Uhr an, und alsdenn wird die von 11—12 gewesene Clavierklasse früh von 8—9, die von 11—12 gewesene Zeichnungsklasse aber Mittewochens und Sonnabends Nachmittags von 2—4 gehalten.

II. Für

II. Für Kinder weiblichen Geschlechts.

Vormittags.

Von 8 — 9.

Klasse der christlichen Lehre.
Erste französische Klasse.
Nähe-, Stick- und Knitteklasse.

Von 9 — 10.

Schreibklasse.
Zeichnungsklasse.

Von 10 — 11.

Schreibklasse.
Klasse der christlichen Lehre.
Klasse für die deutsche Orthographie und gute Schreibart.

 Sonnabends in dieser Stunde für alle Schülerinnen ein Unterricht zur Bildung des Herzens und der Sitten.

Von 11 — 12.

Singeklasse.

Nachmittags.

Von 2 — 3.

Deutsche Leseklasse.
Nähe-, Stick- und Knitteklasse.
Klasse für einen kurzen Begrif von Himmel und Erde.

Von 3 — 4.

Deutsche Leseklasse.
Französische Leseklasse.
Erste Rechenklasse.

Von 4 — 5.

Deutsche Leseklasse.
Zweyte Rechenklasse.
Klasse für Regeln der allgemeinen Haushaltungskunst und der Gesundheit.

Von 6 — 7.

Clavierklasse.

Mittewochens und Sonnabends fallen alle Nachmittagsklassen weg, und es wird nur von 2 — 4 auf dem Clavier, und von 4 — 6 vom Tanzmeister Unterricht ertheilet; auch wird in den kürzesten Wintertagen die sonst in die Stunde von 11 — 12 fallende Singeklasse, Mittewochens und Sonnabends von 1 — 3 gehalten.

Besondere Umstände
von der Schule, und der mit derselben verbundenen Verpflegungs- und Erziehungsanstalt.

Aus den obigen Klassen werden für ein jedes Schulkind alle halbe Jahr diejenigen ausgesucht,

sucht, welche desselben Fähigkeit, Geschicklichkeit und Absicht gemäß sind. Es steigt nach Maßgebung seines Fleisses und seiner zunehmenden Erkenntniß, nach einer gewissen wohlbedachten Ordnung, von Zeit zu Zeit aus einer niedern in eine höhere Klasse.

Alle halbe Jahr hören die Klassen auf, und werden von neuen angefangen. Diese Veränderung geschiehet im Anfang des Jenners und Julius, und zu dieser Zeit werden auch ordentlicher Weise neue Schüler und neue Schülerinnen aufgenommen, die öffentliche Prüfung der Schulkinder aber geschiehet am Ende eines jeden halben Jahres.

Das gemeine Schulgeld beträgt jährlich nur 8 Rubel; allein, ein Schulkind, welches Französisch und Zeichnen lernet, giebt jährlich 16 Rubel, und, wenn es auch vom Tanzmeister und auf dem Clavier unterrichtet seyn will, jährlich 24 Rubel. Von diesem Schulgelde muß im Anfang eines jeden halben Jahres die Hälfte unausbleiblich und ungesäumet voraus bezahlet werden. Ein neues Schulkind bezahlet wenigstens 1 Rubel Antrittsgeld. Wer sich 1 Monat oder 2 Monat nach dem Anfang eines Schulhalbenjahres angiebt, wird zwar aufgenommen, muß aber doch das Schulgeld für das ganze halbe Jahr bezahlen, es wäre denn, daß es die Eltern zu sehr beschwerte, in welchem Fall ihnen etwas nachgelassen wird.

Es werden zwar Kinder von allen Nationen angenommen; es müssen aber alle, die nicht Deutsche sind, erst die deutsche Sprache lernen, ehe sie eine Wissenschaft lernen können, weil die Wissenschaften nur von deutschen Lehrern, und in deutscher Sprache gelehret werden.

Die nöthigen Bücher werden den Kindern in der Schule so wohlfeil verkauft, als sie haben angeschaft werden können.

Für jede Sprache, Kunst und Wissenschaft sind geschickte Lehrer bestellet, und mit der nöthigen Anweisung versehen worden. Die Regierung und Aufsicht über die ganze Schule verwalten ein Director und ein Inspector mit aller möglichen Treue.

Mit der Schule ist eine Verpflegungs- und Erziehungsanstalt verbunden: Wer in dieselbe aufgenommen werden, und darinnen unter der Aufsicht des Directors und Inspectors und bestelleter Hofmeister wohnen will, muß entweder von vornehmer, oder doch von guter Herkunft, auch gelehrig, folgsam, und mit keinem ansteckenden Uebel behaftet seyn, sich schon selbst ankleiden können, und ausser den nöthigen Kleidern, auch reine Betten und Bettstellen mitbringen, aber keine Bedienten, weil die Schule gute

und

und hinlängliche Bedienten selbst bestellet. Ein jeder Pensionär giebt zum Antritt ein oder vor allemal 4 Rubel, sonst aber zur Unterhaltung der Meublen, für die Aufwartung, Wärme, Licht, Reinigung des Kopfs, hofmeisterliche Aufsicht, Rath und Vorsorge des Arztes und Wundarztes in Krankheiten und Zufällen, Thee und Frühstück, Mittags- und Abendessen, Reinigung der Wäsche und Unterricht in Sprachen, Künsten und Wissenschaften, jährlich 130 Rubel, davon alle halbe Jahr die Hälfte richtig und ungesäumt voraus bezahlet werden muß. Da aber mit diesem Gelde die Unkosten kaum bestritten werden können, geschweige, daß der Schule der geringste Vortheil dadurch zuwächset: so haben diejenigen Eltern, welche solches gehöret und bedacht, mit dem 1 October dieses 1764sten Jahrs, angefangen, für einen jeden Pensionär jährlich 30 Rubel, oder halbjährig 15 Rubel mehr zu geben, davon seinem Hofmeister ein Theil zum Geschenk gereicht wird, um denselben zu der so genauerer Aufsicht zu ermuntern. Pensionärs, für welche etwas vorzügliches verlangt wird, müssen auch mehr als die übrigen an die Schulcasse bezahlen, und darüber entweder mit dem Director oder Inspector der Schule einen besondern Vertrag errichten. Diejenigen Pensionärs, deren Haare des Morgens von einem

Parükenmacher zurecht gemacht werden sollen, müssen denselben besonders bezahlen. Es müssen auch die Pensionärs zu kleinen Ausgaben für Papier, Bleystifte, Federn, und andere Bedürfnisse, besonderes Geld haben, welches aber ihren Hofmeistern zur Verwaltung und Berechnung gegeben wird.

Mit den Pensionärs weiblichen Geschlechts ist es auf eine ähnliche Weise beschaffen; nur wohnen sie nicht in dem Schulhause, sondern neben demselben unter Aufsicht und Verpflegung unsers verheyratheten Lehrers der französischen Sprache, und desselben Ehefrau.

Ein Schüler oder eine Schülerin, der oder die nur zu Mittage mit den Pensionären oder Pensionärinnen speisen will, bezahlet für den Tisch und für den Aufenthalt in der Pensionsanstalt vor und nach dem Essen, alle halbe Jahr 24 Rubel.

Wer von der Einrichtung und Beschaffenheit der Schul- und Pensionsanstalt genauer und gründlich unterrichtet seyn will, wird gebeten, dieselben nach Belieben persönlich zu besuchen.

St. Petersburg am 12 November 1764.

Nachricht

von der

evangelisch-lutherischen St. Annen Gemeine

auf dem Stückhofe

in St. Petersburg

aufgesetzt

von

Michael Friedrich Großkreuz
Predigern derselben.

Predigt

von dem

evangelischen

heiligen Johannis

aus dem Evangelio

am St. Johannistag

gehalten

von

Michael Friedrich Großmann,
Predigtamts...

Erster Abschnitt.
Vom Ursprung und bisherigen Fortgang der Kirche und Gemeine.

§. 1.

Die Kirchenverfaßung der evangelisch-lutherischen Gemeine in St. Petersburg auf dem Stückhofe fänget sich im Jahr 1719 an. Herr Johann Leonhard Schattner war bey dieser Gemeine der erste Prediger. Er gieng im Jahr 1718. als Prediger nach Rußland, und wurde in Moscau vom Kayser Peter dem Grossen der Division des Generalmajor Bonn, die unter dem Commando des General en Chef Weyde stund, als Feldprediger gegeben. Als aber diese Regimenter, worunter sich viele Deutsche evangelisch-lutherischer Religion befanden, im Jahr 1719. auf Befehl des Kaysers zurück kamen; so kam Herr Schatt-

Schattner mit nach Petersburg, und sammlete sich von den damals allhier auf dem Stückhofe wohnhaften wenigen Einwohnern seines Glaubensbekenntnisses, eine Gemeine.

§. 2. Er wurde in diesem Unternehmen von einigen deutschen Generalspersonen unterstützet und aufgemuntert. Er predigte öffentlich, und durfte die übrigen Handlungen seines Amtes auf Verlangen eines jeden frey und ohne Hinderniß verrichten. Seiner kleinen Gemeine wurde zu Verrichtung des öffentlichen Gottesdienstes ein eigenes Gebäude eingeräumet. Es bestand in einem grossen Saale auf dem Bergcollegio in der letzten Gasse an der Newa, zur Rechten des Gießhauses, an dem Orte, wo jetzt die Tapetenmanufactur erbauet ist. Man nannte daher auch den Pastor Schattner nur den Pastor an der Newa, und es wurde ihm ein zur Artillerie gehöriges und nicht weit von der Kirche gelegenes Haus zur Wohnung gegeben.

§. 3. Diese Verfassung währete nicht lange. Die Gemeine war bedacht, sich der allergnädigst ertheilten Religionsfreyheit zur Erbauung eines ihr eigenthümlich zugehörigen und dem Gottesdienste gewidmeten Hauses, zu bedienen. Man machte dazu im Jahr 1720. die Anstalten. Der damalige Generalfeldzeugmeister

ster Herr Graf von Bruce, erbat sich vom Kayser einen dazu bequemen Platz. Dieser großmüthige Monarch genehmigte nicht nur seine Bitte, sondern überließ ihm auch die Wahl desselben. Er bediente sich also hiezu desjenigen Platzes, den die Gemeine bis jetzt als ein Eigenthum besitzet, und der zur Rechten der grossen Stückhofschen Perspectivstrasse, zwischen der 4ten und 5ten Nebengasse von der Newa gerechnet, befindlich ist.

§. 4. Die Umstände, darinn sich die Gemeine damals befand, waren nicht von der Beschaffenheit eine neue Kirche zu erbauen. Man sann daher auf Mittel sich den Bau zu erleichtern. Auf der Petersburgschen Seite, hinter der Vestung, stand ein altes Kirchengebäude ohne Dach, kreuzförmig gebauet, welches sich ehedessen in der Vestung selbst befunden hatte. Dieses kam durch die Vorsorge des Commendanten der Stadt und Vestung Petersburg, des Herrn Generallieutenants Graf von Bruce, eines Bruders des vorhin genannten, der dürftigen Gemeine zum Nutzen. Dasselbe wurde nebst einer Glocke und verschiedenen Kirchengeräthschaften der Gemeine geschenket, und man bediente sich desselben, um es auf dem ohnlängst erhaltenen Kirchenplatze wieder auf und in bes-

sern

sern Stand zu setzen. Der Herr Generalmajor von der Artillerie von Günther, übernahm den Bau, und man machte im Jahr 1720. den 11ten September damit den Anfang.

§. 5. Der Bau wurde indessen durch die dürftigen Umstände der Gemeine sehr verzögert. Ein jeder trug zwar bey was er konnte, Herr Schattner, welcher noch immer auf dem Berg-collegio predigte, gab selbst einen Theil seines ihm zugestandenen Gehaltes hin, man sammlete des Sonntags nach dem Gottesdienste einen Beytrag, um ihn die Woche hindurch zum Bau zu verwenden, man bat auswärtige Gemeinen um eine Beysteuer, deren viele, besonders die zu Reval, Narwa, Moscau, ja auch zu Danzig, sich willig bewiesen. Einige wenige in der Gemeine, so sich in den Umständen befanden, Vorschuß zu geben, suchten auch hiedurch den Bau der Kirche zu befördern; welcher aber erst im Jahr 1722. geendiget wurde, da man denn Domin. Palmarum den 18ten Martii zum erstenmal in dieser Kirche Gottesdienst hielt, und ihr den Namen der St. Peterskirche beylegte.

§. 6. Während dieser Zeit wurde auch ein bey dem Kirchenplatze an der nordlichen Seite gelegenes Haus angekaufet, um dem Prediger eine

eine Wohnung zu verschaffen, und ihm seine Dienste bey der Kirche zu erleichtern. Dies ist derjenige Platz, auf welchem noch jetzt die Wohnung des Vormittagspredigers stehet, und der dem Kirchengrunde mit einverleibet worden. Man bauete auch andere kleine Wohnungen, um sowol die äuserlichen Umstände der Kirche zu verbessern, als auch den Beamten derselben die nöthigen Wohnungen zu verschaffen.

§. 7. Pastor Schattner genoß also mit seiner Gemeine laut Allerhöchsten Manifesten Sr. Kayserl. Maj. alle Gewissensfreyheit. Es befindet sich besonders in der Artilleriekanzelley folgende Ukase, welche ich in der Uebersetzung hier beyfüge.

Sr. Kayserl. Maj. Ukase aus dem dirigirenden Synod an die Hauptartillerie.

„Es ist den 21ten April von den General-
„majors Günther und de Coulon an den
„dirigirenden Synod eine Bitte ergangen,
„daß, da sich auf dem Stückhofe in den
„Artillerieslaboden, bey der neugebauten deut-
„schen Kirche, Pastor Johann Leonhard
„Schattner in Diensten befände, dessen
„Beichtkinder die dasigen deutschen Einwoh-
„ner wären, der dirigirende Synod den Deut-
„schen, welche in der Nähe vom Stückhofe woh-

„wohneten, anbefehlen möchte, daß der Eid
„der Treue in dieser Kirche abgeleget, auch
„andere Glaubenssachen in derselben verrich=
„tet würden, indem die andern Kirchen vom
„Stückhofe entfernt wären; also ist vom
„dirigirenden Synod befohlen, daß laut ob=
„benannter eingegebenen Bitte, der Pastor
„Schattner bey der Stückhofischen Kirche
„verbleiben, und diejenigen Deutschen als
„Handwerker und andere mehr, welche nahe
„bey der Kirche wohnhaft sind, sich zu dieser
„Gemeine halten und dabey verbleiben sollen,
„weshalb zur Nachricht der Artillerie gegen=
„wärtige Sr. Kayserl. Maj. Ukase gesandt
„worden. Geschrieben den 28ten April
„1722.„

unterschrieben von
Assessor der Troitsche Protopop, Jo=
hann Simeonoff
Commissair Semen Diakoff.
Unterkanzellist Peter Buimakoff.

§. 8. Nachdem nun dieses Kirchengebäude
wiederum baufällig zu werden anfieng; so ent=
schloß sich die Gemeine auf dem Kirchenplatze
eine neue Kirche zu erbauen. Die Kayserin
Anna, welche die Kirchenfreyheiten bereits er=
neuret hatte, gab hiezu aus Ihrem Kabinet die

Er=

Erlaubniß, und es befinden sich davon in der Artillerie und Fortificationskanzelley die Nachrichten, wovon ich hier einige mittheile

Pro memoria

Aus der Haupt=Policeymeisters=Kanzelley an die Hauptartillerie und Fortificationskanzelley.

„Es ist den 16ten Octobr. in der Haupt=
„Policeymeisters=Kanzeley auf die von den
„Aeltesten bey der evangelischen Petri Pauli
„Kirche, die auf der Moscowschen Seite be=
„findlich ist, Johann Schröder und Bern=
„hard eingegebene Supplique, wegen Auf=
„bauung einer neuen hölzernen Kirche anstatt
„der alten auf einem steinernen Fundament
„mit einer Schule, beschlossen worden, daß
„diese Supplique in Ihro Kayserl. Maj.
„Kabinet nebst dem Riß abgegeben werden
„sollte. Worauf die Herrn Ministri befoh=
„len haben, zu erlauben, daß laut selbiger
„Supplique bemeldete Kirche und Schule
„von neuem aufgebauet und während dem
„Bau kein Hinderniß gemacht würde. Nur
„solle darauf Acht gegeben werden, daß diese
„Kirche nach dem Riß in gehöriger Länge
„und Breite, auch in gehöriger Linie auf dem
„rechten Platze erbauet werde. Dieses an=
„zuweisen ist der Obrister und Architect Je=
„ropkin

„ropkin verordnet und ihm zugleich anbe-
„fohlen worden, einen Plan zu verfertigen,
„und solchen an die Haupt-Policeymeisters-
„Kanzelley zu übergeben, welches hiemit der
„Hauptartillerie- und Fortificationskanzelley
„zur Nachricht dienet.

„Geschehen den 29ten Octobr. 1734.„

unterschrieben von

Afanassei Isakoff.
Stephan Tichmeneff.
Secret. Iwan Bascheneff.
Kanzellist Iwan Samoiloff.

Zufolge diesem pro memoria ließ die Artillerie und Fortificationskanzelley den 23ten
April 1735. an den Capitain über die Meister-
leute Krenitzin, bey dem St. Petersburgschen
Arsenal, eine Ukase ergehen, um dahin zu sehen,
damit der von dem Architector Jeropkin zum
Bau der Kirche angewiesene Platz gehörig ab-
gestochen, und die Willensmeynung der Policey-
meisters-Kanzelley vollzogen würde.

§. 9. Es wurden demnach zu dem Bau einer neuen Kirche alle nur mögliche Verfügun-
gen getroffen und unter dem Patrocinio des Herrn
Generalfeldmarschalls Grafen von Münnich
und des Herrn Generalmajors von Trautvetter

ter im Jahr 1735. den 3ten May zu dieser neuen Kirche der erste Grundstein geleget. Da aber die Gemeine selbst nicht im Stande war, diesen Bau auf ihre eigene Kosten auszuführen; so wurden auswärtige Glaubensverwandte abermals um eine Beysteuer ersuchet, worunter besonders die zu Riga und Reval ihre Mildthätigkeit an den Tag legten. Auch selbst in der Gemeine fehlete es nicht an Gönnern und Freunden, die durch Mittheilung milder Gaben theils an Baumaterialien, theils an baarem Gelde, den Bau der Kirche zu befördern suchten.

§. 10. Ohnerachtet aber aller Bemühungen so vieler christlich gesinneten Personen, wurde doch der Kirchenbau sehr gehindert, und dieses Unternehmen ganzer vier Jahre hindurch verzögert. Die Ursachen davon waren wol die Uneinigkeiten und Partheyen, so damals in der Gemeine durch eine übereilte Predigerwahl entstanden, und deren besondere Umstände wir hier mit Stillschweigen übergehen, weil sie den Urhebern nicht rühmlich sind. Wir merken nur davon das hauptsächlichste an. Past. Schartner hatte wegen seines herannahenden Alters der Gemeine zu erkennen gegeben, daß er in seinem Amte eines Gehülfen bedürfe. Die Gemeine, oder vielmehr eine ihm widrige Parthey erselben, erwählte Herrn M. Johann Philipp Lütken, welcher bey der jetzigen St. Petri kirche damals Rector war, und sich ausserhalb Petersburg ordiniren ließ. Dieser wurde auch im Jahr 1737. dem Pastor Schattner zuwi der eingesetzt. Es entstanden aber hieraus so vol von Seiten der Prediger als auch der getheilten Gemeine nichts anders als Feindseligkeiten, ja zuletzt Aergernisse, welche nur dadurch gehoben wurden, daß Herr Lütken genöthiget ward sein Amt im Jahr 1738. zu verlassen. (*)

In

(*) Ich kann aus den Kircheracten der St. Peterskirche eine genauere Nachricht von diesen betrübten Vorfällen liefern. Pastor Schattner hatte sich am Ende des 1736sten Jahrs von dem Kirchenconvent seiner Gemeine, wegen seines hohen Alters, den M. Lütken, damaligen Rector der Schule bey der St. Peterskirche, zum Gehülfen ausgebeten. Der Convent bewilligte solches, und ließ es durch einige aus seinem Mittel dem Past. Schattner anzeigen. M. Lütken suchte und erhielt sogleich seinen Abschied als Rector, und P. Schattner stattete am 28sten Jenner 1737 seiner Gemeine öffentlich Dank ab, daß sie ihm den M. Lütken zum Gehülfen gegeben habe, an den auch von dem Generalmajor Trautvetter die Vocation im Namen der Gemeine in der Kirche öffentlich ausgefertiget wurde. Allein es waren mit dieser Wahl unterschiedene Glieder der Gemeine um deswillen nicht zufrieden, weil nicht ein jedes Mitglied um seine Stimme gefragt worden war.

St. Annengemeine zu St. Petersb.

In eben diesem Jahr wurde Herr M. Schreiner, der in dem persischen Feldzuge bey der russischen war. Sie brachten auch den Past. Schattner auf andere Gedanken, und überreichten hierauf im Märzmonat dem Justizcollegio der lief= und esthländischen Sachen, eine Klage, in welcher sie sich über des M. Lütkens gewaltthätigen Eindrang zum Predigtamt bey ihrer Kirche, beschwereten. Das Justizcollegium nahm diese Klage an, zog den Pastor Severin von der St. Petersgemeine, und den Pastor Lewanus von der schwedischen und finnischen Gemeine zur richterlichen Untersuchung und Entscheidung derselben, zu, und ertheilte nebst denselben am 1 Febr. 1738. die Resolution: daß die Wahl und Berufung des M. Lütken zum Gehülfen im Predigtamt bey der stückhofischen Gemeine, unrechtmäßig, nul und nichtig sey. Es sollte daher von den sämmtlichen Gliedern der Gemeine eine neue Wahl angestellet, und hierauf der Erwählte zur Verfügung der Ordination und zur Bestätigung, dem Justizcollegio vorgetragen werden. Allein der Kirchenconvent der stückhofischen Gemeine fand sich durch diese Resolution sehr graviret, hielt und erkläret sie für einen Eingrif in seine Rechte, Freyheiten und Privilegien, die er gebührend zu vertheidigen, und sich dieserwegen an Kayserl. Majestät Selbst, wenden zu wollen versicherte, auch unterm 13ten März dem Kirchenconvent der St. Petersgemeine diesen ganzen Vorfall und Streit schriftlich berichtete, und desselben Meynung und Rath sich darüber ausbat. Der Convent der St. Peterskirche zog zu seinen Berathschla=

sischen Armee Feldprediger gewesen war, eingesetzet. Allein die daraus entstandenen Streitig-

schlagungen über diese Sache nicht die Prediger, wol aber viele Mitglieder der Gemeine zu, und ertheilte dem Convent der stückhofischen Gemeine folgende Antwort: "Die Gemeine auf dem "Stückhofe habe ohne Zweifel das Recht, einen "Pastor zu ersehen, zu erwählen, zu berufen, aus- "serhalb Landes, und wo es ihr gefällig, ordini- "ren zu lassen, und zu introduciren, und solches "alles durch die sie repräsentirende Kirchenräthe, "Aeltesten und Vorsteher verrichten zu lassen. "Es sey also mit der Wahl, Berufung und Or- "dinirung des M. Lütkens, als nunmehrigen "Pastors der stückhofischen Kirche, in allen Stü- "cken wohl und gerecht verfahren, und es müßte "nicht darauf geachtet werden, daß das Justiz- "collegium der lief= und esthländischen Sachen, "diese Wahl und Berufung für nichtig und un- "gültig ausgeben wolle. Es sey nemlich durch "kayserliche Verordnungen und Vergünstigungen "denen evangelisch=lutherischen Gemeinen und "allen übrigen Religionsverwandten, die Einrich- "tung ihres Gottesdienstes und ihrer Kirchen- "verfassung ohne alle Einschränkung überlassen, "und nichts als Ehesachen der Entscheidung des "Justizcollegii der lief= und esthländischen Sa- "chen, übergeben. Es sey zu verwundern, daß "dieses Collegium die obgedachte Resolution er- "theilet, bevor es den Kirchenconvent überzeuget "habe, daß es berechtigt, und von Kayserl. Ma- "jestät auctorisirt worden sey, denen evangelisch= "lutherischen Gemeinen ihre alten Freyheiten mit

"Wir-

tigkeiten wurden so heftig und verdrießlich, daß Herr M. Schreiner ebenfalls für gut befand

"Wirkung zu entreissen, vielweniger erweislich
"machen können, daß eine Art und Weise vorge-
"schrieben sey, wie es mit der Wahl, Berufung
"und Ordinirung eines Pastors bey den hiesigen
"evangelisch lutherischen Gemeinen, gehalten
"werden solle? oder, daß ihm das Recht verlie-
"hen worden sey, die von den hiesigen Gemeinen
"geschehene Wahl eines Predigers zu confirmi-
"ren, und die erwählte Person ordiniren zu las-
"sen. Der Widerspruch einzelner Glieder einer
"Gemeine gegen die vom Kirchenconvent vorge-
"nommene Wahl eines Predigers, welche aus
"diesen oder jenen Absichten herrühre, oder auf
"unkräftigen Ursachen beruhe, gelte nichts, weil
"dem Patrono der Kirche, und dem gesammten
"Kirchenrath die entscheidende Stimme allein
"zukomme. Dieses denen Kirchenconventen zu-
"stehende Recht die Prediger zu wählen und zu
"berufen, sey in der neuern Zeit durch die Wahl
"des Herrn Pastor Severins bey der St Pe-
"tersgemeine, und des Herrn Pastor Trefurts
"bey der Wasili-Ostrowschen Gemeine, unwider-
"sprechlich bewiesen. Sie zweifelten nicht, es
"werde ein jedes treues Glied der St. Petersge-
"meine nöthigenfalls, und wenn es von der stück-
"hoffischen Gemeine verlanget werden sollte, zur
"Erhaltung derer den alten evangelischen Gemei-
"nen zustehenden alten Rechte und Freyheiten,
"allen Beystand leisten."

Dieses sehr gründlich abgefaßete Gutachten verdienet aufbehalten zu werden, weil es die unim Jahr 1740. von der Kirche Abschied zu nehmen und nach Deutschland zu gehen.

§. 11. Wir merken hieben auch noch dieses an, daß im Jahr 1739. das Predigerhaus durch eine in demselben entstandene Feuersbrunst eingeäschert wurde, welche aber den übrigen Kirchengebäuden keinen Schaden zufügte, sondern nur das Haus des Predigers allein betraf, der es auch wegen der Armuth der Kirche auf seine Kosten wieder aufbauen lassen und die Vergütigung von der Kirche, wenn sie einmal wiederum in gesegnete Umstände versetzet werden sollte, erwarten mußte.

§. 12. Die bedrängten Umstände, darinn sich die Gemeine befand, die Uneinigkeit und der Partheygeist, welcher unter so vielen ihrer Mitglie-

widersprechlichen Gerechtsame der Gemeinen und ihrer Kirchenconvente sehr gut abhandelt. Unterdessen ist doch M. Lütken nicht beym Predigtamt der stuckhofischen Gemeine geblieben, sondern vom Justizcollegio wegen allerhand Ursachen mit Arrest belegt, und nicht eher losgelassen worden, als bis er sich durch einen Eid verbindlich gemacht, daß er sich künftig des Predigens und aller priesterlichen Verrichtungen bis zur fernern Verordnung des Justizcollegii enthalten, auch wenn es verlanget würde, sich allezeit vor dem Collegio stellen wolle.

Büsching.

glieder herrschete, und dem völligen Ausbau der Kirche so behinderlich waren, bewogen den Herrn Generalmajor von Lieven, in Abwesenheit der vorigen Patronen im Jahr 1740. das Patronat bey der Kirche zu übernehmen. Diesem würdigen Manne hat die Kirche einen grossen Theil ihrer Aufnahme zu verdanken. Er bemühete sich zuerst die streitigen Gemüther in der Gemeine zu vereinigen und den allgemeinen Frieden herzustellen, dessen Mangel sie eine geraume Zeit so sehr zerrüttet hatte. Er erwählete sich aus der Gemeine einige Mitglieder zu Gehülfen, die Angelegenheiten der Kirche zu besorgen, und den angefangenen Bau endlich einmal zu vollenden. Das nöthigste hiebey war wol dieses, die Gemeine mit einem Prediger zu versehen, welcher mit der Zufriedenheit des Pastor Schattners, dem seine priesterlichen Verrichtungen des Alters wegen schon beschwerlich wurden, Unterricht und Erbauung stiftete. Hiezu wurde Herr M. Carl Emanuel Richter berufen, und trat im Jahr 1740. den 21ten Septembr. am 16ten Sonntage nach Trinitatis, in der alten St. Peterskirche sein Amt an.

§. 13. Endlich wurde der im Jahr 1735. angefangene und durch so viele Widersprüche behinderte, aber durch ein allergnädigstes Geſchenk der Kayſerin Anna von 1000 Rubeln, beförderte. Bau der neuen Kirche geendiget. Im Jahr 1740. den 26ten Octobr. am 21ten Sonntage nach Trinitatis geſchahe die Einweihung derſelben in Gegenwart der zwey Kirchenpatronen des Herrn Grafen von Münnich, und Herrn von Lieven, durch eine Lob- und Dankrede des Herrn Paſt. Richters. Dieſer Sonntag iſt noch immer der Gemeine merkwürdig und wird jährlich mit Dankſagung zu GOtt für die der Gemeine erzeigte Wohlthat feyerlich begangen. Die Kirche wurde nachher zum Unterſcheide der neuen St. Peterskirche auf der Admiralitätsſeite, die St. Annenkirche genannt. Sie iſt ein achteckigtes Gebäude, welches auf einem ſteinernen Fundamente ruhet, und aus hölzernen Verbindungen beſtehet, deſſen Fächer mit Ziegelſteinen vermauret ſind. Von auſſen iſt ſie mit Brettern bekleidet, die gelb angeſtrichen und mit weiſſen ſäulenförmigen Verzierungen und Fenſterbeſchlägen verſehen ſind. Inwendig iſt ſie bequem und zierlich eingerichtet.

§. 14. Nach dem Tode des Paſt. Schattners wurde dem ohnlängſt erwählten Paſtor Richter das Predigtamt gänzlich übergeben, dem er auch mit der Zufriedenheit ſeiner Gemeine vorstand, indem er nicht nur des Sonntags predigte, sondern auch Wochenpredigten hielte, und überdem wöchentlich einige Stunden zur Erbauung und Uebung der Jugend im Christenthum aussetzte.

§. 15. Ob indessen gleich der Bau der St. Annenkirche in so weit vollendet war, daß man öffentlich Gottesdienst in derselben halten konnte; so waren doch die Schulden, welche darauf hafteten, nicht getilget, auch das Gebäude der Kirche nicht sogleich mit den oben beschriebenen Zierrathen versehen. Der Kirchenconvent und der Prediger vereinigten demnach ihre Bemühungen, die Kirche in solche Umstände zu setzen, wodurch die gehäuften Schulden bezahlet, und die nothwendigsten Zierrathen der Kirche herbeygeschaffet werden könnten. Dieses geschahe auch allmählig. Es fanden sich Gläubiger, die zum Theil ihre Forderungen der Kirche gänzlich schenkten, zum Theil davon etwas nachliessen, andere wurden durch die einkommenden Gelder nach und nach befriediget. Man sammlete besondere ausserordentliche Collecten zur Verzierung der Kirche, welche endlich im Jahr 1745. zum Stande kam.

§. 16. Der Herr General en Chef von Lieven, dessen Eifer für das Beste der Kirche aus obigem schon bekannt ist, konnte seiner Geschäfte wegen bey der Kirche nicht immer anwesend seyn. Es wurde also im Jahr 1746. in der Person des Herrn Generalmajors Wilhelm von Fermor ein Compatronus erwählet. Dieser übernahm die Vorsorge für die Kirche auch um so viel williger, je mehr die Zuneigung gegen dieselbe sich von seinem Vorweser, im Patronat und Schwiegervater des Herrn Grafen von Bruce, welcher die Kirche nicht nur gegründet, sondern auch durch mannichfaltige Geschenke ihre Aufnahme befördert hatte, auch auf ihn fortgepflanzet zu haben schien. Unter seinem Patrocinio wurde im Jahr 1747. ein von der St. Petrikirche angekauftes Orgelwerk in die Kirche angeschaffet, und mit einem Pedal versehen, wozu durch die Veranstaltung eines unbekannten Wohlthäters aus Amsterdam eine Collecte von 565 Rubeln und 70 Cop. einkam. Das Pastorathaus, welches Pastor Schattner nach dem im Jahr 1739. geschehenen Brande auf seine Kosten wieder aufbauen lassen, wurde seiner Erbin der Frau Pastorin Richtern größtentheils vergütet, und dem Eigenthum der Kirche gänzlich einverleibet, so daß endlich nach und nach die Kirche von ihren Schulden befreyet, auch einige kleine Wohnungen bey der Kirche erbauet werden konnten.

§. 17.

§. 17. Nach dem 1756. erfolgten Tode des Herrn Pastor Richters, wurde diese erledigte Stelle im Jahr 1757. durch Erwählung des in Wiburg befindlichen deutschen Predigers, Herrn Johann Andreas Erhardts besetzet, und in Abwesenheit des Herrn Generals en Chef, Grafen von Fermor, welcher sich damals in Preussen befand, der Durchlauchtige Prinz, Peter August Friederich von Holstein-Beck, zum Kirchenpatron ernennet.

§. 18. Die Krankheit, darinn Herr Pastor Erhardt zu verschiedenen malen verfiel, legte seinem Amte manche Hindernisse, und wurde zuletzt so anhaltend und heftig, daß er sich nicht im Stande befand der Gemeine zu dienen. Und weil eben damals die Schule auch eines Lehrers ermangelte; so beschloß der Kirchenconvent jemanden zu wählen, der den Unterricht in der Schule abwartete, und zugleich die priesterlichen Verrichtungen, während der Krankheit des Herrn Erhardts zu Verhütung der Unordnungen in der Gemeine übernähme. Man berief also im Jahr 1762. den hier in Petersburg befindlichen Candidaten, Michael Friederich Großkreuz, zum Nachmittagsprediger und Schullehrer. Allein er war noch nicht eingesetzet, als schon der Tod des Herrn Pastor

Erhardts erfolgte. Er mußte also gleich nach seiner Ordination und Introducion der Gemeine vorstehen, ohne in der Schule unterrichten zu können, wurde auch kurz darauf zum Prediger bey der Gemeine erwählet.

§. 19. Der Kirchenconvent, welcher wohl einsahe, daß die wöchentlich dreymal zu verrichtenden Predigten bey den mannichfaltigen übrigen Verrichtungen einem Prediger zu schwer fielen, beschloß also zur bessern Beförderung des Unterrichts das Schullehreramt mit dem Nachmittagspredigtamt zu verbinden. Man berief hiezu aus Archangel den Candidaten, Herrn Christian August Tornow, er wurde zum Prediger ordinirt und zugleich der Schule als Lehrer vorgesetzet.

§. 20. Diese zwey Prediger stehen ihren von der Gemeine aufgetragenen Aemtern noch bis jetzo unter dem Beystande der göttlichen Gnade vor. Pastor Großkreuz hält des Sonntags Vormittags Gottesdienst, verrichtet Donnerstags die Wochenpredigten, besorget die vorfallenden priesterlichen Amtsgeschäfte in der Gemeine, und stellet sowol des Sommers öffentlich in der Kirche, als auch das ganze Jahr hindurch in seinem Hause, mit der Jugend catechetische Uebungen an. Herr Pastor Tornow predigt prediget an den Nachmittagen, hält des Sommers mit den Kindern nach der Predigt des Nachmittags in der Kirche Catechisation, und widmet seine übrigen Stunden dem Unterricht der Jugend in der Schule und der Aufsicht über ihre Anstalten.

§. 21. Im Jahr 1763. wurde das Eigenthum der Kirche mit einem hölzernen Hause vermehret, welches aus acht wohnbaren Zimmern und andern Bequemlichkeiten bestehet, und auf dem Kirchenplatze an der mittäglichen Seite von Mittag gegen Mitternacht neben dem Schulhause aufgebauet ist. Wir erfreuen uns jetzt der allgemeinen Ruhe in der Gemeine. Die Gütigkeiten ihrer Mitglieder, die Wachsamkeit des Kirchenconvents unter dem Patrocinio Sr. Hochgräfl. Erl. des Herrn Generalfeldmarschalls Grafen von Münnich, und Sr. Hochgräfl. Erl. des Herrn General en Chef Grafens von Fermor, nöthigen uns den Segen GOttes bey der Kirche zu erkennen, den wir ihr sowol als auch allen denen, so mit derselben in Verbindung stehen, hiemit ferner anwünschen.

Zweyter

Zweyter Abschnitt.
Von den Schulanstalten.

§. 1. Die Schulanstalten der St. Annengemeine haben etwas später ihren Anfang genommen. Die Gemeine, welche nur nach und nach gesammlet wurde, war nicht sogleich im Stande einen Schullehrer zu besolden. Herr Pastor Schattner beschäftigte sich anfänglich selbst mit dem Unterricht einiger Kinder und bediente sich hiezu der Hülfe eines Studiosi Jacob Ursinus, der aus Randasalm in Sawolax gebürtig war. Dieser wurde im Jahr 1734. von ihm selbst angenommen, genoß von ihm freyen Unterhalt in seinem Hause, und gab in einem kleinen Nebengebäude, welches noch jetzt neben dem Hause des Pastor Großkreuz auf dem Kirchenplatze stehet, einigen Kindern aus der Gemeine Unterricht, welcher aber im Jahr 1736. aufhörete.

§. 2. Die Streitigkeiten und dürftigen Umstände der Gemeine, waren wol die Ursache, daß die Schulanstalten nur erst im Jahr 1739. wiederum ihren Anfang nahmen. Herr Heinrich Braun, aus Riga gebürtig, wurde im Jahr 1738. als Vorsänger bey der Kirche angenommen und fieng das Jahr darauf an die Schule zu sammlen, und der Jugend im Christenthum, im Schreiben, Rechnen und Lesen Unterricht zu geben. Die Schule wurde damals in demjenigen Hause gehalten, welches an der nordlichen Seite des Kirchenplatzes befindlich und der verwittweten Frau Pastorin Richtern zeitlebens zur Wohnung eingeräumt ist. Herr Braun stand seiner Schule wohl für, und hielte 1742. in derselben das erste Examen.

§. 3. Da sich aber die Schüler zu vermehren anfiengen, so war man bedacht ein anderes Gebäude zu errichten und solches immer der Schule zu widmen. Der Durchlauchtigste Landgraf Ludwig von Hessen-Homburg, als damaliger Generalfeldzeugmeister gab im Jahr 1742. der Gemeine auf eine überreichte Supplique denjenigen Platz gegen Süden neben dem Kirchenplatze, worauf jetzt das Schulgebäude stehet und darauf zugleich der Nachmittagsprediger seine Wohnung hat. Den Beweis hievon findet man in einem Briefe des Landgrafen an den Pastor Richter, d. d. Moscau den 17ten Octobr. 1742.

folgendes Inhalts:

P. P.

„Was derselbe unterm 16ten August a. c.
„nebst beygelegter Bittschrift an mich ab-
„gelas-

„gelassen, solches habe zu recht erhalten und
„beyder Inhalt wohl vernommen.

„Wie nun der quästionirte Platz, welcher
„von der Artillerie anderweitig vergeben
„werden wollen, bey der Kirche verbleiben
„und einem darauf zu errichtenden Schul-
„gebäude gewidmet werden solle, deswegen
„auch die Ordres dortiger Kanzellen zuge-
„sandt worden; als wird der Herr Pastor
„hievon vergewissert, nebst dem die Kirchen-
„vorsteher ihre Maaßregeln darnach zu neh-
„men wissen."

Man fieng also an hierauf ein neues Gebäude auf diesem Platze zu bauen, allein es
wurde erst im Jahr 1744. vollendet und den
4ten December feyerlich zur Schule eingeweihet.

§. 4. Herr Braun, der während seines Amtes in Gegenwart des Kirchenconvents fleißig
Schulexamina hielte, und dessen Schüler sich besonders zur Sommerszeit auf 70 bis 80 belie-
fen, nahm im Jahr 1752. von der Kirche Abschied. In seine Stelle kam in eben diesem
Jahr, Herr Bartholomäus Heinrich Struve
aus Quedlinburg, ehemaliger Cantor bey der
evangelisch-lutherischen Gemeine in Cronstadt.
Allein der Endzweck des ihm aufgetragenen
Schul-

Schulamtes wurde nicht erreichet. Es entstanden verschiedene Streitigkeiten, die sich mit der Abreise des Herrn Struve nach Deutschland endigten, welche im Jahr 1761. geschahe.

§. 5. Man berief hierauf im Jahr 1762. den Candidaten Michael Friedrich Großkreuz zum Schullehrer und trug ihm auch zugleich auf, dem Prediger der Gemeine, welcher krank darnieder lag, bey seinen Amtsverrichtungen behülflich zu seyn, ließ ihn auch deswegen zum Predigtamt einsegnen; allein es erfolgte gleich darauf der Tod des Predigers Herrn Erhardts, dessen Verrichtungen ihm jetzt aufgetragen wurden, und dessen Amt er auch nachher wirklich antrat.

§. 6. Das Amt eines Schullehrers, welches hiedurch also erlediget war, wurde in eben diesem Jahre durch den Candidaten Herrn Christian August Tornow besetzet, ihm auch zugleich das Amt eines Nachmittagspredigers anvertrauet.

Von den gegenwärtigen Anstalten der Schule liefere ich hiemit folgende Nachricht, so wie mir solche von meinem Collegen dem Herrn Pastor Tornow selbst eingehändiget worden:

„GOtt hat die Bemühungen des Past. Tornow an der Schule dergestalt gesegnet, daß „in

„in derselben auſſer dem Unterricht in der Reli-
„gion, dem Schreiben und Rechnen, als wozu
„er nur berufen war, auch noch in der lateini-
„ſchen, franzöſiſchen und rußiſchen Sprache,
„im Briefſtyl, Geographie, Hiſtorie, Mathe-
„matik, im Clavierſpielen, Vocalmuſik und im
„Zeichnen Unterweiſung gegeben wird. Zwey-
„mal iſt ſchon öffentliches Schulexamen gewe-
„ſen, und einmal iſt in der Kirche Muſik aufge-
„führet worden.

„Die Lehrer werden von dem Paſt. Tornow
„angenommen und beſoldet, und die Annahme
„der Schüler hänget gleichfalls von ihm ab.
„Ein reſpectiver Kirchenconvent der St. An-
„nengemeine beſchloß das ordentliche Schulhaus
„zu erweitern, und dies ermunterte ihn auch
„Penſionärs anzunehmen, um im Stande zu
„ſeyn, die erforderlichen Lehrer zu unterhalten.
„Bisher iſt er noch im Stande geweſen die erfor-
„derlichen Unkoſten zu beſtreiten, ohne der Kir-
„che und Gemeine beſchwerlich zu fallen, ſollte
„es indeſſen künftig nicht ſeyn, ſo wird er ſich
„auf ſeine Vocation einſchränken, man hoffet in-
„deſſen, daß GOtt, der dieſe Anſtalten gegründet
„hat, dieſelben auch noch ferner mit ſeiner Gnade
„begleiten werde.

„Eine

St. Annengemeine zu St. Petersb. 307

„Eine Collecte, die auf die Bewilligung des
„Convents gesammlet wird, wird angewandt
„zur Unterstützung unserer armen Schüler, de-
„nen davon das Nöthige gereichet wird, was sie
„sich nicht selbst anschaffen können, und zur An-
„schaffung gewisser Inventarienstücke zum Nu-
„tzen aller Schüler, als z. E. Landcharten, Cla-
„viere, u. d. gl. Die Rechnungen darüber zu
„führen, sind die Herren Kirchenvorsteher er-
„suchet worden."

„Die Anzahl der Kinder hat sich bereits seit
„einiger Zeit über hundert belaufen. Gegen-
„wärtig arbeiten am Unterricht sieben Lehrer.
„Bisweilen ist die Anzahl derselben stärker ge-
„wesen. Unterdessen hat der Unterricht durch
„diese Verminderung nichts gelitten. Man hat
„denselben eben so geschickten Männern aufge-
„tragen, als die waren, die abgiengen, und er
„durch noch zweyerley Vortheil erhalten. Die
„Unkosten der Schule sind in etwas gemindert
„worden, und wenn ein Lehrer mehr, als eine
„Klasse hat, so bleibet die Art des Vortrages
„einerley, und die Kinder lernen ihn um so viel
„leichter in allem verstehen. Das erstere war
„nothwendig, wenn unsere Schule durch sich
„selbst bestehen sollte, und der Nutzen von dem
„andern ist leicht einzusehen."

Dritter

Dritter Abschnitt,
Vom Kirchenconvent und dessen Mitgliedern.

Der Kirchenconvent bestehet aus Mitgliedern der Gemeine, welche sich gemeinschaftlich vereinigen im Namen der ganzen Gemeine über die Angelegenheiten der Kirche zu rathschlagen, die von der Gemeine geschehene Predigerwahlen durch eine schriftlich ausgestellte Vocation zu bestätigen, und die einer christlichen Gemeine anständige Ordnung bestmöglichst zu erhalten.

Er hält, wenn es erfordert wird, hiezu besondere Versammlungen, und es befinden sich in demselben Kirchenpatronen, Kirchenräthe, Kirchenälteste, Kirchenvorsteher und die zwey Prediger. Die Kirchenpatronen haben in dieser Versammlung den Vorsitz. Die Kirchenräthe und Aelteste sind nebst den Predigern als Beysitzer zu betrachten und leisten erforderlichen Falles der Kirche auch andere Dienste. Die Kirchenvorsteher besorgen aber überdies noch besonders die öconomischen Angelegenheiten der Kirche und haben die einkommenden Gelder der Kirche in Verwahrung, von denen sie bey dem Schluß eines jeden Jahres vor dem ganzen Kirchenconvent Rechnung ablegen und darüber gehörig quittiret werden.

Ihr

Ihr Amt bey der Kirche bestehet ferner darinn, die Collecten und milden Gaben der Gemeine sowol jährlich als auch Sonntags nach dem Gottesdienste in der Kirche einzusammlen, den Predigern und Kirchenbeamten ihre Besoldung auszuzahlen, über die Kirchen= und Schulgebäude die nöthige Aufsicht zu haben, und die erforderlichen Verbesserungen zu besorgen.

So bald einer oder der andere von den Mitgliedern des Convents abgehet; so wird, wenn es nöthig scheinet, diese Stelle durch die Wahl eines andern besetzet. Er wird um diesen Liebesdienst geziemend ersuchet, und verrichtet ihn aus Liebe zu GOtt und den Arbeitern an seinem Hause.

Wir fügen jetzt die Namen derer bey, welche sich hierinn von Zeit zu Zeit um die Kirche verdient gemacht haben.

Kirchenpatronen.

Im Jahr 1720.
Sr. Hochgräfl. Erlauchten Herr Jacob Daniel Graf von Bruce, rußisch=kayserl. Generalfeldzeugmeister, Senateur, Präsident des Berg= und Manufacturcollegii und Ritter des St. Andreas= und polnischen weissen Adlerordens.

Sr. Hochgräfl. Erlauchten Herr Ro-

Im Jahr 1720.	herr Graf von Bruce, rußisch-kayserl. Generallieutenant, erster Obercommendant von St. Petersburg und Mitglied des Reichs-Kriegscollegii.

Sr. Excellenz Herr **Johann Jacob von Günther**, rußisch-kayserl. Generalmajor und Präsident der Artillerie- und Fortificationskanzelley, nachmaliger Generalfeldzeugmeister. |
| 1735. | Sr. Hochgräfl. Erlauchten Herr **Burchard Christoph**, des heil. römischen und rußischen Reichs Graf von **Münnich**, damaliger rußisch-kayserl. Premierminister, commandirender Generalfeldmarschall, Generalfeldzeugmeister, Präsident des Reichs-kriegscollegii, Chef des adelichen Cadettencorps, Director des grossen ladogaischen Canals, Generaldirecteur aller Vestungen des rußischen Reiches, der ukrainschen und aller andern Linien, und der Häfen an der Ostsee, Plenipotentiarius den Frieden mit der ottomannischen Pforte zu schliessen, auch Obristlieutenant der Preobrasenschen Garde und Obrister über ein Regiment Cüraßiers und |

Infan-

Infanterie, Ritter des St. Andreas; Im Jahr des polnischen weissen Adler- und St. Alexander-Newsky-Ordens, Graf der Standesherrschaft Wartemberg und Erbherr zu Huntorf und Münchenau; jetziger rußisch-kayserl. Generalfeldmarschall, Generaldirecteur des baltischen Ports, derer cronstädtschen und labogaischen Canäle, derer Häfen zu Reval und Narva, und derer wolchowschen Wasserfälle, Ritter des St. Andreas- des polnischen weissen Adler- und des St. Alexander-Newsky-Ordens, Erbherr zu Huntorf und Münchenau, führet noch gegenwärtig das Patrocinium. 1735.

Sr. Excellenz Herr Buchard Ernst von Trautvetter, rußisch-kayserl. Generalmajor.

Sr. Excellenz Herr Georg Reinhold von Lieven, damals rußisch-kayserl. Generalmajor, und Obristlieutenant von der Garde zu Pferde, nachmaliger Generalfeldmarschall und Ritter des polnischen weissen Adler- und rußischen St. Alexander-Newsky-Ordens. 1740.

Im Jahr 1746. Se. Hochgräfl. Erlaucht Herr Wilhelm von Fermor, damals rußisch-kayserl. Generalmajor und Directeur der Baukanzelley, nunmehr des heil. Röm. Reichs Graf, rußisch-kayserl. General en Chef, Senateur des dritten Departements, Generalgouverneur von Smolensk und Ritter des St. Andreas- des polnischen weissen Adler-und St. Alexander-Newsky-Ordens, führet noch gegenwärtig das Patrocinium.

1752. Se. Excellenz Herr Johann Jacob von Schultz, rußisch-kayserlicher Generalmajor von der Artillerie.

1757. Se. Durchlauchten Herr Peter August Friederich Prinz von Holstein-Beck, rußisch-kayserlicher Generalfeldmarschall, Generalgouverneur von Esthland und Ritter des St. Andreas- des St. Alexander-Newsky- und St. Annenordens.

Kirchenräthe.

1723. Herr Obrister von Wittwer.
: : Assessor Reuser.
: : Assessor Müller.

1735. : : Joachim Rauscher, Obercommissarius. Herr

St. Annengemeine zu St. Petersb. 313

Herr Marcus Reyer, Oberwagenmeister bey der Artillerie. Im Jahr 1735.
: : Carl Gustav von Lilienfeld, 1740. Rittmeister bey der Garde zu Pferde.
: : Fromhold Georg von Korf, Rittmeister von der Garde zu Pferde, nachher Generallieutenant.
: : Otto Reinhold, Freyherr von Uexküll-Güldenband, Lieutenant von der Garde zu Pferde.
: : von Zarton, Kammerrath.
: : Christoph von Mannstein, 1741. Obrister.
: : F. W. von Nummers, Major.
: : Johann Jacob von Schulz, Obrister von der Artillerie.
: : Carl Albrecht von Nothhelfer, Obristlieutenant.
: : von Respe, Rittmeister.
: : von Sievers, Capitaine.
: : D. Abraham Nitzsch, ältester Medicus im Gen. Landhospital.
: : von Plümcke, Obrister von der Artillerie. 1752.
: : D. Johann Andreas Ungebauer, damals ältester Medicus im Landhospital, ist noch anwesend als Collegienrath und Gardemedicus.

U 5 Herr

Im Jahr 1757. Sr. Excellenz Herr von Ludwig, Generalmajor.

1763. Sr. Excellenz Herr Carl Gustav von Rosenberger, Generalmajor.

— Herr Heinrich Wilhelm von Purpur, Ingenieurobrister.

— D. Paul Paulsohn, Hofrath und ältester Medicus beym General-Landhospital.

— Christian Wilhelm Paulsen, Hofrath und Staabschirurgus bey der Garde zu Pferde.

Kirchenälteste.

1720. Herr Johann Löfken, Apotheker.

— Jacob Schultz, Gärtner.

1723. — von Haltern, ein Chirurgus.

— Hermann Götzen, Weinhändler.

1735. — Diedrich Hackmann, Staabschirurgus bey der Artillerie.

— Johann Diedrich Müller, Staabschirurgus bey der Garde zu Pferde.

— Christian Emanuel Bernhard, Peruckenmacher.

— Jacob Heinrich Schröder, Schneider.

Herr

Herr D. Abraham Nitzsch, ältester Im Jahr
Medicus im General-Landhospital. 1740.
- - Christian Wilhelm Paulsen,
Staabschirurgus bey der Garde zu
Pferde.
- - Johann Jacob Schumacher,
Architector von der Artillerie.
- - Johann Thomas Möller, 1741.
Kaufmann.
- - Friederich Blanck, Controlleur.
- - Hasselbaum, Chirurgus.
- - Christ. David Salzer, Chirurgus.
- - Daniel Christian Rückert, Chirurgus.
- - Gottfried Alexander Hahn, 1746.
Fabriquant.
- - Lindwurm, Oberchirurgus 1752.
beym General-Landhospital.
- - Andreas Ohlhof, Staabschirurgus bey der Semeonoffschen
Garde.
- - Johann Georg Böhm, Collegienassessor.
- - Christian Knobel, Architector 1759.
von der Policey.
- - Johann Riesling, Chirurgus
bey der Hofkanzelley.

Herr

Im Jahr 1759. Herr Johann Gottfried Kästner, Fabriquant.

Kirchenvorsteher.

1720.	Herr Marcus Reyer, ein Stückschmid von der Artillerie.
1723.	: : Michaelis, ein Schönfärber.
1735.	: : Blanck, ein Architector.
	: : Nicolaus Eck Abrahamson, Schneider.
	: : Jacob Wegner, Schwerdtfeger.
	: : Ludewig Christoph Gönner, Traiteur.
1740.	: : Jobst Weber.
	: : Johann Gottfried Kästner.
	: : Georg Rüger.
	: : Peter Kröber, Regimentssattler.
1742.	: : Johann Ludwig Schick.
	: : Gottfried Junghönel.
1744.	: : Johann Georg Engewald, Schneider.
1746.	: : Johann Gottfried Michaelis, Zinngiesser.
	: : Nicolaus Roode, Peruckenmacher.
1747.	: : Johann Andreas Morgenstern, Gelbgiesser.

Herr

Herr Johann Christian Ohnesorge, Im Jahr
Staabstrompeter. 1749.
‒ ‒ Johann Gottlieb Gahrcke,
Peruckenmacher.
‒ ‒ Johann Heinrich Gerber- 1752.
ding, Goldsticker.
‒ ‒ Johann Gottfried Gott-
schalck.
‒ ‒ Andreas Sabel, ein Becker.
‒ ‒ Friederich Grüniz, ein Fahn-
schmid.
‒ ‒ Heinrich August Wagner, 1757.
Gärtner.
‒ ‒ Johann Sam. Duwe, ein
Musicus.
‒ ‒ Johann Georg Brandt, ein
Gärtner.
‒ ‒ Valentin Schindler, ein Kauf- 1759.
mann.
‒ ‒ Johann Nicolaus Ehrland, 1761.
ein Zeichenmeister.
‒ ‒ Peter Nordström, ein Ju-
bilirer.
‒ ‒ Johann Gottfried Kästner 1764.
jun. ein Fabriquant.
‒ ‒ Friederich Hildebrand, ein
Silberarbeiter.

Vierter

Vierter Abschnitt,

Welcher eine kurze Nachricht von dem Leben der bey der Kirche gewesenen Prediger enthält.

1. Johann Leonhard Schattner wurde im Jahr 1675. zu Anspach in Franken geboren, und trat 1699. in Deutschland ein Predigtamt an. Er kam im Jahr 1718. nach Moscau, und wurde daselbst Feldprediger. Die Zurückkunft seines Regiments nach Petersburg führete ihn im Jahr 1719. nach hieher. Er fieng an hier eine Gemeine zu sammlen, und verheyrathete sich im Jahr 1720. mit Jungfer Maria Elisabeth von Sandten. Aus dieser Ehe sind 4 Kinder erzielet, die aber bereits in ihrer zarten Jugend verstorben. Sein Alter verursachte ihm zuletzt eine grosse Schwachheit und Mattigkeit, an welcher er auch im Jahr 1741. den 3ten Febr. starb und lieget auf dem Nevischen Klosterplatze begraben.

2. M. Carl Emanuel Richter ist am 16ten April 1706. zu Domnitzsch in Meissen geboren, woselbst sein Vater Christian Richter, Bürgermeister und Steuereinnehmer war. Seine Mutter Maria Elisabeth, war eine geborne Strubbeln. Er ward von seinen Eltern

Eltern 1718. nach Torgau in die Schule, und 1722. nach Meissen in die Fürstenschule geschickt. 1727. bezog er die Universität zu Leipzig, und 1729. gieng er nach Wittenberg, um daselbst Magister zu werden, worauf er nach Leipzig zurückkehrete. 1730. ward er zum Lehrer der Kinder des Geheimenraths von Teuberts, nach Dresden berufen. 1731. ward er Hofmeister des Sohns des Generals von Seifferritz. 1732. ward er von dem Oberconsistorio zu Dresden geprüft, und unter die Candidaten aufgenommen. In eben demselben Jahr ward er Hofmeister der jungen Herren von Puchwitz, und hernach der jungen Herren von Dieskau. 1736. berief ihn der Herr Generalfeldmarschall Graf von Münnich nach Rußland zum Feldprediger beym Generalstab, zu welchem Amt ihn das Oberconsistorium zu Dresden am 31 October einweihete. Er kam hierauf nach St. Petersburg, und begleitete den Herrn Feldmarschall auf seinen Feldzügen. Als er nach St. Petersburg zurückkam, ward er am 6sten Sept. 1740. von der St Annengemeine auf dem Stückhofe zum Pastor berufen, erhielt am 22 Sept. vom Feldmarschall seine Entlassung, und trat das Predigtamt am 29sten Sept. an. In eben diesem Jahr, weihete er am 21 Sonntag nach Trin. die St. Annenkirche ein.

Am

Am 9ten May 1741. verheyrathete er sich mit seines Vorwesers im Amt, des seligen Pastor Schattners Wittwe. Er war aber fast beständig schwächlich; und oft wirklich krank, dem ungeachtet wartete er sein Amt mit möglichster Treue ab. Endlich starb er am 21 Dec. 1756. an der Wassersucht, alt 50 Jahre, 8 Monate und 5 Tage, und ward am 30 Dec. begraben. Er war ein grosser Liebhaber von Büchern, davon er auch eine starke Sammlung hinterließ. Er war auch ein gelehrter Mann, aber wegen seiner sonderbaren Stimme kein angenehmer Prediger. *Büsching.*

3. Johann Andreas Erhardt

ist 1726. zu Erfurth in Thüringen geboren, und hat Johann Heinrich Erhardt, einen Rathsherrn und Kaufmann zum Vater, und Agnesa Catharina Kieserin zur Mutter gehabt, welche letztere von dem sel. D. Luther abstammete. In seiner Vaterstadt gieng er 8 Jahre lang in die Schule bey der Predigerkirche, und 6 Jahre ins Gymnasium. 1748. begab er sich nach Halle auf die Universität, erlernete die theologischen Wissenschaften, und erfuhr die wunderbare Regierung und Vorsorge GOttes. 1750. rief ihn das Ministerium zu Erfurth nach Hause, prüfte ihn, und stellete ihm darüber ein Zeugniß aus. Hierauf gieng er nach Halle zurück, und unterrichtete in der deutschen Schule des Wahsenhauses zu Glaucha. 1751. nahm er die Lehrmeisterschaft bey den Kindern des Kaufmanns Weckrooth zu Wiburg in Finnland an, welche ihm D. Callenberg antrug. Er predigte auch einige mal für den Herrn Pastor Büßow, und als derselbige 1752. nach St. Petersburg als Pastor der St. Petersgemeine gieng, empfohl er dem Wiburgischen Magistrat, den Herrn Erhardt als denjenigen, welchen er zu seinem Nachfolger am tüchtigsten halte. Dieser wurde also auch im April dieses Jahrs von der deutschen Gemeine zum Pastor erwählet. Er verheyrathete sich mit Jungfer Anna Helena Danneberg. 1757. ward er nach St. Petersburg von der St. Annengemeine zum Pastor berufen, starb aber schon am 7ten März 1762. an einer auszehrenden Krankheit, und hinterließ seine Ehegattin mit 2 Kindern. *Büsching.*

4. **Michael Friedrich Großkreuz.**
Die Lebensgeschichte dieses um die St. Annengemeine verdienten Mannes ist oben in der Geschichte der St. Petersgemeine, und derselben sechsten Abschnitt, zu finden.

5. **Christian August Tornow**
ist im Jahr 1736. in Lanzig einem Dorfe in

Hinterpommern Rügenwaldischen Amtes geboren. Sein Vater, der daselbst Prediger war, unterrichtete ihn anfänglich selbst und gab ihn hierauf im Jahr 1747. in die Cößlinsche Stadtschule unter die Aufsicht Herrn Peter Conrad Kniephofs. Er wurde aber noch in eben diesem Jahre zurückgenommen und dem Unterricht seines Vettern Herrn Christian Wilhelm Haken, der jetzt als Prediger in Pommern stehet, übergeben. Nach dem Tode seines Vaters schickte ihn seine Mutter in die Altstettinische Stadtschule, um sich in den Schulwissenschaften unter Anweisung Herrn M. Büttners fester zu setzen. Nachdem er sich drey Jahre in denselben geübet hatte, gieng er im Jahr 1751. auf das Collegium Groningianum illustre in Stargard, woselbst er bey dem Herrn Rector und Professor des Collegii, Herrn D. Johann Achatius Felix Bielke, sich in der Logik, Metaphysik, Red- und Dichtkunst übte, bey Herrn Professor und Pastor Werner die Theologie hörete und sich auf die ebräische Sprache legte, bey Herrn Professor Tiefensee die griechische und bey Herrn Professor Derso die lateinische Sprache erlernte, bey Herrn Prof. Leistikow die Mathematik, und bey Herrn D. Scheibler die Experimentalphysik nebst der Bothanik studirte. Im Jahr 1755. gieng er auf die Königs-
berg-

bergsche Academie und wurde unter dem theologischen und philosophischen Decanat derer Herren D. Schultz und D. Langhansen von dem Rectore Magnifico Herrn D. Hartmann immatriculiret. Er besuchte anfänglich in Königsberg die philosophischen Lectionen des Herrn D. Buck, und legte sich auf die Experimentalphysik bey Herrn Prof. Teske. Nachher gab ihm Herr D. Schultz und Herr D. Moldenhawer in der Erkenntniß der dogmatisch-polemischen Gottesgelahrtheit Anweisung, er übte sich auch zugleich bey Herrn D. Bock im theologischen Disputiren. Bey Herrn D. Arnold hörete er die christliche Sittenlehre und bedienete sich seiner Anweisung zum Predigen. Herr D. Lilienthal trug ihm die Pastoraltheologie vor. Im Jahr 1757. gab er zu Königsberg Unterricht in den Armenschulen, und wurde noch in diesem Jahre denen deutschen Klassen des Collegii Friderciani als Lehrer vorgesetzet. Im Jahr 1759. erhielte er von der theologischen Facultät die Erlaubniß zu predigen, und vertheidigte unter dem Vorsitz des Herrn D. Schultz eine theologische Dissertation: de fide in Christum, quod non sit opus legis nec qua opus lege præscriptum iustificet. Er unterrichtete im Collegio Friderciano bis aufs Jahr 1762. in der 4ten theologischen, 4ten lateinischen, und endlich in der dritten lateinischen Klasse. In eben diesem Jahr gieng er mit Zeugnissen des theologischen Decani, Herrn D. Theodor Christoph Lilienthals und Herrn Inspector Christian Schifferts, nach Archangel als Informator der Kinder Sr. Excellenz des Herrn Gouverneur Stephan Alexewitz Jurjeff, von da er nach einigen Monaten als Nachmittagsprediger und Schullehrer an die St. Annengemeine zu St. Petersburg berufen, von Herrn Past. Senior Trefurt, Herrn D. Büsching, und Herrn Past. Hougberg examiniret, und in der St Petrikirche öffentlich zum Predigtamt eingesegnet wurde, welches er den 23ten Nov. 1762. antrat und demselben noch zum Preise der göttlichen Gnade vorstehet.

✶ ✶ ✶ Fünf-

Fünfter Von den Gebornen,

Im Jahr	Geborne Knaben	Mädchen	Summa
1741	36	34	70
1742	30	24	54
1743	27	34	61
1744	27	30	57
1745	24	31	55
1746	36	18	54
1747	27	32	59
1748	20	36	56
1749	29	27	56
1750	34	24	58
1751	26	34	60
1752	34	30	64
1753	22	15	37
1754	20	29	49
1755	24	24	48
1756	26	26	52
1757	18	16	34
1758	17	21	38
1759	22	23	45
1760	26	23	49
1761	13	28	41
1762	26	21	47
1763	28	27	55
1764	37	32	69
24 Jahre	629	639	1268

Anmerk. 1764. waren in der Gemeine 169 Ehepaare, Frauenspersonen, zusammen 670 erwachsene Perso

St. Annengemeine zu St. Petersb.

Abschnitt.
Gestorbenen u. Copulirten bey dieser Gemeine.

Im Jahr	Verstorbene					Copulirte
	Mannsp.	Frauensp.	Summa	Kinder	Erwachs.	Paare
1741	27	25	52	29	23	18
1742	39	27	66	38	28	18
1743	27	27	54	30	24	15
1744	23	22	45	28	17	16
1745	20	28	48	31	17	16
1746	25	23	48	30	18	15
1747	28	25	53	26	27	14
1748	15	26	41	21	20	16
1749	23	17	40	22	18	15
1750	24	25	49	32	17	23
1751	25	25	50	31	19	17
1752	32	19	51	29	22	7
1753	14	16	30	19	11	12
1754	28	26	54	24	30	3
1755	21	25	46			12
1756	32	17	49			11
1757	14	13	27			8
1758	20	15	35			12
1759	20	26	46			11
1760	14	13	27			14
1761	26	13	39			8
1762	28	26	54			10
1763	29	18	47			21
1764			57			22
24 Jahre			1108			334

11 Wittwer, 66 Wittwen, 147 ledige Mannspersonen, 75 ledigen, ohne die Kinder.

Nachricht

von der

evangelisch-lutherischen

Gemeine und Kirche

zu Oranienbaum

in Ingermanland.

§. 1.

Als die Kayserin Elisabeth I. das Schloß und den Ort Oranienbaum nebst einigen nahe gelegenen Dörfern, dem damaligen Großfürsten Peter Fedrowitsch, nachmaligen Kayser Petern III. schenkte, und dieser gemeiniglich daselbst sein Sommerlager aufschlug: wurde Er sowol von den damals daselbst befindlichen deutschen Einwohnern, und anderen benachbarten evangelischen Leuten, als von einigen holsteinischen Officiers, unterthänigst und flehentlichst gebeten, ihnen huldreichst zu erlauben, daß für sie ein evangelischer Prediger berufen würde. Weil aber solches sogleich nicht geschehen konnte, versammleten sich diese evangelische Personen

nen an Sonn- und Festtagen zum Gesang und Gebet, und zur Anhörung einer vorgelesenen Predigt, bald in dem Hause des Herrn Oeconomieraths Bökelmanns, bald in dem Hause neben der kayserlichen Orangerie, und der damalige Garteninspector **Canutus Lambertus**, war der Vorleser. Die ganze Gemeine bestund dazumal in 8 bis 16 Soldaten, und etwa in 12 anderen in kayserl. Diensten stehenden Personen, zu welchen nachmals noch einige Handwerksleute kamen, die sich zu Oranienbaum wohnhaft niederliessen. Als aber der Großfürst sich mehr auf die Kriegsübungen legte, und aus Holstein mehrere Soldaten nach Oranienbaum kommen ließ, welche daselbst des Sommers im Lager stunden, und im Herbst nach Kiel zurückgeschicket wurden; und auch diese unterthänigst um einen Prediger baten: entschloß Sich der Großfürst diesen Wunsch zu erfüllen, welches auch von der Kayserin **Elisabeth** erlaubt, und, wo wir nicht irren, auch von dem heiligst regierenden Synod, gebilliget wurde. Es ward daher 1759. Herr Pastor **Wiese** aus Holstein nach Oranienbaum zum Feldprediger berufen, welcher anfänglich entweder unter freyem Himmel oder im Zelt, nachmals aber in des Commendanten Hause den Sol-

Soldaten und Officiers predigte, dahin sich auch die übrigen wenigen evangelischen Einwohner zu Oranienbaum, zum Gottesdienst begaben. Weil sich aber nach und nach mehrere evangelische Leute zu Oranienbaum niederliessen, entschloß sich Kayser **Peter III.** dem anhaltenden Flehen seiner Soldaten Gehör zu geben; und zur Bequemlichkeit ihres Gottesdienstes ein besonderes hölzernes Haus bauen zu lassen, welches 1762. in der kleinen Vestung nach Maßgebung des Platzes, auf welchem es zu stehen kam, in Gestalt eines Winkelmasses errichtet, und am Sonntag vor Peter und Paul unter dem Namen eines Bet- und Gotteshauses eingeweihet wurde, bey welcher feyerlichen Handlung der Kayser selbst zugegen war. Er beschenkte auch diese Kirche mit einer zu Riga verfertigten Orgel, 2 silbernen Leuchtern auf dem Altar, und andern zur Austheilung des heiligen Abendmahls nöthigen silbernen Geräthschaften, nemlich einem Kelch, einer Kanne, einer Oblatenbüchse und einem kleinen Teller, und ließ den Altar und die Kanzel mit blauen Sammet und goldenen Tressen, schmücken. In derselben versammleten sich nun die holsteinischen Officiers und Soldaten, unterschiedene in rußisch-kayserlichen, herzoglich-holsteinischen und hoch-

hochfürstlich-anhalt-zerbstischen treuen Dienstleistungen alt gewordene Hof- und Kammerbediente, und andere zu Oranienbaum befindliche evangelische Einwohner, um GOtt zu dienen, und ihn um Gnade und Segen für das hohe Kayserliche Haus und das rußische Reich anzuflehen.

§. 2. Nach Kaysers **Peters** III. Tode, ward Herr Pastor Wiese nach Holstein als Prediger des Kirchspiels Steinbeck versetzt, und die nunmehr sehr klein gewordene evangelische Gemeine zu Oranienbaum, wurde so lange von dem Herrn Pastor Bogemiel zu Cronstadt in nöthigen Fällen versehen, bis Ihro Majestät die Kayserin **Cathrina** II. 1763. Dero Oberhofmarschall Sr. Excellenz dem Herrn Grafen von Sievers, unter dessen Oberaufsicht Oranienbaum stehet, allergnädigst anbefahlen, der dasigen evangelischen Gemeine einen neuen Prediger zu bestellen. Se. Excellenz beriefen dazu den vormaligen Lehrer Dero Hochgräfl. Kinder, Herr M. Johann Christoph König, welcher sich damals zu Wiburg aufhielt, woselbst er in der schwedischen Hauptkirche zum Predigtamt eingeweihet wurde, und am 27 Jul. zu Oranienbaum seine Antrittspredigt hielt. Er bewohnet

Gemeine u. Kirche zu Oranienbaum. 333

wohnet eine dem Gotteshause nahgelegene Wohnung, und empfängt seine jährliche Besoldung von 300 Rubeln, aus dem kayserl. Oeconomiecontoir zu Oranienbaum. Der 1764. bestellte Schulhalter Schenke, ist zugleich Vorsänger der Gemeine, welche jetzt beynahe aus 100 erwachsenen Personen bestehet, die aber nicht allein zu Oranienbaum, sondern auch zu Peterhof, Streina, und Brunna wohnen. Da auch seit ein paar Jahren die aus Deutschland nach Rußland gehende neue Colonisten, zu Oranienbaum ausgeschiffet werden, so hat Herr Pastor König auch diejenige unter ihnen zu besorgen, welche sich zu der evangelisch-lutherischen Kirche bekennen.

§. 3. Der Herr Pastor M. Johann Christoph König, ist 1721. am 5ten Jul. zu Schleitz im Voigtlande geboren. Sein Vater Johann König war aus Rothenburg in der Pfalz, und seine Mutter Cathrina Reußmüllerin aus Göschitz gebürtig. Er besuchte bis 1742. die Stadtschule zu Schleitz, gab auch schon als Schüler einen Kinderunterricht. In genanntem Jahr begab er sich nach Quedlinburg, und studirte 3 Jahre lang im dasigen Gymnasio, unterrichtete aber auch hier einige Kinder.

Eben

Eben so verhielt er sich zu Magdeburg, woselbst er das Gymnasium in der Altstadt besuchte, und ausser den Schulstunden Kinder unterwies, auch ein Mitglied vom Singechor war. 1747. begab er sich auf die Universität nach Leipzig, woselbst er eben so wie an den vorhergenannten Oertern der Liebe und Wohlthaten unterschiedener Personen genoß, und sich durch Fleiß und gute Aufführung hervorthat. Er beförderte auch des sel. D. Wolle christliche Sittenlehre zum Druck, hielt 1756. am 31sten Dec. als Senior der Geyerschen Tischgesellschaft in dem philosophischen Hörsaal eine lateinische Dank- und Gedächtnißrede, wurde schon vorher 1755. am 13ten Febr. durch Vorsorge des Professor Kapps, Magister, und gleich darauf ein Mitglied des grossen donnerstägigen Predigercollegiums, unterrichtete vornehmer Kaufleute Kinder, und trieb andere gelehrte Geschäfte. GOttes Vorsehung sorgete zu Leipzig für seine Nothdurft bis 1756. da der Krieg in dasigen Gegenden ausbrach. Dazumal aber bekam er einen Brief von seinem Herrn Bruder, einem Becker zu St. Petersburg, welcher ihn bat, ihre gemeinschaftliche alte Mutter nach St. Petersburg zu bringen, und zu begleiten. Er that solches, und als er ein paar Monate bey

seinem

seinem Bruder gewohnet hatte, nahm er eine Lehrmeisterschaft in dem Hause des Herrn Staatsraths Joussadie an. Nach 2 Jahren begab er sich zu gleichem Geschäft zu dem Herrn Oserow, Capitaine, beym Preobraschinskischen Garderegiment, und 1761. zu dem Herrn Oberhofmarschall Reichsgrafen von Sievers. Während dieser Lehrmeisterschaften predigte er ein halbes Jahrlang nach des seligen Pastor Langens Tode in der St. Peterskirche, und 1761. zur Zeit der Schwächlichkeit des Pastor Erhardts, fast eben so lange in der St. Annenkirche auf dem Stückhofe. Als er die Hochgräfl. Sieversischen Kinder nach 1 Jahr und 2 Monaten verließ, wollte ich ihn zum Lehrer bey der St. Petersschule bestellen; er beschloß aber die ihm zu gleicher Zeit angetragene Hofmeisterstelle bey den Kindern des Obercommendanten zu Wiburg des Herrn Generalmajors Stupischin, auf 1 Jahr anzunehmen, und alsdenn wieder nach Leipzig zu gehen. GOtt, der ihn zum Prediger der Gemeine zu Oranienbaum bestimmt hatte, ließ ihn oben angezeigter massen 1763. durch den Herrn Oberhofmarschall Reichsgrafen von Sievers dazu berufen, worauf er sich von dem Consistorio zu Wiburg am 19ten Jun. prüfen, und

am

am 24ſten von dem Herrn Domprobſt Alopäus zum Prediger ordiniren ließ. GOtt wolle dieſen redlichen und fleißigen Mann zu Oranienbaum fernerhin, und durch ihn seine Gemeine, reichlich segnen.